Cornelsen English Grammar

Große Au[sgabe]

Cornelsen

Cornelsen English Grammar
Große Ausgabe

Erarbeitet von

StD Erich Fleischhack, Ebern; Prof. Hellmut Schwarz, Mannheim

und der Englischredaktion

Filiz Bahşi (verantwortliche Redakteurin), Michael Ferguson (Projektleitung), Dr. Marion Kiffe, Hartmut Tschepe *sowie* Cornelia Giesen, Antje Stahn (Assistenz)

Beratende Mitwirkung

John Eastwood, Somerset; Jennifer Seidl, München

Illustration

Katharina Wieker, Berlin (S. 57, 62, 81, 91, 117, 126, 140, 166, 167, 183)

Umschlaggestaltung

Knut Waisznor

Technische Umsetzung

Peter Richter, Eva Schmidt

Bild- und Textquellen

s. Verzeichnis auf S. 248

Ergänzend zu dieser Grammatik gibt es zwei Übungsbücher mit beigelegtem Lösungsschlüssel:

Cornelsen English Grammar · Practice Book 1

ISBN 978-3-464-06311-8

Cornelsen English Grammar · Practice Book 2

ISBN 978-3-464-06312-5

www.cornelsen.de

2. Auflage, 12. Druck 2013

Alle Drucke dieser Auflage sind inhaltlich unverändert und können im Unterricht nebeneinander verwendet werden.

Druck: Stürtz GmbH, Würzburg

ISBN 978-3-464-05334-8

Inhalt gedruckt auf säurefreiem Papier aus nachhaltiger Forstwirtschaft.

Inhaltsverzeichnis *Contents*

Hinweise zur Benutzung der Grammatik

Was enthält die *Cornelsen English Grammar*?

- Die *Cornelsen English Grammar* beschreibt die wesentlichen Erscheinungen der englischen Grammatik so klar und einfach wie möglich. Dabei erläutert sie vor allem, wie man sprachlich angemessene englische Sätze bildet und in einem Textzusammenhang verwendet.
- Sie geht von einer Vielzahl von Beispielen aus (jeweils links auf der Seite) und verdeutlicht deren Form, Bedeutung und Gebrauch mit Erklärungen und Regeln auf der rechten Seite. In den meisten Fällen werden auch (Teil-)Übersetzungen gegeben, um das Verständnis zu erleichtern. Die Beispiele entstammen dem gegenwärtig gesprochenen oder geschriebenen Englisch.
- An einigen Stellen wird auch auf stilistische Varianten eingegangen. So werden Sprachmittel, die v.a. im amerikanischen Englisch vorkommen, mit *AE* gekennzeichnet, während *BE* für das britische Englisch steht. Es wird auch zwischen dem formellen Englisch *(formal English)* und dem informellen Englisch *(informal English)* unterschieden: Unter *formal English* wird die Sprachform verstanden, die bei offiziellen Anlässen, etwa in Reden, Geschäftsbriefen und Berichten, üblich ist. Das *informal English* ist das Englisch, das im Alltag gesprochen oder geschrieben wird, z.B. in Privatbriefen, aber auch in den meisten Romanen.

Was bedeuten die Farben, Symbole usw.?

Grammatikstrukturen werden – je nach ihrer Wichtigkeit – farblich bzw. grafisch unterschiedlich gekennzeichnet:

I think Emily will like it here. *Ich glaube, Emily wird es hier gefallen.*	Besonders häufig verwendete Strukturen sind gelb unterlegt.
Queen to visit Russia in June *Queen besucht Russland im Juni*	Weniger wichtige Strukturen bzw. Verwendungen erscheinen ohne Unterlegung.
Anmerkung You're being very aggressive today. *Du bist heute aber sehr aggressiv.*	Strukturen, die man nicht aktiv zu verwenden braucht, sowie Zusatzinformationen werden unter der Überschrift *Anmerkung/en* behandelt.
⚠ *Ich habe meine Uhr gestern verloren.* **nicht:** I ~~have lost~~ my watch yesterday. **sondern:** I lost my watch yesterday.	Das Warndreieck weist auf Strukturen hin, bei denen man besonders leicht Fehler machen kann. (Eine Übersicht über häufige Fehler und Möglichkeiten, sie zu vermeiden, befindet sich im Anhang auf den Seiten 209-214.)
„any" = jeder beliebige*...	Die rote Handschrift am Ende vieler Abschnitte fasst das Wichtigste kurz zusammen.

Wie findet man eine grammatische Erscheinung?

- Wenn man ein bestimmtes grammatisches Kapitel sucht, kann man im Inhaltsverzeichnis (Seiten 3-5) nachschlagen.
- Im alphabetisch geordneten Register am Ende des Buchs sind alle grammatischen Begriffe und Teilstrukturen mit den betreffenden Abschnittsangaben aufgeführt. Das Register enthält auch zahlreiche Einzelwörter, zu denen grammatische Informationen gegeben werden. So findet sich beim Stichwort *United States* (wie auch bei *USA*) der Hinweis „Singular", d.h., dieser Ländername wird im Englischen mit einem Verb im Singular verbunden (Seite 245).
- Querverweise am Ende vieler Abschnitte (z.B. ▶ Modale Hilfsverben: 22-48) führen zu anderen Kapiteln oder Abschnitten der *Cornelsen English Grammar*, in denen weitere Informationen zu finden sind.

* Um das Verständnis der Regeln zu erleichtern, wird z.B. bei Nomen wie *der Sprecher* oder bei Pronomen nur die männliche Form verwendet.

1-20 *Der Satz* *The sentence*

1 *Satzarten · Sentence types*

Je nach Sprechabsicht unterscheidet man vier **Satzarten**: Aussagesätze, Fragesätze, Aufforderungssätze, Ausrufesätze. Sie können bejaht oder verneint sein.

a

I speak English.
I don't speak Spanish.

Mit einem **Aussagesatz** *(statement)* vermittelt man eine Information.

Do you like skateboarding?
Why didn't you come yesterday?

Mit einem **Fragesatz** *(question)* erfragt man eine Information.

Wait a moment, please.
Don't forget your rucksack.

Mit einem **Aufforderungssatz** *(imperative/command)* fordert man auf, etwas zu tun.

How fantastic the view is!
What a terrible accident!

Mit einem **Ausrufesatz** *(exclamation)* drückt man Gefühle aus.

b

1 Could you open the window, please?
2 Have I ever criticized you?
3 I want that to be done quickly.

Neben der **grundlegenden Sprechabsicht** lassen sich mit einer Satzart manchmal auch **andere Sprechabsichten** ausdrücken. So kann in der Form eines Fragesatzes eine Aufforderung erfolgen (Beispiel 1) oder eine Information vermittelt werden (Beispiel 2). Eine Aufforderung kann auch in der Form eines Aussagesatzes erfolgen (Beispiel 3).

► Aussagesätze: 2-3
► Fragesätze: 4-8
► Aufforderungssätze: 13
► Ausrufesätze: 14

Aussagesätze · Statements

2 *Bejahte Aussagesätze · Positive statements*

subject	verb*	
Our parrot	can talk.	
The pupils	are doing	a test.
John	gave	me a nice present.
Mrs Wood	is	a tourist guide.
The house	looked	mysterious in the moonlight.
My sister	works	in a travel agency.
We	lived	in York from 1990 to 1995.
Sarah	had taken	me for a ride on her motorbike.

Die Wortstellung im bejahten Aussagesatz ist ***subject – verb****. Dem *verb* können z.B. ein Objekt, ein Subjektkomplement oder eine adverbiale Bestimmung folgen.

'A virus ate my homework.'

⚠

Anders als im Deutschen wird die Wortstellung ***subject – verb*** auch beibehalten

- bei einer **adverbialen Bestimmung am Satzanfang**

Perhaps Claire will phone.
Vielleicht ruft Claire an.

- im **nachgestellten Begleitsatz** zur **direkten Rede**, wenn das Subjekt ein Pronomen ist,

'Go away,' she shouted.
„Geh weg", rief sie.

- im **nachgestellten Hauptsatz.**

If you come, I'll make spaghetti.
Wenn du kommst, mache ich Spaghetti.

⚠ She teaches jazzdance every morning.
Sie unterrichtet jeden Morgen Jazzdance.

Verb *(teaches)* und ***object*** *(jazzdance)* sind im Englischen **eng verbunden**. Im Gegensatz zum Deutschen werden sie in der Regel nicht getrennt.

▶ Wortstellung in Nebensätzen: 16 ⚠2
▶ Stellung des direkten und indirekten Objekts: 20
▶ Stellung des Objekts bei *phrasal verbs*: 166 a-c
▶ Stellung der Adverbien: 214, 215
▶ Inversion: 10

Wortstellung in Aussagesätzen:
subject – verb

* Das Wort *verb* bedeutet im Englischen zweierlei: die **Wortart** (deutsch: *Verb*) und das **Satzglied** (deutsch: *Prädikatskern*).

3 *Verneinte Aussagesätze • Negative statements*

a

	verb			
	auxiliary + *not*	main verb*		
Mrs Ashton	is not	using	the computer.	
Lisa and I	have not	finished	our project.	
We	should not	be	here.	

Der verneinte Aussagesatz wird mit einem **Hilfsverb + *not*** gebildet.

► Verneinte Kurzformen: 59

b

	verb		
	auxiliary + *not*	main verb	
You	have not been	listening	for quite a time.
I	will not have	finished	that by Friday.
Mum	should not have been	told	that story.

Bei zwei oder mehr Hilfsverben steht das ***not*** **nach dem ersten Hilfsverb**.

c

	verb		
	form of *do* + *not*	main verb	
(My parents		like	my nose ring.)
My parents	do not	like	my nose ring.
That music	does not	sound	very exciting.
The girls	did not	tidy	their room.

Wenn im bejahten Aussagesatz kein Hilfsverb vorhanden ist, wird die Verneinung mit einer Form des **Hilfsverbs *do* + *not*** gebildet. Nach *do/does/did* steht das *main verb** im Infinitiv *(like, sound, tidy)*.

► *Be, have, do* als Vollverben: 50-52, 53-55, 56-57

⚠

Steve does the housework regularly.
Steve does not do the housework regularly.

Steve did the housework yesterday.
Steve did not do the housework yesterday.

Auch das **Vollverb *do*** muss im *simple present* mit *do/does + not* und im *simple past* mit *did + not* verneint werden.

Anmerkungen

1 (We do not watch TV in the morning.)
We never watch TV in the morning.

Nobody left the room.
They heard nothing unusual.

Außer *not* gibt es noch andere Negationswörter wie *no, nobody, nothing, never* usw. Sie werden ohne *do/does/did* verwendet.

2 I don't think you have read Sally's letter.
(I think you haven't read Sally's letter.)

Wenn Verben wie *think, believe, suppose* oder *imagine* einen verneinten Satz einleiten, steht das *not* gewöhnlich beim ersten Verb *(think)*, nicht beim zweiten *(read)*.

In verneinten Aussagesätzen:
auxiliary + „not" + main verb

* Mit dem Begriff *main verb* wird ein *full verb* bezeichnet, wenn es um seine Funktion im Satz geht. (*Full verb* dagegen bezeichnet eine Verbklasse.)

Fragesätze · Questions

4 *Entscheidungsfragen und Fragen mit einem Fragewort*
Yes/No questions and questions with a question word

Did your friends enjoy the party?
Would you like to come to my next party?

What's your favourite film?
How many times have you seen it?

Can't you come on Saturday?
Why didn't Nick phone?

Have you ever been to Las Vegas?
When were you there?

Es gibt zwei Arten von Fragesätzen:

- **Entscheidungsfragen** *(yes/no questions)*, auf die man mit *yes* oder *no* antworten kann,
- **Fragen mit einem Fragewort** *(questions with a question word).*

Wie Aussagesätze können auch Fragesätze **verneint** sein.

Entscheidungsfragen werden in der Regel mit steigender **Intonation**, Fragen mit einem Fragewort mit fallender Intonation gesprochen.

▶ Fragewörter: 240-245
▶ Indirekte Fragesätze: 279

'What did you take that I didn't?'

5 *Wortstellung (außer in Fragen nach dem Subjekt)*
Word order (except in subject questions)

a

question word	auxiliary	subject	main verb	
	Is	Scott	cooking	pasta?
	Can	the girls	ride	a moped?
What	has	Julie	bought?	
When	will	the parcel	arrive?	

Ein Fragesatz wird gebildet, indem man das **Hilfsverb** des Aussagesatzes **vor das Subjekt** stellt *(subject-auxiliary inversion)*:
Scott is cooking pasta. (Aussagesatz)
Is Scott cooking pasta? (Fragesatz)

► Inversion: 10 a

b

question word	auxiliary *do/does/did*	subject	main verb	
		(The Bells	live	in Chelsea.)
	Do	the Bells	live	in Chelsea?
		(Jenny	likes	horses.)
	Does	Jenny	like	horses?
		(Fran	went	to L.A. in May.)
When	did	Fran	go	to L.A.?
		(She	visited	her pen pal.)
Who	did	she	visit?	

Wenn im Aussagesatz kein Hilfsverb vorhanden ist, wird im Fragesatz eine **Form des Hilfsverbs *do* vor das Subjekt** gesetzt. Das *main verb* steht im Infinitiv *(live, like, go, visit).*

c

(John has been waiting for an hour now.)
How long has John been waiting now?

(The files might have been destroyed by a virus.)
Might the files have been destroyed by a virus?

Bei zwei oder mehr Hilfsverben wird das **erste Hilfsverb vor das Subjekt** gestellt.

⚠

(Jenny does the shopping every Friday.)
What does Jenny do every Friday?

(Anne went for a job interview yesterday.)
What did Anne do yesterday?

Fragen mit dem **Vollverb *do*** werden im *simple present* **mit *do/does*** und im *simple past* mit ***did*** gebildet.

d

question word	auxiliary + *n't*	subject	main verb	
	Isn't	Kathy	working	today?
Why	doesn't	Brian	buy	a car?

Verneinte Fragen werden mit der verneinten Form des Hilfsverbs gebildet.

Who did the Windsors not invite to the wedding?

Im formellen Englisch steht die **Langform *not*** nach dem Subjekt.

e

(The children are laughing at a cartoon film.)
What are the children laughing at?
Worüber lachen die Kinder?

Eine zum Fragewort gehörende **Präposition** steht im Englischen gewöhnlich **am Ende** des Fragesatzes.

(The findings are based on extensive research.)
On what are the findings based?
Worauf basieren die Forschungsergebnisse?

Im formellen Englisch steht die **Präposition vor** dem Fragewort.

Anmerkung

Where did you say you were yesterday?
Wo, sagtest du, wart ihr gestern?

What do you think John told Sarah?
Was, glaubst du, hat John Sarah erzählt?

In komplexen Fragen ist die Wortstellung im Nebensatz wie im Aussagesatz:
subject – verb (you were, John told).

Wortstellung in Fragen, in denen nicht nach dem Subjekt gefragt wird:
(question word) – auxiliary – subject – main verb

6 *Wortstellung in Fragen nach dem Subjekt • Word order in subject questions*

subject (question word)	verb	
(Simon	is singing.)	
Who	is singing?	
(Tina's brother	can't find	a job.)
Whose brother	can't find	a job?
(The film	made	Kate nervous.)
What	made	Kate nervous?
(Tram number 14	goes	to the town centre.)
Which tram	goes	to the town centre?

Wenn man **nach** dem **Subjekt** eines Aussagesatzes **fragt** (Frage: *wer oder was?*), tritt das Fragewort an die Stelle des Subjekts. Die Wortstellung ist wie im Aussagesatz: *subject – verb.*

subject question	object question
(Liz likes Marc.)	(Liz likes Marc.)
Who likes Marc?	Who does Liz like?
Wer mag Marc?	*Wen mag Liz?*
(Noise causes headaches.)	(Noise causes headaches.)
What causes headaches?	What does noise cause?
Was verursacht Kopfschmerzen?	*Was verursacht Lärm?*

Mit *who, whose, what, which, how much/many* kann man **nach** dem **Subjekt oder** nach dem **Objekt fragen**. Fragen nach dem Subjekt werden ohne *do/does/did* gebildet.

Fragen nach dem Subjekt ohne „do/does/did"!

7 *Fragen beantworten: Entscheidungsfragen • Answering questions: yes/no questions*

a Is it still snowing? – Yes.
Did you see that red car? – No.
Are you hungry? – Yes.

Entscheidungsfragen *(yes/no questions)* können mit einem einfachen *yes* oder *no* beantwortet werden. Das geschieht jedoch eher selten, weil es etwas unhöflich wirkt.

b Can you use the Internet? – Yes, I can.
Does Mel know Tony? – No, she doesn't.
Have you got your videos? – Yes, we have.
Is Mike going with us? – Yes, he is.

Meist werden **Kurzantworten** *(short answers)* als höflicher empfunden. Diese bestehen aus *yes/no* + Personalpronomen + Hilfsverb (+ *n't*). In bejahten Kurzantworten wird immer die Langform des Hilfsverbs verwendet. Die Kurzform des Hilfsverbs ist hier nicht möglich.

► Kurzformen der Hilfsverben: 58-60

c Would you like a cup of tea?
– Yes, please. Thank you. /
Yes, I'd love one. Thank you. /
No, thanks. Not just now.

Bei Bitten, Aufforderungen oder Vorschlägen antwortet man gewöhnlich nicht nur mit einer Kurzantwort. Man gebraucht **höflichere Wendungen**.

d Is Nicole Jeff's girlfriend?
– I'm not sure. / I don't think so. She may be.
Has Daniel left school?
– Yes, of course. / No, of course not.

Statt Kurzantworten können auch Ausdrücke wie ***I'm not sure***, ***I don't know***, ***of course (not)***, ***I (don't) think so***, ***certainly*** oder ***perhaps*** verwendet werden.

e Does the restaurant open on Sundays?
– I suppose so. / I suppose it does.
I don't think so. / I don't think it does.

Wenn man mit ***believe***, ***imagine***, ***suppose*** oder ***think*** auf eine Entscheidungsfrage antwortet, kann ***so*** anstelle eines Nebensatzes stehen.

Can you come on Saturday?
– I hope so. / I'm afraid not.

Nach *hope*, *be afraid*, *guess* wird im bejahten Satz *so*, im verneinten Satz *not* verwendet.

f Are the Smiths from Bristol?
– No, they aren't. They're from Dover.
Do you like Indian food?
– Not very much. I prefer Chinese.

Um eine Entscheidungsfrage angemessen zu beantworten und das Gespräch in Gang zu halten, muss man häufig **weitere Informationen** zur Kurzantwort hinzufügen.

'Are you sure your tie didn't flop over the bar-code* scanner?'*

How might the man answer?

I'm not sure. / I don't think so.

tie Krawatte
bar-code Strichcode

8 *Fragen beantworten: Fragen mit einem Fragewort*
Answering questions: questions with a question word

a
What's the time? – Five.
When does the concert start? – At eight.
Where are the tickets? – In my pocket.
Why couldn't you come last Friday?
– (Because) I was ill. I'm sorry.

Fragen mit einem Fragewort *(questions with a question word)* beantwortet man, indem man nur die Information gibt, nach der gefragt wird. Vollständige Sätze als Antwort klingen sehr formell (z.B. *I couldn't come last Friday because I was ill.*).

b
Who told you the answer?
– Emma. / Emma did.

In Antworten auf Subjektfragen werden oft **Hilfsverben** verwendet.

c
Who wants to go for a hamburger?
– Me. / I do.

Statt *I* verwendet man meist ***me***. Wird *I* verwendet, muss ein Verb folgen: *I do/did/am/have/can* usw.

► Gebrauch der Subjekt- und Objektform des Personalpronomens: 227 b/c

d
Who are you talking about?
– You. / Patrick.
– *Über dich. / Über Patrick.*

Im Gegensatz zum Deutschen wird bei Fragen mit einer **Präposition** am Ende die Präposition in der Kurzantwort nicht wiederholt.

9 *Übersicht: Wortstellung in Aussagesätzen und Fragesätzen*
Summary: word order in statements and questions

		subject	verb		
		The music	stopped.		**Aussagesätze**
		My mother	doesn't like	video clips.	
		I	can't babysit	tomorrow.	
question word	**auxiliary**	**subject**	**main verb**		
	Are	the children	playing?		**Fragen**, in denen **nicht nach** dem **Subjekt** gefragt wird
	Do	your friends	like	fast food?	
How long	have	they	known	each other?	
Why	didn't	you	phone	yesterday?	
		question word	**verb**		
		Who	is coming	to your party?	**Fragen**, in denen **nach** dem **Subjekt** gefragt wird
		Which of you	can send	e-mails?	
		What	caused	the accident?	

'My screen is hard to read. Can I have a bigger monitor?'

10 *Inversion · Inversion*

a

	auxiliary	subject	
	Have	you	seen such brutality?
	Does	Lee	pay his debts?

Das Vertauschen von Subjekt und Hilfsverb in Fragen nennt man **Inversion** *(subject-auxiliary inversion)*. Enthält ein Satz kein Hilfsverb, so wird *do/does/did* verwendet.

	auxiliary	subject	
Seldom	have	I	seen such brutality.
Rarely	does	Lee	pay his debts.

Auch in Aussagesätzen kann *subject-auxiliary inversion* auftreten.

	verb	subject
Outside	stood	a huge dog.
'Why?'	asked	Peter.

Gelegentlich findet man in Aussagesätzen *subject-verb inversion*, bei der das Subjekt und das Verb vertauscht werden.

▶ Wortstellung in Fragen (außer in Fragen nach dem Subjekt): 5 a/b

b

We were watching TV all evening. – So was I.
… – *Ich auch.*

Liz can do karate. – So can her brother.
… – *Ihr Bruder auch.*

My parents love camping. – So do we.
… – *Wir auch.*

My sister doesn't like boy bands. – Neither/Nor does mine.
… – *Meine auch nicht.*

Subject-auxiliary inversion tritt nach ***so*** in der Bedeutung *auch* und nach ***neither/nor*** in der Bedeutung *auch nicht* ein.

We saw the royal wedding on TV. – So did we.
… – We did too.
I can't speak Russian. – Neither/Nor can I.
… – I can't either.

Statt *so* + Inversion kann angehängtes ***too***, statt *neither/nor* kann ***not either*** verwendet werden. Die Wortstellung entspricht dann der in Aussagesätzen *(subject – verb)*.

c

Never in my life have I felt so embarrassed.
Niemals in meinem Leben war ich so verlegen.

In no way will I ever break the law.
Auf keinen Fall werde ich jemals das Gesetz übertreten.

Only later did we realize who the man was.
Erst später wurde uns klar, wer der Mann war.

Einige **adverbiale Bestimmungen** mit **einschränkender** oder **verneinender Bedeutung** können am Satzanfang stehen, wenn sie betont werden sollen. Dann tritt *subject-auxiliary inversion* ein. Solche Konstruktionen finden sich meist im geschriebenen, formellen Englisch.
Zu den adverbialen Bestimmungen mit einschränkender Bedeutung gehören:

seldom, rarely	selten
never	niemals
at no time	zu keiner Zeit
in no way, on no account	auf keinen Fall
in/under no circumstances	unter keinen Umständen
not until (tomorrow/…)	erst (morgen/…)
only (later/then/…)	erst (später/dann/…)
hardly ever	kaum jemals

d

On the table sat two cats.
Auf dem Tisch saßen zwei Katzen.

Einige **adverbiale Bestimmungen des Ortes** können am Satzanfang stehen, wenn sie besonders betont werden sollen. Dann tritt *subject-verb inversion* ein.

e 'I don't like Brian,' said John.
'Have you seen him lately?' asked Sue.

'I don't like Brian,' he said.
'Have you seen him lately?' she asked.

In nachgestellten Begleitsätzen zur **direkten Rede** findet sich oft *subject-verb inversion.*

Wenn das Subjekt ein Pronomen ist, ist die Wortstellung jedoch wie im Aussagesatz *(subject – verb).*

Anmerkungen

1 Here comes the bus.
Da ist der Bus.
There go my last five dollars.
Da verschwinden meine letzten fünf Dollar.

In Verbindung mit den Verben *be, come* und *go* können *here* und *there* am Satzanfang stehen. Es tritt dann *subject-verb inversion* ein.

2 Here it comes.
There they go.

Wenn das Subjekt ein Pronomen ist, ist die Wortstellung jedoch wie im Aussagesatz *(subject – verb).*

Frageanhängsel · Question tags

11 *Formen · Forms*

Zur Bildung eines **Frageanhängsels** *(question tag)* wird das (erste) Hilfsverb des Aussagesatzes + Personalpronomen verwendet. Wenn der Satz kein Hilfsverb enthält, wird *do/does/did* verwendet.

Marc is playing squash, isn't he?
The thief has been caught, hasn't he?
Mike can repair cars, can't he?
Your girlfriend lives in Glasgow, doesn't she?
You saw Vicky last week, didn't you?

- Wenn der **Aussagesatz bejaht** ist, ist das ***question tag* verneint**.

Craig isn't coming, is he?
You haven't seen Kate, have you?
Sandra can't play the guitar, can she?
We don't have to leave now, do we?
Steve and Amy didn't pay for their tickets, did they?

- Wenn der **Aussagesatz verneint** ist, ist das ***question tag* bejaht**.

▶ Verneinte Aussagesätze: 3
▶ Fragesätze: 5

⚠ I'm wrong, aren't I?

Das Frageanhängsel für ***I am*** ist ***aren't I***.

12 *Gebrauch · Use*

a It's too cold in here, isn't it?
..., nicht wahr?
– Yes, it is. I'll turn on the heating.

That didn't take long, did it?
..., nicht wahr?
– No, it was easier than I expected.

Frageanhängsel (deutsch: *nicht wahr?, gell?, oder?, ja?*) werden häufig in Gesprächen verwendet, wenn man vom Gesprächspartner **Zustimmung** zu der eigenen Aussage erwartet. In diesem Fall geht die **Stimme** am Ende des Satzes **nach unten** (fallende Intonation).

b The film starts at 8.15, doesn't it?
..., *oder?*
– No, it doesn't. It starts earlier.

You can't ride a motorbike, can you?
..., *oder?*
– Yes, I can. I used to have one.

Frageanhängsel werden auch verwendet, wenn man unsicher ist und beim Gesprächspartner **nachfragen** will. In diesem Fall geht die **Stimme** am Ende des Satzes **nach oben** (steigende Intonation).

Anmerkungen

1 Shut the windows, will you/would you/can you/could you?
Schließ bitte die Fenster!
Don't forget to phone me, will you?
Vergiss bitte nicht, mich anzurufen!
Be quiet now, won't you/can't you?
Seid jetzt endlich ruhig!

Die Frageanhängsel *will you?*, *would you?*, *can you?*, *could you?*, *won't you?*, *can't you?* können an einen Imperativ angefügt werden. Man drückt damit Bitten, Angebote, Vorschläge usw. aus oder hebt die Aufforderung hervor.

Let's go for a pizza, shall we?
Wollen wir nicht eine Pizza essen gehen?

Nach *let's* + Infinitiv (ohne *to*) zum Ausdruck eines Vorschlags kann das Frageanhängsel *shall we?* angefügt werden.

2 I'll see you tomorrow, OK?
Your wife speaks Japanese, right?

Im amerikanischen Englisch werden oft die Frageanhängsel *OK?* und *right?* verwendet.

▶ Amerikanisches Englisch: 290-298

Aussagesatz bejaht (+) → question tag verneint (-)
Aussagesatz verneint (-) → question tag bejaht (+)

13 *Aufforderungssätze · Imperatives/Commands*

a Listen.
Hör/Hört/Hören Sie zu!

Der **Imperativ** *(imperative)* hat dieselbe Form wie der Infinitiv (ohne *to*). Es gibt nur eine Form für Singular und Plural.

Just sign here.
Unterschreiben Sie bitte hier!

Wie im Deutschen fordert man mit dem Imperativ jemanden auf, etwas zu tun.

Please take a seat.
Turn the music down, please.

Zum Ausdruck einer Bitte kann auch der Imperativ mit *please* verwendet werden.

⚠ Stop that terrible noise!

Im Gegensatz zum Deutschen steht im Englischen nur dann ein **Ausrufezeichen**, wenn es sich wirklich um einen Ausruf handelt.

▶ Zeichensetzung: 302-304

b Don't listen.
Hör/Hört/Hören Sie nicht zu!

Der **verneinte Imperativ** *(negative imperative)* wird mit *do not* (Kurzform: *don't*) gebildet.

c Let's go to a disco.
Gehen wir (doch) in eine Disco.
Let's not argue. / Don't let's argue.
Lasst uns nicht streiten.

Die Imperativform ***let's*** *(= let us)* + **Infinitiv** (ohne *to*) wird für Aufforderungen und Vorschläge verwendet, in die sich der Sprecher mit einbezieht.

Anmerkungen

1 Do have another cup of coffee.
Trinken Sie doch noch eine Tasse Kaffee!
Do help me with the homework, please.
Hilf mir doch bitte bei den Hausaufgaben!

Wenn man einer Aufforderung besonderen Nachdruck verleihen will, kann man *do* + Imperativ verwenden.

2 You get the coats, I'll get a taxi.
Sie holen die Mäntel, …
Don't you phone me again tonight.
Rufen Sie mich heute Abend bloß nicht wieder an!

Man kann auch ein *you* vor den Imperativ setzen.
Die verneinte Form lautet *don't you* + Verb.

3 Could you please help me with this exercise, Mr Smith?
Könnten Sie mir bitte bei dieser Aufgabe helfen, Mr Smith?
Can you be quiet, please?
Kannst du bitte ruhig sein?

Bitten und Aufforderungen können auch durch modale Hilfsverben – meist in Fragen – ausgedrückt werden. Sie wirken höflicher als ein Imperativ.

▶ Hervorhebung: 299-301
▶ Bitten und Aufforderungen mit *can, could, will, would*: 43
▶ Aufforderungen in der indirekten Rede: 274 a, 280 a

14 *Ausrufesätze · Exclamations*

a How nice to see you!
Wie schön, euch zu treffen!

What a silly mistake you made!
Was für einen dummen Fehler du gemacht hast!

Fantastic!
Fantastisch!

Oh dear!
Ach, du liebe Zeit! / Ach, du meine Güte!

Ausrufesätze *(exclamations)* drücken die **Gefühle** eines Sprechers aus, z.B. Freude, Ärger, Überraschung.

Reproduced from The Spectator

'How romantic! Breakfast in bed!'

b Ausrufesätze beginnen häufig mit ***how*** oder ***what***.

How kind you are!
How badly the team played!
How we ran!

How kann vor einem Adjektiv, einem Adverb oder allein stehen.

What a view we had!
What an awful sweatshirt she is wearing!
What silly questions you asked!

What steht vor einem Nomen oder einem Adjektiv + Nomen. Bei Nomen im Singular steht hier der unbestimmte Artikel (*a*, *an*).

Die Wortstellung im restlichen Aussagesatz ist *subject – verb*.

⚠ A private bathroom – what luxury!
Ein eigenes Bad – was für ein Luxus!

Bei **nicht zählbaren Nomen** steht kein Artikel zwischen *what* und dem Nomen.

▶ Nicht zählbare Nomen: 177, 178

c How kind!
What an awful dress!

Ausrufesätze können auch **nur aus** der **Wendung mit *how*** oder ***what*** bestehen.

Haupt- und Nebensätze · Main clauses and subordinate clauses

Ein **Hauptsatz** kann als Aussagesatz, Fragesatz, Aufforderungssatz oder Ausrufesatz **allein stehen**. Er kann aber auch mit einem **weiteren Hauptsatz** oder einem **Nebensatz** verbunden werden.

▶ Satzgefüge: 251-280

15 *Satzreihe · Compound sentence*

main clause		main clause
I like windsurfing,	and	I enjoy sailing.
Shall we go out,	or	shall we stay at home?
Write the letter,	but	don't post it yet.

Wenn **Hauptsätze** *(main clauses)* **miteinander verbunden** werden, spricht man von einer **Satzreihe** *(compound sentence)*. Hauptsätze werden meist durch nebenordnende Konjunktionen *(coordinating conjunctions)* wie *and, or* oder *but* verbunden.

16 *Satzgefüge · Complex sentence*

a

main clause	subordinate clause
I'll phone you	when we get home.
Adam can't come	because he's babysitting.
This isn't the man	who served me.
Where's the shop	that sells posters?
Do you know	where Samantha lives?
Can you tell me	what 'RAM' means?

Wenn ein **Hauptsatz** *(main clause)* **mit** einem **Nebensatz** *(subordinate clause)* **verbunden** wird, spricht man von einem **Satzgefüge** *(complex sentence)*. Die Verbindung erfolgt durch unterordnende Konjunktionen (*subordinating conjunctions*, z.B. *when, because, after*), durch Relativpronomen (z.B. *who, that*) oder durch Fragewörter (z.B. *where, what, how*).

I forgot the magazines lying on the table.

Anstelle eines Nebensatzes kann eine Partizipialkonstruktion stehen.

▶ Partizip: 151-163

b

subordinate clause	main clause
If it's hot,	we'll go for a swim.
Wenn es heiß ist,	*gehen wir schwimmen.*

Wie im Deutschen können **Nebensätze** mit *when, if, as* usw. auch **vor** dem **Hauptsatz** stehen. In diesem Fall wird der englische Nebensatz oft durch ein Komma vom Hauptsatz getrennt.

⚠ If it rains tomorrow, we (subject) can go (verb) to the cinema.
Wenn es morgen regnet, können wir ja ins Kino gehen.

Anders als im Deutschen ändert sich die **Wortstellung** *subject – verb* **des Hauptsatzes** nicht, wenn ein Nebensatz vorausgeht.

⚠ Kim stopped talking when Peter (subject) joined (verb) us.
Kim hörte auf zu reden, als Peter zu uns kam.

Die **Wortstellung in adverbialen Nebensätzen** ist dieselbe wie in Hauptsätzen: *subject – verb*.

Satzglieder · Clause elements

17 *Subjekt und Prädikatskern · Subject and verb**

clause

subject	verb		
Becky	is laughing.		
subject	**verb**	**complement**	
Shopping	can be	fun.	
subject	**verb**	**object**	
Andrew	has bought	a new CD-player.	
subject	**verb**	**object**	**complement**
We	voted	Mike	team captain.
subject	**verb**	**object**	**object**
She	gave	her mother	the keys.
subject	**verb**	**adverbial**	
My pen pal	lives	in Montreal.	
subject	**verb**	**adverbial**	**adverbial**
Luke	was	in Rio	last year.

Sätze *(clauses)* bestehen aus **Satzgliedern** *(clause elements)*:
Das **Subjekt** *(subject)* nennt die Person, die Sache, das Thema, über die im Satz etwas gesagt wird.
Der **Prädikatskern** *(verb*)* und seine **Ergänzungen** enthalten die Aussage über das Subjekt. Welcher Art die Ergänzungen sind, hängt von der Art des Verbs ab. Ergänzungen können sein:
- eine **prädikative Ergänzung** *(complement)*
- ein **Objekt** *(object)*
- eine **Umstandsangabe/adverbiale Bestimmung** *(adverbial)*.

18 *Ergänzungen des Verbs: Subjekt- und Objektkomplement*
Complementation of the verb: subject complement and object complement

subject	verb	subject complement
Pedro	got	nervous.
He	became	chairman.

Das **Subjektkomplement** *(subject complement)*, das ein Adjektiv oder ein Nomen sein kann, bezieht sich auf das Subjekt. Es wird durch bestimmte Verben *(linking verbs)* mit dem Subjekt verbunden. Zu diesen Verben gehören: *appear, be, become, feel, get (= werden), grow (= werden), look, remain, seem, sound, turn (= werden).*

	verb	object	object complement
The waiting	made	Pedro	nervous.
They	made	him	chairman.

Das **Objektkomplement** *(object complement)*, das ein Adjektiv oder ein Nomen sein kann, bezieht sich auf das Objekt. Es steht nach bestimmten Verben + Objekt.
Zu diesen Verben gehören: *appoint, believe, call, consider, elect, find, make, name, think.*

* Das Wort *verb* bedeutet im Englischen zweierlei: die **Wortart** (deutsch: *Verb*) und das **Satzglied** (deutsch: *Prädikatskern*).

19 *Ergänzungen des Verbs: Objekte • Complementation of the verb: objects*

	indirect object	direct object
She sent	her husband	a fax.

Wie im Deutschen gibt es im Englischen Verben, nach denen **zwei Objekte** stehen können:
- ein **indirektes Objekt** *(indirect object)*, das häufig auch Personenobjekt genannt wird,
- ein **direktes Objekt** *(direct object)*, das häufig auch Sachobjekt genannt wird.

Anmerkung

I saw that it was a mistake.
We wanted to talk to you.
Marc enjoys reading books about zoos.

Ergänzungen des Prädikatskerns können auch Nebensätze, Infinitiv- und Gerundialkonstruktionen sein.

20 *Die Stellung des indirekten und des direkten Objekts*
The position of the indirect and the direct object

a

	indirect object	direct object
I lent	Katie	my camera.
I made	my friend	some sandwiches.

Bei **Verben**, nach denen **zwei Objekte** stehen können, ist die normale Wortstellung **indirektes Objekt – direktes Objekt.**
Zu diesen Verben gehören: *bring, buy, cook, fetch, get, give, leave, lend, make, offer, order, pass, promise, read, refuse, sell, send, show, take, teach, tell, throw, write.*

b

	direct object	*to/for* + indirect object
I lent	my camera	to Katie.
I made	some sandwiches	for my friend.

Die Wortstellung ist **direktes Objekt – indirektes Objekt**, wenn das indirekte Objekt hervorgehoben werden soll.
Das nachgestellte indirekte Objekt muss immer mit ***to*** oder (bei den Verben *buy, cook, fetch, get, make, order*) mit ***for*** angeschlossen werden.

⚠

Who did you lend your camera to?
Wem …?
Who did you make the sandwiches for?
Für wen …?

In **Fragen** nach dem indirekten Objekt steht immer ***to*** oder ***for*** (am Satzende).

c

	direct object	to/for + indirect object
I lent	it	to Katie.
I made	them	for my friend.

Wenn das direkte Objekt ein **Pronomen** ist, ist die Wortstellung **direktes Objekt – *to/for* + indirektes Objekt**.

I lent	it	to her.
I made	them	for him/her.

Auch wenn zwei Pronomen nach dem Verb stehen, ist die Wortstellung gewöhnlich direktes Objekt – *to/for* + indirektes Objekt.

'Press these flowers into a scanner & e-mail them to my wife, please, Monique.'

d

	direct object	to + indirect object
Could you explain	the problem?	
Could you explain	the problem	to the team?
I'll try to describe	the scene	to you.
We mentioned	the idea	to our teacher.

Bei **bestimmten Verben** wird das indirekte Objekt immer mit ***to*** angeschlossen. Die Wortstellung ist normalerweise **direktes Objekt – *to* + indirektes Objekt**. Zu diesen Verben gehören: *announce, deliver, describe, explain, introduce, mention, point out, report, say, suggest.*

	direct object	to + indirect object
1 He suggested	a solution	to us.

	to + indirect object	direct object
2 He suggested	to us	a surprising solution.

Wenn die Aufmerksamkeit auf das direkte Objekt gerichtet werden soll, ist die Wortstellung ***to* + indirektes Objekt – direktes Objekt** (Beispiel 2).

⚠ *Debbie erklärte ihrem Vater das Problem.*
nicht: Debbie explained ~~her father the problem~~.
sondern: Debbie explained the problem to her father.

Kannst du mir das erklären?
nicht: Can you explain ~~me that~~?
sondern: Can you explain that to me?

-167 *Das Verb* *The verb*

21 *Übersicht* *Summary*

Die englischen Verben lassen sich in drei Gruppen einteilen:

can, could, will, would, must, may, might, shall, should, ought to, need not

- **modale Hilfsverben** (*modal auxiliaries/ modal verbs/modals*)

be, have, do

- Verben, die als **Hilfsverben oder Vollverben** verwendet werden können *(primary verbs)*,

play, read, work, think, like, hear, …

- **Vollverben** (*full verbs*).

▶ Modale Hilfsverben: 22-48
▶ *Be, have, do*: 49-57
▶ Vollverben: 61-71

-48 *Modale Hilfsverben* *Modal auxiliaries*

22 Formen
23 Merkmale
24 Funktionen
25-35 Übersicht
36-37 Fähigkeit: *can, could* – Ersatzform: *be able to*
38-39 Erlaubnis: *can, may, could* – Ersatzform: *be allowed to*
Verbot: *can't, may not, mustn't* – Ersatzform: *be not allowed to*
40-41 Zwang, Notwendigkeit: *must* – Ersatzform: *have to*
Fehlen eines Zwangs, einer Notwendigkeit: *needn't* – Ersatzform: *not have to*
42 Verpflichtung, Anweisung, Ratschlag: *should, ought to, had better, be to, be supposed to, must*
43 Bitte, Aufforderung: *Can/Could you …?, Will/Would you …?*
44 Angebot, Einladung: *Can/Could I …?, Will/Won't you …?, Would/ Wouldn't you …?, May I/we …?*
45 Vorschlag: *Shall I/we …?, Can't/Couldn't …?, can, could*
46 Weigerung, Ablehnung: *won't, wouldn't*
47 Wahrscheinlichkeit, Möglichkeit: *can, could, will, would, must, may, might, should, ought to*
48 Typisches Verhalten: *will, would*

22 *Formen · Forms*

positive		negative	
long forms	short forms	long forms	short forms
can	–	cannot	can't [kɑ:nt]
could	–	could not	couldn't
will	'll	will not	won't [wəʊnt]
would	'd	would not	wouldn't
must	–	must not	mustn't ['mʌsnt]
may	–	may not	–
might	–	might not	mightn't
shall	'll	shall not	shan't [ʃɑ:nt]
should	'd	should not	shouldn't
ought to	–	ought not to	oughtn't to
		need not	needn't

▶ Kurzformen der Hilfsverben: 58, 59a

23 *Merkmale · Characteristics*

a

I can ride a motorbike.
You mustn't read my e-mails.
Jason ought to be in London now.

Auf modale Hilfsverben folgt der **Infinitiv ohne *to***. Beachte, dass ***ought*** immer **mit *to*** verwendet wird.

b

I/You/He/She/It | We/You/They — can speak Russian.

Es gibt für alle Personen nur **eine Form**. Die 3. Person Singular hat **kein *-s***.

c

I can't understand this poem.
Can you sing?

Wie bei allen Hilfsverben werden **Verneinung** und **Frage ohne *do/does/did*** gebildet.

d

Modale Hilfsverben
- haben keinen Infinitiv
- haben keine *-ing*-Form
- haben kein Partizip Perfekt
- können nicht alle Zeitformen bilden.

It's fun to be able to find friends on the net.
She hates having to get up early.
I haven't been able to contact Jenny.
We had to buy a new TV set.
I hope we'll be allowed to use a dictionary in the test.

Deswegen gibt es zu bestimmten modalen Hilfsverben **Ersatzformen** (z.B. *be able to, have to*) mit ähnlicher Bedeutung. Von diesen Ersatzformen kann man den Infinitiv, die *-ing*-Form und alle Zeitformen bilden.

e

She isn't answering the phone. She must be taking a shower.
I may be playing squash tomorrow.
Tim is very tired. He must have been working hard all day.

Modale Hilfsverben haben keine ***-ing*-Form**. Aber das nachfolgende Verb kann in der *-ing*-Form stehen: *be* + *-ing*-Form, *have been* + *-ing*-Form.

f

1 Can you help me with these suitcases?
2 That must be Tom. I know his voice.
3 Could I have a glass of water, please?

4 Can you call back in the afternoon?
5 I must go to the bank tomorrow.
6 Could you babysit for us next weekend?

Die modalen Hilfsverben beziehen sich gewöhnlich auf die **Gegenwart** (Beispiele 1-3) oder die **Zukunft** (Beispiele 4-6).

g

Where can I have left my anorak?
Wo kann ich nur meinen Anorak liegen gelassen haben?

Paul may have gone to town.
Paul ist vielleicht in die Stadt gegangen.

You could have asked me before you took my bike.
Du hättest mich fragen können, …

In Verbindung mit dem **Infinitiv Perfekt** (*have* + Partizip Perfekt) können sich die modalen Hilfsverben (außer *shall*) auch auf die **Vergangenheit** beziehen.

Modale Hilfsverben:
- *immer mit Infinitiv ohne „to"*
- *kein „-s" bei der 3. Person Singular*
- *Verneinung und Frage ohne „do/does/did"*

24 *Funktionen · Functions*

Mit einem modalen Hilfsverb fügt man der **Satzaussage** eine **weitere Bedeutung** hinzu. Diese bringt die Einstellung oder Haltung des Sprechers zum Ausdruck (Sprechabsicht). Es lassen sich zwei Hauptfunktionen der modalen Hilfsverben unterscheiden:

a You can have my car. I'm not going out today.
Du kannst mein Auto haben … (= Ich erlaube es dir.)

Couldn't I bring a few friends home after school?
Könnte ich nicht nach der Schule ein paar Freunde mit nach Hause bringen? (= Ich bitte dich, …)

I think you should explain the problem to Ben. He'll understand.
Ich glaube, du solltest Ben das Problem erklären. Er wird es verstehen. (= Ich rate dir, …)

Der Sprecher will **auf andere Menschen einwirken**: Er erlaubt, bittet, rät usw.

b There's someone at the door.
It will be the postman. *(= ziemlich gewiss)*
It could be the postman. *(= wahrscheinlich)*
It may be the postman. *(= möglich)*

Der Sprecher will ausdrücken, für wie **gewiss**, **wahrscheinlich** oder **möglich** er etwas hält.

Übersicht · Summary

Die folgende Übersicht listet die **modalen Hilfsverben** mit ihren verschiedenen **Sprechabsichten** auf.
Ab Abschnitt 36 finden sich Hinweise zur Verwendung der modalen Hilfsverben.

25 Can/Can't

Vicky can play the piano very well.
I can't carry the box. It's too heavy.
- Fähigkeit *(ability)*, Unfähigkeit *(inability)*

You can get all kinds of things at the new shop.
That can't be Mike. He's much taller.
- Möglichkeit *(possibility)*

You can have my Walkman if you like.
Tim can't drive a car because he isn't old enough.
- Erlaubnis *(permission)*, Verbot *(prohibition)*

Can I have your pen, please?
- Bitte *(request)*, Aufforderung *(order)*

Can/Can't we go to the coast tomorrow?
- Vorschlag *(suggestion)*

Can I show you my new video game?
- Angebot *(offer)*, Einladung *(invitation)*

26 Could/Couldn't

Jenny could swim when she was three.
John couldn't play tennis last week. He was ill.
- Fähigkeit, Unfähigkeit *(ability, inability)*

Gemma could be at her aunt's.
- Wahrscheinlichkeit *(probability)*

I could watch TV after 9 pm when I was twelve.
The fans couldn't enter the concert hall.
- Erlaubnis, Verbot in der Vergangenheit *(permission, prohibition in the past)*

Could you help me with the translation?
- Bitte *(request)*, Aufforderung *(order)*

Could/Couldn't someone open a window?
- Vorschlag *(suggestion)*

27 Will/Won't

Will you sit down, please?
Will you have another cup of tea?
Won't you tell me about your problem?
That's the phone. It'll be Andrew.
I'm sure Tracy stole that money, but she won't admit it.
Ed will sit in a pub for hours and chat with the landlord.

- Bitte *(request)*, Aufforderung *(order)*
- Angebot *(offer)*, Einladung *(invitation)*
- Wahrscheinlichkeit *(probability)*
- Weigerung *(refusal)*, Ablehnung *(rejection)*
- typisches Verhalten *(typical behaviour)*

► *Will-future:* 96

pile up sich stapeln
flip through durchblättern
periodically regelmäßig

28 Would/Wouldn't

Would you pass me the sugar, please?
Would you like some more coffee?
A short walk after lunch would do us good.
Judy knew all about our plan, but she wouldn't give any details.
When Sarah was a little girl, she would dance when she heard music.

- Bitte *(request)*, Aufforderung *(order)*
- Angebot *(offer)*, Einladung *(invitation)*
- Wahrscheinlichkeit *(probability)*
- Weigerung, Ablehnung in der Vergangenheit *(refusal, rejection in the past)*
- typisches Verhalten in der Vergangenheit *(typical behaviour in the past)*

29 Must

I must go to the bank to get some money.
In Britain traffic must keep to the left.
You've been working all day. You must be tired.
The film is great. You simply must see it.

- Zwang *(strong obligation)*, Notwendigkeit *(necessity)*
- Wahrscheinlichkeit *(probability)*
- nachdrücklicher Ratschlag *(firm advice)*

30 Mustn't

You mustn't smoke here.

- Verbot *(prohibition)*

31 Needn't

You needn't go home yet.

- Fehlen eines Zwangs, einer Notwendigkeit *(lack of obligation or necessity)*

32 May/May not

You may be wrong.
May I help you?
You may leave earlier today.
Students may not use the staff canteen.

- Möglichkeit *(possibility)*
- Angebot *(offer)*
- Erlaubnis *(permission)*, Verbot *(prohibition)*

'Hold on – there may be a vacancy in our finance department* …'*

vacancy freie Stelle
department Abteilung

33 Might

There might be snow tomorrow.

- Möglichkeit *(possibility)*

34 Shall

Shall I do the shopping for you?
Shall we have a break?

- Vorschlag *(suggestion)*

35 Should/Ought to

We all should save/ought to save energy.
You should book/ought to book the hotel in good time.
The roads should be/ought to be less crowded today.

- Verpflichtung *(obligation)*
- Ratschlag *(advice)*
- Wahrscheinlichkeit *(probability)*

Fähigkeit: can, could – *Ersatzform:* be able to

36 *Formen* • *Forms*

	positive	negative
present tense:	can am/are/is able to	cannot (can't) am/are/is not able to
past tense:	could was/were able to	could not was/were not able to
present perfect:	have/has been able to	have/has not been able to
will-future:	will be able to	will not (won't) be able to

► Kurzformen der Hilfsverben: 58, 59

37 *Gebrauch* • *Use*

a Most teenagers can use a computer. /
Most teenagers are able to use a computer.
Die meisten Jugendlichen können mit einem Computer umgehen.

Im ***present tense*** wird *can* oder *am/is/are able to* verwendet. *Can* ist gebräuchlicher.

b I could ride a horse when I was ten. /
I was able to ride a horse when I was ten.
Ich konnte mit zehn Jahren reiten.

Die ***past tense*-Formen** *could* und *was/were able to* bezeichnen beide eine **allgemeine Fähigkeit**, die in der Vergangenheit vorhanden war. *Could* ist gebräuchlicher.

c The road was icy, but Jane was able to stop/managed to stop the car.
Die Straße war vereist, aber Jane konnte das Auto anhalten.

Im Aussagesatz wird *could* jedoch in der Regel nicht verwendet, wenn man ausdrücken will, dass jemand bei einer **bestimmten Gelegenheit** in der Vergangenheit etwas tun konnte und auch getan hat. In diesem Fall wird ***was/were able to*** oder auch ***managed to*** verwendet.

⚠ The little girl fell in the river. Luckily, she could swim *(= allgemeine Fähigkeit)*, so she was able to reach the river bank and pull herself out *(= Fähigkeit bei einer bestimmten Gelegenheit)*.

Beachte die unterschiedliche Verwendung von ***could*** und ***was/were able to***.

d Could you speak French fluently after your year in Paris? – No, I'm afraid I couldn't speak really fluently.
Konntest du nach deinem Jahr in Paris fließend Französisch sprechen? – Nein, ich konnte leider nicht wirklich fließend sprechen.

In **Fragen** und **verneinten Sätzen** kann *could/couldn't* jedoch immer verwendet werden.

e I could hear you, but I couldn't see you.
Ich konnte dich hören, aber ich konnte dich nicht sehen.

Bei **Verben der Wahrnehmung** (*see, hear* usw.) wird *could*, nicht *was/were able to* verwendet.

f Have you been able to contact Jane since she moved?
Hast du Jane erreichen können, seitdem sie weggezogen ist?
I'll be able to buy some CDs with this money.
Ich werde mir von diesem Geld ein paar CDs kaufen können.

Die **zusammengesetzten Zeitformen**, z.B. *present perfect* oder *will-future*, werden mit *be able to* gebildet.

► Zeitformen der Vollverben: 79
► Möglichkeiten, Zukünftiges auszudrücken: 95

g I could come tomorrow.
Ich könnte morgen kommen.

Could in der Bedeutung ***könnte*** bezieht sich auf die Gegenwart oder Zukunft.

h You could have told me last week.
Du hättest es mir schon letzte Woche sagen können. (Aber du hast es nicht getan.)

You couldn't have done anything.
Du hättest nichts tun können.
(Auch wenn du es versucht hättest.)

Mit ***could* + Infinitiv Perfekt** drückt man aus, was jemand in der **Vergangenheit** hätte tun oder nicht tun können.

► Infinitiv Perfekt: 120

Fähigkeit:
- im present tense: „can"
- im past tense: „could, was/were able to"
- zusammengesetzte Zeitformen mit „be able to"

Erlaubnis: can, may, could – *Ersatzform:* be allowed to
Verbot: can't, may not, mustn't – *Ersatzform:* be not allowed to

38 *Formen • Forms*

	positive	negative
present tense:	can, may am/are/is allowed to	cannot (can't), may not, must not am/are/is not allowed to
past tense:	could was/were allowed to	could not was/were not allowed to
present perfect:	have/has been allowed to	have/has not been allowed to
will-future:	will be allowed to	will not (won't) be allowed to

► Kurzformen der Hilfsverben: 58, 59

39 *Gebrauch • Use*

a You can use my camera.
Sie können/dürfen meine Kamera benutzen.

You aren't allowed to smoke on the plane, I'm afraid.
Sie können/dürfen im Flugzeug leider nicht rauchen.

Im ***present tense*** werden *can* und *can't* verwendet, wenn der **Sprecher** jemandem etwas **erlaubt** oder **verbietet**. *Be (not) allowed to* wird verwendet, wenn man ausdrücken will, dass **ein anderer** etwas **erlaubt** oder **verbietet**.

b Can/Could I leave half an hour earlier today, please?
– Yes, of course.
Kann/Könnte ich heute bitte eine halbe Stunde früher gehen?

May I leave half an hour earlier today, please?
– Certainly.
Darf/Dürfte ich heute bitte eine halbe Stunde früher gehen?

Für **Bitten um Erlaubnis** kann man *Can I/we …?*, *Could I/we …?* oder *May I/we …?* verwenden. *May I/we …?* ist besonders höflich.

c You mustn't pull the cat's tail.
Du darfst die Katze nicht am Schwanz ziehen.
You must not talk during an exam.
Man darf während einer Klausur nicht sprechen.

Für ein ausdrückliches **Verbot**, das vom Sprecher ausgeht, oder für ein allgemeingültiges Verbot wird *mustn't* verwendet.

d On Saturdays we could always stay up till midnight.
An Samstagen durften wir immer bis Mitternacht aufbleiben.

Yesterday Julie was allowed to stay up till midnight.
Gestern durfte Julie bis Mitternacht aufbleiben.

Die ***past tense*-Formen** *could* und *was/were allowed to* bezeichnen eine **allgemeine Erlaubnis** in der Vergangenheit. Für eine **Erlaubnis in einem bestimmten Einzelfall** wird nur *was/were allowed to* verwendet.

e I've always been allowed to go to parties.
Ich habe schon immer auf Partys gehen dürfen.
I'll be allowed to go to discos when I'm eighteen.
Ich darf in die Disco gehen, wenn ich achtzehn bin.

Die **zusammengesetzten Zeitformen**, z.B. *present perfect* oder *will-future*, werden mit *be allowed to* gebildet.

► Zeitformen der Vollverben: 79
► Möglichkeiten, Zukünftiges auszudrücken: 95

f You may smoke in this part of the restaurant.
Sie dürfen in diesem Teil des Restaurants rauchen.
Magazines may not be taken out of the waiting room.
Zeitschriften dürfen nicht aus dem Wartezimmer mitgenommen werden.

May zum Ausdruck einer **Erlaubnis** und *may not* zum Ausdruck eines **Verbots** findet man vor allem im formellen Englisch.

Erlaubnis/Verbot:
- im present tense: „can, can't, may (not), am/is/are (not) allowed to"
- ausdrückliches Verbot: „mustn't"
- im past tense: „could, couldn't, was/were (not) allowed to"
- zusammengesetzte Zeitformen mit „be allowed to"

Zwang, Notwendigkeit: must – *Ersatzform:* have to *Fehlen eines Zwangs, einer Notwendigkeit:* needn't – *Ersatzform:* not have to

40 *Formen • Forms*

	positive	negative
present tense:	must have to/has to have got to/has got to	need not (needn't) do not have to/does not have to have not got to/has not got to
past tense:	had to	did not have to
present perfect:	have had to/has had to	have not had to/has not had to
will-future:	will have to	will not (won't) have to

► Kurzformen der Hilfsverben: 58, 59

41 *Gebrauch • Use*

a

Im ***present tense*** werden *must, have to* oder *have got to* verwendet.

I'm exhausted. I must sit down.
... Ich muss mich hinsetzen.

Must wird gebraucht, wenn die Notwendigkeit oder der Zwang **vom Sprecher ausgeht**.

Dogs must be kept on leads.
Hunde müssen an der Leine geführt werden.

Must wird auch in öffentlichen Bekanntmachungen verwendet.

Sorry, I have to go now. The taxi is waiting.
Ich muss jetzt leider gehen. Das Taxi wartet.

Have to wird bevorzugt, wenn der Sprecher die **Anordnung einer anderen Person** weitergibt. Häufig ist die Notwendigkeit durch **äußere Umstände** bedingt.

I've got to go. I'm late. See you!
Ich muss gehen. ...

Have got to tritt vorwiegend im informellen Englisch auf und wird wie *have to* verwendet.

⚠

Doctor to Ally: You must take this medicine twice a day.
Arzt zu Ally: Sie müssen diese Medizin zweimal täglich nehmen.

Ally to mother: I have to take/I have got to take this medicine twice a day.
Ally zur Mutter: Ich muss diese Medizin zweimal täglich nehmen.

Beachte die unterschiedliche Verwendung von **must** und ***have to/have got to***.

⚠

Wir müssen die Hausaufgaben morgen abgeben.
nicht: We ~~must~~ give in the homework tomorrow.
sondern: We have to give in the homework tomorrow.

Vorsicht vor der zu häufigen Verwendung von *must*. Dem deutschen *müssen* entspricht im Englischen **meist *have to***.

⚠ You needn't tell Dan about the party. He knows.
Du musst Dan nichts über die Party sagen. /
Du brauchst Dan nichts über die Party zu sagen. …

needn't = nicht müssen/nicht brauchen (keine Notwendigkeit)

You mustn't tell Dan about the party. It's a surprise.
Du darfst Dan nichts über die Party sagen. …

mustn't = nicht dürfen (Verbot)

b You needn't have seen the doctor.
Du hättest nicht zum Arzt gehen müssen/brauchen.
aber:
I'm glad you didn't have to see the doctor.
Ich bin froh, dass du nicht zum Arzt gehen musstest.

***Needn't* + Infinitiv Perfekt** verwendet man, wenn eine Handlung in der **Vergangenheit** ausgeführt wurde und sich später als nicht notwendig erwies.

► Infinitiv Perfekt: 120

Anmerkung

modal auxiliary	full verb
You needn't go now.	You don't need to go now.
Du brauchst jetzt nicht zu gehen.	*Du brauchst jetzt nicht zu gehen.*
Need we go now?	Do we need to go now?
Müssen wir jetzt gehen?	*Müssen wir jetzt gehen?*
	I think you need to go now.
	Ich glaube, du musst jetzt gehen.
	I didn't need to go then.
	Ich brauchte dann nicht zu gehen.

Need wird als modales Hilfsverb und als Vollverb verwendet. Als modales Hilfsverb wird es nur im *present tense* gebraucht und steht hauptsächlich in verneinten Aussagesätzen, seltener auch in Fragesätzen. Als Vollverb wird es wie alle Vollverben verwendet.

► Vollverben: 61

c Yesterday we had to get up early.
Gestern mussten wir früh aufstehen.

When did you have to get up? – At 5.30.
Wann musstet ihr aufstehen? – …

Das ***past tense*** von *must, have to/have got to* lautet *had to*.

Verneinung und **Frage** im *past tense* werden mit *did* gebildet.

d We've never had to play against such a good team.
Wir haben noch nie gegen so eine gute Mannschaft spielen müssen.

We'll have to train hard next week.
Wir müssen nächste Woche hart trainieren.

Die **zusammengesetzten Zeitformen**, z.B. *present perfect* oder *will-future*, werden mit *have to* gebildet.

► Zeitformen der Vollverben: 79
► Möglichkeiten, Zukünftiges auszudrücken: 95

Zwang, Notwendigkeit:
- im present tense: „must, have to/have got to“
- im past tense: „had to“
- zusammengesetzte Zeitformen mit „have to“

42 *Verpflichtung, Anweisung, Ratschlag:* should, ought to, had better, be to, be supposed to, must

a

If you make a promise, you should keep it.
Wenn Sie ein Versprechen machen, sollten Sie es halten.
You shouldn't sit at the computer for hours and hours.
Du solltest nicht stundenlang am Computer sitzen.
You ought to take a bus. It's too far to walk.
Sie sollten einen Bus nehmen. …

Should und *ought to* werden verwendet, um eine **Verpflichtung** auszudrücken oder um einen **Rat** zu geben.

You shouldn't have drunk so much.
Du hättest nicht so viel trinken sollen.

Mit ***should/ought to*** **+ Infinitiv Perfekt** drückt man aus, was jemand in der **Vergangenheit** hätte tun oder nicht tun sollen.

► Infinitiv Perfekt: 120

Neben *should* und *ought to* gibt es **weitere Möglichkeiten**, einen Rat oder eine Verpflichtung auszudrücken.

b

It's raining. You had better take an umbrella.
… Es wäre besser, wenn du einen Schirm mitnehmen würdest. / Du solltest lieber einen Schirm mitnehmen.

We'd better not eat much before we go to the fitness studio.
Wir sollten lieber nicht so viel essen, bevor wir ins Fitness-studio gehen.

Had better (Kurzform: *'d better*) wird verwendet, wenn man einen **Rat** gibt und erwartet, dass dieser angenommen wird. Beachte, dass nach *had better* der Infinitiv ohne *to* steht. Die Verneinung lautet *had better not.*

c

Mum says you're to be back before ten.
Mama sagt, du sollst vor zehn zu Hause sein.
What am I to do first? What did you say?
Was soll ich als Erstes tun? …

Be to wird verwendet, wenn die **Anweisung** eines anderen weitergegeben oder erfragt wird.

d

You're supposed to answer all the questions on the form.
Sie sollten alle Fragen auf dem Formular beantworten.
The boys were supposed to be here by ten.
Die Jungen sollten um zehn Uhr hier sein/hätten um zehn Uhr hier sein sollen.

Mit ***be supposed to*** drückt man aus, dass jemand etwas tun soll, weil er dazu **verpflichtet** ist oder weil es **vereinbart** wurde.

e

You simply/really must see the exhibition.
Du musst die Ausstellung unbedingt sehen.

Must wird für einen besonders **nachdrücklichen Ratschlag** verwendet und häufig durch *really* oder *simply* verstärkt.

Verpflichtung, Rat: „should, ought to"

43 *Bitte, Aufforderung:* Can/Could you …?, Will/Would you …?

Can/Could you turn the music down, please?
Kannst/Könntest du bitte die Musik leiser stellen?

Will/Would you help me to download these files?
Würden Sie mir helfen, diese Dateien herunterzuladen?

Can/Could you …?, *Will/Would you …?* werden verwendet, um eine **Bitte** oder eine **Aufforderung** auszudrücken. *Could you …?* und *Would you …?* sind höflicher als *Can you …?* und *Will you …?*

44 *Angebot, Einladung:* Can/Could I ...?, Will/Won't you ...?, Would/Wouldn't you ...?, May I/we ...?

Can/Could I get you a drink?
Kann ich Ihnen (vielleicht) etwas zu trinken holen?

Will/Won't you join us?
Willst/Möchtest du (nicht) mitkommen?

Would/Wouldn't you like some more cake?
Möchten Sie (nicht) noch etwas Kuchen?

May we send you our catalogue?
Dürfen wir Ihnen unseren Katalog schicken?

Wenn man etwas **anbieten** oder zu etwas **einladen** will, kann man *Can/Could I ...?, Will/Won't you ...?, Would/Wouldn't you ...?, May I/we ...?* verwenden.
Could I ...? ist höflicher als *Can I ...?*
Won't you ...? und *Wouldn't you ...?* sind drängender als *Will you ...?* und *Would you ...?*

May I/we ...? wird verwendet, wenn man etwas sehr höflich anbietet.

45 *Vorschlag:* Shall I/we ...?, Can't/Couldn't ...?, can, could

Shall we buy a DVD player?
Sollen wir einen DVD-Spieler kaufen?

Can't we meet you at the cinema?
Können wir euch nicht am Kino treffen?

Couldn't we go to town tomorrow?
Könnten wir morgen nicht in die Stadt gehen?

You can/could watch TV while I'm away.
Du kannst/könntest fernsehen, während ich weg bin.

Shall I/we ...?, Can't/Couldn't ...?, can und *could* werden verwendet, wenn man einen **Vorschlag** macht.

46 *Weigerung, Ablehnung:* won't, wouldn't

My mother knows I love dogs, but she won't let us have one.
Meine Mutter weiß, dass ich Hunde liebe, aber sie lässt uns keinen haben.

Mit *won't* drückt man eine **Weigerung in der Gegenwart** aus.

Paul knew the secret, but he wouldn't tell me.
Paul kannte das Geheimnis, aber er weigerte sich, es mir zu verraten.

Wouldn't verwendet man für eine **Weigerung in der Vergangenheit**.

Bitte, Aufforderung: „Can/Could you ...?, Will/Would you ...?"
Angebot, Einladung: „Can/Could I ...?, Will/Won't you ...?, Would/Wouldn't you ...?, May I/we ...?"
Vorschlag: „Shall I/we ...?, Can't/Couldn't ...?, can, could"
Weigerung, Ablehnung: „won't, wouldn't"

47 *Wahrscheinlichkeit, Möglichkeit:* can, could, will, would, must, may, might, should, ought to

a

The lights are on. Craig must be at home.
… Craig muss zu Hause sein.
There's a fax for you. – Oh, it will be from Jeff.
… – Oh, es wird von Jeff sein.
Too bad Leo is injured. With him in the team they would win.
… Mit ihm in der Mannschaft würden sie gewinnen.
Kathy should be/ought to be in the office by now.
Kathy müsste/dürfte jetzt eigentlich im Büro sein.
That parcel could be a birthday present.
Das Paket kann/könnte ein Geburtstagsgeschenk sein.
Steve hasn't phoned. He may still be in bed.
… Vielleicht ist er noch im Bett.
It's cold. It might even snow.
… Es könnte sogar schneien.
The weather can be quite nice in England.
Das Wetter kann in England ziemlich schön sein.

Mit bestimmten modalen Hilfsverben kann der Sprecher ausdrücken, für wie **gewiss**, **wahrscheinlich** oder **möglich** er etwas hält.

'… and a little knot here, and this rope should last one more jump …'*

knot Knoten

b

Die einzelnen modalen Hilfsverben drücken **unterschiedliche Grade** an Gewissheit bzw. Wahrscheinlichkeit aus:

positive	negative	
must will	cannot will not	▪ ziemlich gewiss
would ought to should could	would not ought not to should not could not	▪ wahrscheinlich
may might can	may not might not cannot	▪ möglich.

▶ Kurzformen der modalen Hilfsverben: 22

⚠ *Das kann Peter sein.*
nicht: That ~~can~~ be Peter.
sondern: That may/might/could be Peter.

c

I posted the letter yesterday. It can't have arrived today.
… Er kann heute noch nicht angekommen sein.
Laura is late. – She may have met friends.
… – Sie hat vielleicht Freunde getroffen.

Mit einem **modalen Hilfsverb + Infinitiv Perfekt** drückt der Sprecher aus, was in der **Vergangenheit** ziemlich gewiss, wahrscheinlich bzw. möglicherweise geschehen oder nicht geschehen ist.

▶ Infinitiv Perfekt: 120

48 *Typisches Verhalten:* will, would

Granny will sit in the park and feed the birds all day.
Oma sitzt immer den ganzen Tag im Park und füttert Vögel.

Mit *will* kann ein **typisches Verhalten in der Gegenwart** ausgedrückt werden.

When I was a child, I would play in the fields every day.
… habe ich immer den ganzen Tag auf den Feldern gespielt.

Mit *would* kann ein **typisches Verhalten in der Vergangenheit** ausgedrückt werden.

▶ *Used to:* 86 d

49-57 *Be, have, do*

49 Be, have, do *als Hilfsverben* · Be, have, do *used as auxiliaries*

Be, *have* und *do* nehmen unter den Verben eine Sonderstellung ein. Sie können sowohl Hilfsverben *(auxiliaries)* als auch Vollverben *(full verbs)* sein. Als **Hilfsverben** dienen sie zur Bildung bestimmter Zeitformen des Vollverbs.

Mike is writing lyrics for his new song.
My snowboard was made in Austria, not Korea.

***Be* als Hilfsverb:**
- *progressive form:* Form von *be* + *-ing*-Form
- Passiv: Form von *be* + Partizip Perfekt

Tim has just phoned.
I was too late. The last bus had left.

***Have* als Hilfsverb:**
- *present perfect: have/has* + Partizip Perfekt
- *past perfect: had* + Partizip Perfekt

Does Becky work in the supermarket? – I don't know.
Helen didn't forget your birthday, did she?
Don't be late.

***Do* als Hilfsverb:**
- Frage und Verneinung im *simple present*
- Frage und Verneinung im *simple past*
- Verneinung des Imperativs

▶ Bildung der *-ing*-Form: 65
▶ Bildung des Partizips Perfekt: 66
▶ Kurzformen der Hilfsverben: 58, 59
▶ Wortstellung in Fragesätzen: 5
▶ Verneinung: 3

'When did you last feed that goldfish?'

Anmerkung

She does look nervous.
I did tell you. I'm sure.

Do als Hilfsverb kann zur Hervorhebung des Vollverbs im *simple present* und im *simple past* verwendet werden.

▶ Hervorhebung: 299-301

Be *als Vollverb* · Be *used as a full verb*

50 *Formen* · *Forms*

a

infinitive	present tense	past tense	past participle	*-ing* form
be	I am he/she/it is we/you/they are	I/he/she/it was we/you/they were	been	being

b Is Sarah in Mr Wilson's class?
I wasn't in Mr Wilson's class last year.
Was your brother in his class?

Be bildet **verneinte Sätze** und **Fragen** im *simple present* und *simple past* **nicht mit *do/does/did***.

Don't be silly.

Der verneinte Imperativ lautet aber *don't be …*

► Kurzformen der Hilfsverben: 58, 59

51 Be *als* linking verb · Be *used as a linking verb*

I'm a research scientist.
The new girl is nice.
We have often been here.

Das **Vollverb** *be* steht **zusammen mit einer Ergänzung**, z.B. einem Nomen *(a research scientist)*, einem Adjektiv *(nice)* oder mit einer **adverbialen Bestimmung** *(here)*.

Anmerkung

You're being very aggressive today.
Du bist heute aber sehr aggressiv.

Be kann in der *progressive form* verwendet werden, wenn man ein vorübergehendes Verhalten beschreiben will.

52 There + be

a There's someone on the phone for you.
Es ist jemand für dich am Telefon.

There are some good programmes on TV over Christmas.
Weihnachten gibt es einige gute Sendungen im Fernsehen.

Will there be anything to eat at the party?
Gibt es auf der Party etwas zu essen?

Mit ***there* + Form von *be*** drückt man aus, dass etwas vorhanden ist.
Im Deutschen wird *there + be* mit *es ist/sind, es gibt* oder mit den Verben *liegen* oder *stehen* wiedergegeben.
Be richtet sich im Numerus nach dem folgenden Pronomen oder Nomen *(There's* ***someone*** *…, There* ***are*** *some good* ***programmes*** *…)*.

b There's only five days left.
Es sind nur noch fünf Tage.

Im informellen Englisch wird manchmal *there + is* auch mit einem Nomen im Plural verwendet.

Have *als Vollverb* • Have *used as a full verb*

53 *Formen* • *Forms*

infinitive	present tense	past tense	past participle	*-ing* form
have	I/you/we/they have he/she/it has I/you/we/they don't have he/she/it doesn't have Do I/you/we/they have? Does he/she/it have? I/you/we/they have got he/she/it has got I/you/we/they haven't got he/she/it hasn't got Have I/you/we/they got? Has he/she/it got?	I/you/he/… had I/you/he/… did not have Did I/you/he/… have?	had	having

54 Have *als Zustandsverb* • Have *used as a state verb*

Our friends have (got) a new house.
My girlfriend has (got) brown eyes.
I have (got) a terrible stomach ache.

In der Bedeutung *haben, besitzen* ist *have (got)* **Zustandsverb** *(state verb)*. Es wird deshalb nicht in der *progressive form* verwendet.

Mike's father has got two cars.
Mike's father has two cars.

Our neighbours haven't got pets.
Our neighbours don't have pets.

Have you got any brothers or sisters?
Do you have any brothers or sisters?

Im britischen Englisch sind ***have*** und ***have got*** möglich. *Have got* wird im informellen Englisch vorgezogen und vorwiegend im *simple present* verwendet. Im amerikanischen Englisch wird gewöhnlich *have* verwendet.

▶ Amerikanisches Englisch: 291
▶ Tätigkeits- und Zustandsverben: 69, 70

55 Have *als Tätigkeitsverb* • Have *used as an activity verb*

I have a shower every morning.
We don't often have lunch in town.
We're just having a drink.
Come on. Let's have some fun.
Did Sue have a good time in Spain?

In Wendungen wie *have a shower, have breakfast* usw. ist *have* **Tätigkeitsverb** *(activity verb)*. Als Tätigkeitsverb kann *have* in der *simple form* und in der *progressive form* verwendet werden.

Häufige **Wendungen** mit *have*:

have a shower	(sich) duschen
have breakfast	frühstücken
have lunch	(zu) Mittag essen
have dinner	zu Abend essen
have a drink	etwas trinken
have fun	sich vergnügen
have a go	es ausprobieren
have a good time	viel Spaß haben
have a party	eine Party geben/machen
have a look at	einen Blick werfen auf

'You have a go in ours, and we'll have a go in yours, okay?'

▶ *Have (got) to*: 41 a
▶ *Have sth. done*: 156

Do *als Vollverb* · Do *used as a full verb*

56 *Formen* · *Forms*

infinitive	present tense	past tense	past participle	*-ing* form
do	I/you/we/they do he/she/it does [dʌz]	did	done	doing

	auxiliary		main verb*	
Fran	does	not	do	much work.
What	do	you	do	at the weekends?
What	did	Dan	do	with my keys?

Im *simple present* und im *simple past* werden **Verneinung** und **Frage** des **Vollverbs *do*** ganz regelmäßig mit dem Hilfsverb *do* gebildet.

construction set Baukasten

57 *Gebrauch* · *Use*

Chris is doing his best to get on a TV game show.
Who did the dishes? They're not clean.
Has Katie done the shopping?
We're doing well with our Web site. It looks good.

Do ist in der Bedeutung *tun, machen, verrichten, erledigen* Vollverb. Es kann wie jedes **Tätigkeitsverb** in der *simple form* und in der *progressive form* verwendet werden.

Häufige **Wendungen** mit *do*:

do one's best	sein Bestes geben
do business (with)	Geschäfte machen (mit)
do badly	nicht vorankommen, schlechte Leistungen bringen
do damage	Schaden anrichten
do the dishes	abwaschen, spülen
do an exercise	eine Übung machen
do sb. a favour	jemandem einen Gefallen tun
do one's homework	(die) Hausaufgaben machen
do the housework	die Hausarbeit machen
do a job/(some) work	eine Arbeit erledigen
do sb. a service	jemandem einen Dienst erweisen
do the shopping	einkaufen, Einkäufe machen
do well	vorankommen, gute Leistungen bringen
do without sth.	ohne etwas auskommen, auf etwas verzichten

► Tätigkeitsverben: 69

* Mit dem Begriff *main verb* wird ein *full verb* bezeichnet, wenn es um seine Funktion im Satz geht. *(Full verb* dagegen bezeichnet eine Verbklasse.)

58-60 *Die Kurzformen der Hilfsverben* *The short forms of the auxiliaries*

58 *Bejahte Kurzformen · Positive short forms*

a ***Be:***

I'm	**'m** = *am*
he's, she's, it's here's, there's, that's what's, when's, where's, who's, why's	**'s** = *is*
you're, we're, they're	**'re** = *are*

b ***Have:***

I've, you've, we've, they've	**'ve** = *have*
he's, she's, it's that's what's, when's, where's, who's, why's	**'s** = *has*
I'd, you'd, he'd, she'd, we'd, they'd who'd	**'d** = *had*

c ***Will, would:***

I'll, you'll, he'll, she'll, it'll, we'll, they'll there'll who'll, what'll	**'ll** = *will*
I'd, you'd, he'd, she'd, we'd, they'd there'd who'd	**'d** = *would*

⚠ He's ill. = He is …
He's been ill. = He has been …

's kann für ***is*** oder ***has*** stehen.

⚠ I'd already left. = I had …
I'd leave if I could. = I would …

'd kann für ***had*** oder ***would*** stehen.

59 *Verneinte Kurzformen · Negative short forms*

a

isn't	= is not	can't	= cannot	***Not*** wird zu ***-n't*** abgekürzt.
aren't	= are not	couldn't	= could not	
wasn't	= was not	won't [wəʊnt]	= will not	
weren't	= were not	shan't [ʃɑːnt]	= shall not	
don't	= do not	wouldn't	= would not	
doesn't	= does not	shouldn't	= should not	
didn't	= did not	oughtn't to	= ought not to	
haven't	= have not	mightn't	= might not	
hasn't	= has not	mustn't ['mʌsnt]	= must not	
hadn't	= had not	needn't	= need not	

b

It isn't wrong. = It's not wrong.
I haven't seen her yet. = I've not seen her yet.
We hadn't been invited. = We'd not been invited.

Für die Formen von *be*, *have*, *will* und *would* gibt es **zwei Möglichkeiten** der Verneinung:
- Verkürzung des *not* zu *n't*
- Verkürzung des Verbs + *not*.

Insbesondere bei *be* tritt die Verkürzung des Verbs + *not* häufiger auf als die andere Variante. Mit *I* ist ausschließlich die Form *I'm not* möglich.

60 *Gebrauch · Use*

Beth: I'm sorry I didn't phone you. I couldn't find your new number.
Ben: That's OK. It's 0179/6130977.
Beth: I haven't got any paper. I'll write it on my T-shirt.

Man verwendet Kurzformen beim **Sprechen** oder wenn man **gesprochene Sprache** schriftlich wiedergeben will, z.B. bei der Aufzeichnung von Gesprächen.

Dear Kathy,
Hi! What's new? We've had a pretty busy time here. That's why I haven't written …

Kurzformen benutzt man auch in **informellen Texten** (z.B. in Briefen an Freunde, Bekannte usw. oder auch in Werbetexten).

'Now that it's all over,' Barney said, 'are we friends?' Kate smiled. 'It's not all over. Nothing's ever all over. That's what keeps me going.'

(Nat Hentoff: *The Day They Came to Arrest the Book*. Cornelsen 1992, p. 133)

Kurzformen finden sich auch (häufig bei der Wiedergabe von Gesprochenem) in **Zeitungsartikeln**, **Kurzgeschichten** oder **Romanen**.

Anmerkungen

1 Tom's been here. = Tom has been …
Our teacher's had an accident. = Our teacher has had …

Kurzformen können auch nach Eigennamen oder Nomen verwendet werden.

2 Are you Rachel? – Yes, I am. (**nicht:** Yes, ~~I'm~~.)
I know where she is. (**nicht:** I know where ~~she's~~.)

Bejahte Kurzformen werden nie am Satzende verwendet.

3 We have lunch late on Sundays. (**nicht:** ~~We've~~ lunch …)

Die Kurzformen von *have* werden nicht verwendet, wenn *have* Vollverb ist.

61-71 Vollverben Full verbs

61 *Begriffsbestimmung · Definition*

Jerry writes songs.
I went on a school exchange programme last year.
Have you ever done a bungee jump?
I think the school trip will be fun.

Die Mehrzahl aller Verben gehört zur Gruppe der **Vollverben** *(full verbs)*. Als Vollverben werden sie bezeichnet, weil sie im Gegensatz zu Hilfsverben allein (d.h. ohne ein weiteres Vollverb) im Satz auftreten können.

Formen · Forms

62 *Übersicht · Summary*

Von jedem englischen Vollverb gibt es fünf Formen:

ask, carry, go, see	· **Infinitiv** *(infinitive)*	▶ 63
asks, carries, goes, sees	· ***-s*-Form** *(-s form)* der 3. Person Singular des *simple present*	▶ 64
asking, carrying, going, seeing	· ***-ing*-Form** *(-ing form)*	▶ 65
asked, carried, went, saw	· ***simple past*-Form** *(simple past form)*	▶ 66
asked, carried, gone, seen	· **Partizip Perfekt** *(past participle)*	▶ 66

63 *Der Infinitiv • The infinitive*

stop, talk, go

Go home. (imperative)

I go to a dance class every Monday. (simple present)

Der Infinitiv ist die **Grundform des Verbs**. Der Imperativ und das *simple present* (abgesehen von der 3. Person Singular) haben dieselbe Form wie der Infinitiv.

64 *Die -s-Form der 3. Person Singular des simple present*
The -s form in the 3rd person singular of the simple present

a Bildung:

infinitive	3rd person singular
forget	he/she forgets
know	he/she/it knows
work	he/she/it works

Alle Vollverben enden in der 3. Person Singular des *simple present* auf **-s**. Das **-s** wird an den Infinitiv angefügt.

b Besonderheiten der Schreibung:

express finish watch mix	he/she/it expresses he/she/it finishes he/she/it watches he/she/it mixes	Bei Verben, die auf einen **Zischlaut** (z.B. auf die Buchstaben *-ss, -sh, -ch, -x, -z*) enden, wird ***-es*** angefügt.
tidy hurry	he/she tidies he/she/it hurries	Bei Verben, die auf einen **Konsonanten** *(consonant)* + **y** enden, schreibt man ***-ies***.
aber: play enjoy	 he/she/it plays he/she/it enjoys	Bei Verben, die auf einen **Vokal** *(vowel)* + ***y*** enden, wird jedoch nur **-s** angefügt.
⚠ go do	he/she/it goes he/she/it does	Beachte die Schreibung von ***goes*** und ***does***.

c Die Aussprache der *-s*-Endung:

read [-d] come [-m] show [-əʊ]	he/she reads he/she/it comes he/she/it shows	[-z]	Bei Verben, die auf einen **stimmhaften** Laut enden, spricht man [-z].
sleep [-p] take [-k] laugh [-f]	he/she/it sleeps he/she/it takes he/she/it laughs	[-s]	Bei Verben, die auf die **stimmlosen** Laute [-p], [-t], [-k], [-f] enden, spricht man [-s].
express [-s] lose [-z] watch [-tʃ]	he/she/it expresses he/she/it loses he/she/it watches	[-ɪz]	Nach den **Zischlauten** [-s], [-z], [-ʃ], [-tʃ], [-dʒ] wird die *-es*-Endung [-ɪz] gesprochen.
⚠ do [duː] say [seɪ]	he/she/it does [dʌz] he/she/it says [sez]		Beachte die Aussprache von ***does*** und ***says***.

► Aussprache des Plural-s bei Nomen: 171 c

65 *Die -ing-Form · The -ing form*

a **Bildung:**

infinitive	*-ing* form
drink	drinking
go	going

Die ***-ing*-Form** wird durch Anfügen von *-ing* an den Infinitiv gebildet.

b **Besonderheiten der Schreibung:**

stop	stopping
sit	sitting
plan	planning
prefer	preferring
control	controlling

Nach einem einzelnen, betonten Vokal wird ein einzelner **Endkonsonant** *(-p, -b, -t, -d, -g, -m, -n, -l, -r)* **verdoppelt**.

aber:

jump	jumping
shout	shouting
open ['– –]	opening
offer ['– –]	offering

Es findet jedoch **keine Dopplung** statt bei:
- zwei aufeinanderfolgenden Konsonanten
- einem Konsonanten nach zwei Vokalen
- einem Konsonanten nach einem unbetonten Vokal.

© Punch Ltd

busk Straßenmusik machen
litter Abfall wegwerfen

Anmerkung

travel	travelling
dial	dialling

Im britischen Englisch wird das *-l* auch nach unbetontem Vokal verdoppelt.

smoke	smoking
phone	phoning

Ein **stummes *-e* am Ende** fällt weg.

⚠

die	dying
lie	lying
tie	tying

Beachte die Schreibung von Verben, die auf ***-ie*** enden.

66 *Die simple past-Form und das Partizip Perfekt*
The simple past form and the past participle

a Bildung:

Bei der Bildung der *simple past*-Form und des Partizips Perfekt muss man zwischen regelmäßigen und unregelmäßigen Verben unterscheiden.

infinitive	simple past	past participle
call	called	called
push	pushed	pushed

Regelmäßige Verben *(regular verbs)* bilden das *simple past* und das Partizip Perfekt jeweils mit der **Endung *-ed***, die an den Infinitiv angehängt wird.

drink	drank	drunk
take	took	taken

Die **unregelmäßigen Verben** *(irregular verbs)* haben **eigene Formen**.

► Unregelmäßige Verben: 310

b Besonderheiten der Schreibung bei regelmäßigen Verben:

infinitive	*-ed* form
stop	stopped
fit	fitted
plan	planned
prefer	preferred
control	controlled

Nach einem einzelnen betonten Vokal wird ein einzelner **Endkonsonant** *(-p, -b, -t, -d, -g, -m, -n, -l, -r)* **verdoppelt**.

aber:

jump	jumped
shout	shouted
open ['– –]	opened
offer ['– –]	offered

Es findet jedoch **keine Dopplung** statt bei:
- zwei aufeinanderfolgenden Konsonanten
- einem Konsonanten nach zwei Vokalen
- einem Konsonanten nach einem unbetonten Vokal.

smoke	smoked
phone	phoned

Ein **stummes *-e* am Ende** fällt weg.

tidy	tidied
hurry	hurried

Bei Verben, die auf einen **Konsonanten** + ***y*** enden, schreibt man ***-ied***.

aber:

play	played
enjoy	enjoyed

Bei Verben, die auf einen **Vokal** + ***y*** enden, wird jedoch nur ***-ed*** angehängt.

Anmerkung

travel	travelled
dial	dialled

Im britischen Englisch wird das *-l* auch nach unbetontem Vokal verdoppelt.

c Die Aussprache der *-ed*-Endung der regelmäßigen Verben:

live [-v]	lived	[-d]
seem [-m]	seemed	
play [-eɪ]	played	

Nach **stimmhaften** Auslauten spricht man [-d].

help [-p]	helped	[-t]
laugh [-f]	laughed	
wash [-ʃ]	washed	

Nach den **stimmlosen** Auslauten [-p], [-k], [-f], [-s], [-ʃ], [-tʃ] spricht man [-t].

need [-d]	needed	[-ɪd]
paint [-t]	painted	

Nach [**-d**] und [**-t**] spricht man [-ɪd].

67 *Grammatische Zeitform und wirkliche Zeit · Tense and time*

tense (Zeitform)	time (Zeitbezug)
present tense present perfect past tense past perfect future future perfect	Vergangenheit (was war) ← Gegenwart (was ist) → Zukunft (was sein wird)

Wenn man von *Zeit* spricht, muss man zwischen der **grammatischen Zeitform** *(tense)* und der **wirklichen Zeit** *(time)* unterscheiden.

Michael's visiting a friend in Oxford at the moment.
(Das *present progressive* bezieht sich auf die Gegenwart.)
Michael's visiting a friend in Oxford tomorrow.
(Das *present progressive* bezieht sich auf die Zukunft.)

Grammatische Zeitformen (z.B. das *present progressive*) können sich auf **verschiedene Zeiten** in der Wirklichkeit beziehen.

⚠ I've known Natalie for over ten years. (present perfect)
Ich kenne Natalie schon seit über zehn Jahren. (Präsens)
Just wait a moment. I'll go with you. (*will*-future)
... Ich komme mit dir. (Präsens)

Die **Zeitformen** werden im Englischen und im Deutschen **oft unterschiedlich** verwendet.

68 *Aspekt: die simple form und die progressive form*
Aspect: the simple form and the progressive form

a

tense	simple form	progressive form
present tense	speak(s)	am/is/are speaking
past tense	spoke	was/were speaking
present perfect	have/has spoken	have/has been speaking
past perfect	had spoken	had been speaking
will-future	will speak	will be speaking

Anders als im Deutschen gibt es im Englischen eine **einfache Form** *(simple form)* und eine **Verlaufsform** *(progressive form)* des Verbs.

b

simple form

Ann plays squash.
(Squash ist Anns Hobby.)
Rachel works for a computer firm.
(Rachel ist bei einer Computerfirma fest angestellt.)
Dave has watched two videos this evening.
(Dave ist mit dem Anschauen von Videofilmen fertig.)

Die ***simple form*** drückt aus, dass
- jemand etwas regelmäßig, wiederholt tut
- eine Tätigkeit von Dauer ist
- eine Handlung abgeschlossen ist.

progressive form

Ann's playing squash just now.
(Ann ist gerade dabei, Squash zu spielen.)
Rachel's working for a computer firm this summer.
(Rachel arbeitet nur in diesem Sommer in einer Computerfirma.)
Dave has been watching videos for over three hours.
(Dave schaut sich immer noch Videofilme an.)

Die ***progressive form*** drückt aus, dass
- eine Handlung im Augenblick des Sprechens im Verlauf ist
- eine Tätigkeit nur vorübergehend andauert
- eine Handlung noch nicht abgeschlossen ist.

I believe what Peter says. (**nicht:** ... ~~am believing~~ ...)
Sarah seems to be happy. (**nicht:** ... ~~is seeming~~ ...)

Jedes Vollverb kann in der *simple form* verwendet werden. In der *progressive form* kann ein Vollverb nur verwendet werden, wenn es ein Tätigkeitsverb ist.

► Tätigkeitsverben: 69

Die simple form und die progressive form bei verschiedenen Verbgruppen
The simple form and the progressive form with different kinds of verbs

69 *Tätigkeitsverben • Activity verbs*

simple form	progressive form
Hayley goes to karate classes.	I'm going to my karate class.
I often write e-mails.	I'm just writing one to Tim.
It always rains on my birthday.	It's my birthday today – and it's raining.

Go, write und *rain* gehören zu den Verben, die sowohl in der ***simple form* als auch in der *progressive form*** verwendet werden können. Sie bezeichnen Tätigkeiten *(go, write)* oder Vorgänge *(rain)*. Solche Verben nennt man **Tätigkeitsverben** *(activity verbs)*.

70 *Zustandsverben • State verbs*

a

simple form

What does 'http' mean?
I believe you.
Do you like curry?
Did you hear that strange sound?

Verben wie *mean, believe, like* oder *hear* nennt man **Zustandsverben** *(state verbs)*. Sie bezeichnen keine Tätigkeiten oder Vorgänge, sondern Zustände. Daher werden sie in der Regel **nur in der *simple form*** verwendet.

b

Die wichtigsten Zustandsverben sind:

- Verben, die **Zustände**, **Eigenschaften**, **Besitz** oder **Zugehörigkeit** ausdrücken,

be	*sein*	look	*aussehen*
belong to	*gehören*	mean	*bedeuten*
consist of	*bestehen aus*	need	*brauchen*
contain	*enthalten*	own	*besitzen*
cost	*kosten*	possess	*besitzen*
depend on	*abhängen von*	seem	*scheinen*
exist	*existieren*	sound	*klingen, sich anhören*
have (got)	*haben, besitzen*		

- Verben des **Meinens**, **Wissens** und **Vermutens**

agree	*zustimmen*	recognize	*erkennen*
believe	*glauben*	remember	*sich erinnern*
disagree	*nicht zustimmen*	see	*verstehen, einsehen*
doubt	*bezweifeln*	suppose	*annehmen, vermuten*
imagine	*sich (etwas) vorstellen*	think	*meinen, glauben*
		understand	*verstehen, begreifen*
know	*wissen*	wonder	*sich fragen, überlegen*
realize	*einsehen, merken*		

- Verben des **Mögens**, **Nichtmögens** und **Wollens**.

dislike	*nicht mögen*	mind	*etwas haben gegen*
hate	*hassen, gar nicht mögen*	prefer	*lieber mögen, vorziehen*
like	*mögen, gern haben*	want	*wollen, haben wollen*
		wish	*wünschen*
love	*lieben, sehr gern mögen*		

71 *Verben der Wahrnehmung · Verbs of perception*

simple form	progressive form
I heard a loud bang in the night.	—
Who saw what happened?	—
Dinner smells delicious. What is it? *Das Abendessen riecht köstlich. …*	I was smelling the roses when a bee stung me. *Ich roch an den Rosen, …*
The soup tastes salty. *Die Suppe schmeckt salzig.*	Dad is tasting it. *… probiert sie.*
I (can) feel a pain in my knee. *Ich spüre einen Schmerz …*	I'm feeling my knee to see where the pain is. *Ich taste mein Knie ab, …*

Verben wie *feel, hear, notice, see, smell, taste* werden als **Verben der (Sinnes-)Wahrnehmung** *(verbs of perception)* bezeichnet, da etwas mit den Sinnen wahrgenommen wird. Sie werden **in der *simple form*** verwendet. *Smell, taste, feel* können aber **auch** – mit anderer Bedeutung – **als Tätigkeitsverben** verwendet werden und dann in der ***progressive form*** stehen.

'I was smelling the roses like the doctor advised and got stung by a bee!'

Anmerkungen

1 Be careful, Tom. – But I am being careful.
… – *Aber ich bin doch vorsichtig.*

Drückt *be* + Adjektiv ein momentanes Verhalten aus, so steht es in der *progressive form.*

2 1a We have a flat in Hampstead.
Wir haben/besitzen eine Wohnung in Hampstead.
1b Does your sister have a boyfriend?
Hat deine Schwester einen Freund?
2a I have a shower every day.
Ich dusche jeden Tag.
2b I am having a shower.
Ich dusche gerade.

Während *have* in der Bedeutung *besitzen* (Beispiele 1a und 1b) keine *progressive form* zulässt, werden Ausdrücke wie *have lunch/a shower/a drink* usw. (Beispiele 2a und 2b) wie alle anderen Tätigkeitsverben verwendet.

3

activity verb	state verb
You're not holding the racket properly. Look, like this. *… hältst …*	Amanda's car only holds four, not six. *… fasst …*
Sue's measuring her room for a new carpet. *… misst … aus.*	It measures 4 metres by 5. *… misst 4 × 5 m.*
Jane's weighing her suitcase. *… wiegt … (ab).*	Oh dear! It weighs more than 20 kilos. *… wiegt mehr als 20 kg.*

Einige Verben wie *hold, measure* oder *weigh* können sowohl Tätigkeiten als auch Zustände beschreiben. Als Tätigkeitsverben können sie in der *simple form* und der *progressive form* verwendet werden, als Zustandsverben nur in der *simple form.*

▶ Adjektive: 196-202
▶ *Have* als Zustands- und Tätigkeitsverb: 54, 55

4 I'm seeing Pete tonight.
Ich besuche Pete/Ich treffe mich mit Pete heute Abend.

See in der Bedeutung *besuchen, sich treffen mit* ist ein Tätigkeitsverb. Als Tätigkeitsverb kann *see* auch in der *progressive form* verwendet werden.

5 How do you feel today? / How are you feeling today?
Wie fühlst du dich heute?

Feel in der Bedeutung *sich fühlen* kann sowohl in der *simple form* als auch in der *progressive form* verwendet werden. Es besteht kein nennenswerter Bedeutungsunterschied.

72-73 *Übersicht: die Zeitformen der Vollverben*
Summary: the tenses of the full verbs

72 *Gegenwart und Vergangenheit · Present and past*

tense		form (a = active, p = passive)	example
present tense	simple	a: ask/asks p: am/is/are asked	Tom goes to school on his bike. His mother sometimes takes him by car. My sister knows a lot about sailing. English and French are spoken in Canada. The book describes country life in Devon.
	progressive	a: am/is/are asking p: am/is/are being asked	Sorry, I can't come with you now. I'm installing some new computer programs. My room is being painted today.
present perfect	simple	a: has/have asked p: has/have been asked	Sarah has applied to three universities. She's been called for two interviews. Kelly has had the same hairstyle for three years.
	progressive	a: has/have been asking	Katie has been getting ready for her date since six o'clock.
past tense	simple	a: asked p: was/were asked	I bought this camera a year ago. The car was found by the police yesterday. We met some friends in town, went for a hamburger, then looked round the shops.
	progressive	a: was/were asking p: was/were being asked	I was playing a computer game when the electricity went off. Jason felt as if he was being watched.
past perfect	simple	a: had asked p: had been asked	I lent the video to Dan after I had watched it. When I saw her last, she had been ill for two years. Claire knew why she hadn't been chosen.
	progressive	a: had been asking	We had been waiting for an hour when Tom finally arrived.

use of tense

- wenn etwas regelmäßig, oft, immer oder nie geschieht ► 75 a
- wenn man Dauerzustände beschreibt ► 75 b
- wenn man über Texte, Filme oder Theaterstücke spricht ► 75 c

- wenn eine Handlung oder ein Vorgang (jetzt) gerade im Verlauf und noch nicht abgeschlossen ist ► 77 a

- wenn man sagen will, dass (nicht: wann!) etwas geschehen ist ► 80 a
- wenn man sagen will, seit wann oder wie lange ein Zustand schon andauert ► 80 b

- wenn eine Handlung oder ein Vorgang in der Vergangenheit begonnen hat und bis (oder fast bis) in die Gegenwart andauert ► 82 a

- wenn man sagen will, wann etwas geschehen ist ► 86 a
- wenn man über Vergangenes berichtet oder eine Geschichte erzählt ► 86 b

- wenn eine Handlung oder ein Vorgang zu einer bestimmten Zeit in der Vergangenheit gerade im Verlauf war ► 89 a

- wenn eine Handlung oder ein Vorgang bereits vor einem Zeitpunkt in der Vergangenheit stattgefunden hatte oder wenn ein Zustand vor einem Zeitpunkt in der Vergangenheit begonnen hatte und zu diesem Zeitpunkt noch andauerte ► 92 a

- wenn eine Handlung oder ein Vorgang vor einem Zeitpunkt in der Vergangenheit begonnen hatte und bis (oder fast bis) zu diesem Zeitpunkt andauerte ► 94

► Zeitformen der Vollverben: 74-94

73 *Zukunft · Future*

tense	form (a = active, p = passive)	example
will-future	a: will ask p: will be asked	The teachers will certainly be angry about this mess. We'll be punished. Is the suitcase too heavy? I'll carry it for you.
going to-future	a: am/is/are going to ask p: am/is/are going to be asked	I'm going to have a shower. Look at the sky! It's going to be another hot and sunny day. I've forgotten my umbrella. I'm going to be soaked.
present progressive	a: am/is/are asking p: am/is/are being asked	We're flying to Rome on Friday. Our house is being painted in spring.
simple present	a: ask/asks p: am/is/are asked	The first bus to London leaves at 6.20. Their new CD is released in February.
future progressive	a: will be asking	This time on Friday we'll be flying to Rome. In a few minutes we'll be arriving at York central station.
future perfect	a: will have asked p: will have been asked	I suppose John will have left when we arrive. When she comes back, a huge party will have been organized.

'I'll call you back in twenty minutes when the restaurant is crowded.'

use of tense

- wenn man Vorhersagen macht oder Vermutungen über die Zukunft äußert ▶ 96 a
- wenn man sich spontan zu etwas entschließt, Angebote oder Versprechen macht ▶ 96 b

---

- wenn man über Absichten oder Pläne spricht ▶ 98 a
- wenn man sagen will, dass etwas höchstwahrscheinlich geschehen wird, weil es bereits Anzeichen dafür gibt ▶ 98 b

---

- wenn man ausdrücken will, dass etwas für die Zukunft fest geplant oder verabredet ist ▶ 99

- wenn ein zukünftiges Geschehen durch einen Fahrplan, ein Programm, einen Kalender oder Ähnliches festgelegt ist ▶ 100

- wenn eine Handlung oder ein Vorgang zu einem zukünftigen Zeitpunkt im Verlauf sein wird ▶ 102 a
- wenn man ausdrücken will, dass etwas geschehen wird, weil es üblich ist ▶ 102 b

---

- wenn eine Handlung oder ein Vorgang zu einem bestimmten Zeitpunkt in der Zukunft abgeschlossen sein wird ▶ 104

▶ Möglichkeiten, Zukünftiges auszudrücken: 95-106

74-94 *Die Zeitformen der Vollverben*
The tenses of the full verbs

Simple present

74 *Formen • Forms*

I write.
He/She/It writes.
We/You/They write.

I do not / He/She/It does not / We/You/They do not — write.

Do I / Does he/she/it / Do we/you/they — write?

Das *simple present* hat die **Form des Infinitivs**. Nur in der **3. Person Singular** wird ein **-s** angehängt.

Verneinung und **Frage** werden **mit *do/does*** gebildet.

► Bildung der *-s*-Form der 3. Person Singular: 64
► Kurzformen der Hilfsverben: 59a
► Verneinte Aussagesätze und Fragen: 3, 5

75 *Gebrauch • Use*

a

I often go to bed after midnight.
Ich gehe oft nach Mitternacht ins Bett.

We go camping every summer.
Wir zelten jeden Sommer.

Hot air rises, doesn't it?
Heiße Luft steigt nach oben, oder?

My brother plays the drums.
Mein Bruder spielt Schlagzeug.

Mike speaks four languages. He even knows some Chinese.
Mike spricht vier Sprachen. Er kann sogar etwas Chinesisch.

Das *simple present* wird verwendet, wenn man ausdrücken will, dass etwas **wiederholt**, **regelmäßig**, **normalerweise**, **oft**, **immer** oder **nie** geschieht.
Es steht häufig mit Zeitbestimmungen wie *always, never, often, sometimes, usually* sowie *every summer, on Fridays, after midnight* usw.

Das *simple present* verwendet man auch, um zu sagen, welches **Hobby**, welchen **Beruf** oder welche **Fähigkeit** jemand hat.

b

Most young people like trendy clothes.
Die meisten jungen Leute mögen moderne Kleidung.

Das *simple present* steht, wenn man **Dauerzustände** beschreibt, die keinen bestimmten zeitlichen Bezug haben.

► Zustandsverben: 70

c The novel describes life in an African village.
Der Roman beschreibt das Leben in einem afrikanischen Dorf.

The cover story deals with the election.
Die Titelgeschichte beschäftigt sich mit der Wahl.

In the film Tom Cruise plays a detective who falls in love with a murderess.
In dem Film spielt Tom Cruise einen Detektiv, der sich in eine Mörderin verliebt.

Das *simple present* wird verwendet, wenn man über **Texte**, wie z.B. Romane, Kurzgeschichten, Zeitungsartikel, **Filme** oder **Theaterstücke**, spricht.

d How do I get to the station? – First you go along Victoria Street, then you turn left …
… – Zuerst gehen Sie die Victoria Street entlang, dann biegen Sie links ab …

You press this button, you turn this knob, then you adjust the volume here. Easy.
Du drückst auf diesen Schalter, dann drehst du an diesem Knopf, dann stellst du hier die Lautstärke ein. Ganz einfach.

Das *simple present* verwendet man für die Beschreibung **aufeinanderfolgender Handlungen**, z.B. bei Auskünften oder Anweisungen.

e We leave London Heathrow at 9.15 and arrive in Munich at 11.30.
Wir fliegen um 9.15 Uhr in London Heathrow ab und sind um 11.30 Uhr in München.

Zur **futurischen Verwendung** des *simple present*:

▶ Möglichkeiten, Zukünftiges auszudrücken: 100

f Chris will be here when you get back.
… wenn du zurückkommst.
If Jenny calls, remember to show her your photos.
Wenn Jenny vorbeikommt, …

Das *simple present* steht in **Nebensätzen der Zeit** und **der Bedingung**, die sich auf die Zukunft beziehen.

▶ Bedingungssätze: 251-257
▶ Adverbialsätze: 267-272

Simple present:
- wenn etwas regelmäßig, oft, immer oder nie geschieht
- wenn man Dauerzustände beschreibt
- wenn man über Texte, Filme oder Theaterstücke spricht

Present progressive

76 *Formen • Forms*

I am He/She/It is We/You/They are	writing.
I am not He/She/It is not We/You/They are not	writing.
Am I Is he/she/it Are we/you/they	writing?

Das *present progressive* wird mit ***am/is/are*** + ***-ing*-Form** gebildet.

▶ Bildung der *-ing*-Form: 65
▶ Kurzformen der Hilfsverben: 58, 59

77 *Gebrauch • Use*

a Liz is washing her hair (at the moment).
Liz wäscht sich (gerade) die Haare.

I'm just downloading a file. Hold on!
Ich lade gerade eine Datei herunter. Moment!

Das *present progressive* wird verwendet, wenn man ausdrücken will, dass jemand **jetzt/gerade/im Augenblick** etwas tut oder dass gerade etwas geschieht. Die Handlung/Der Vorgang ist **im Verlauf** *(in progress)* und **noch nicht abgeschlossen**. Häufige Zeitangaben sind *at the moment, now, just, still.*

Anmerkungen

1 Bob: I haven't seen you for a couple of days.
Sue: I'm very busy at the moment.
I'm helping my parents. We're decorating our living-room.

Das *present progressive* wird für Handlungen verwendet, die noch nicht abgeschlossen sind, aber durchaus einige Zeit unterbrochen werden können. Das heißt, sie sind streng genommen im Augenblick des Sprechens nicht im Verlauf.

2 I'm always forgetting my purse.
Ich vergesse dauernd mein Portemonnaie.
You're always telling me the same silly jokes.
Du erzählst mir immer wieder dieselben blöden Witze.

Das *present progressive* steht mit dem Adverb *always*, wenn ausgedrückt werden soll, dass etwas immer wieder, jedoch nicht regelmäßig geschieht. Hier bedeutet *always immer wieder = sehr oft, zu oft.* Der Sprecher drückt damit Verärgerung oder Verwunderung aus.

▶ Hervorhebung: 301 e

b Sally is working at a restaurant during her holidays.
Sally arbeitet während ihrer Ferien in einem Restaurant.

John is walking to work till the bus strike is over.
John läuft zur Arbeit, bis der Busstreik vorbei ist.

Das *present progressive* verwendet man, um auszudrücken, dass etwas nur **vorübergehend**, also für einen begrenzten Zeitraum geschieht.

c Shall we go swimming tomorrow evening?
– Sorry, I can't. I'm meeting some friends in town.
... Ich treffe mich mit ein paar Freunden in der Stadt.

Zur **futurischen Verwendung** des *present progressive*:

▶ Möglichkeiten, Zukünftiges auszudrücken: 99

Present progressive: wenn eine Handlung oder ein Vorgang (jetzt) gerade im Verlauf und noch nicht abgeschlossen ist

78 *Simple present und present progressive im Vergleich* *Simple present and present progressive in contrast*

simple present	present progressive

1a Emma works as an illustrator.

1b She is working at her desk (just now).

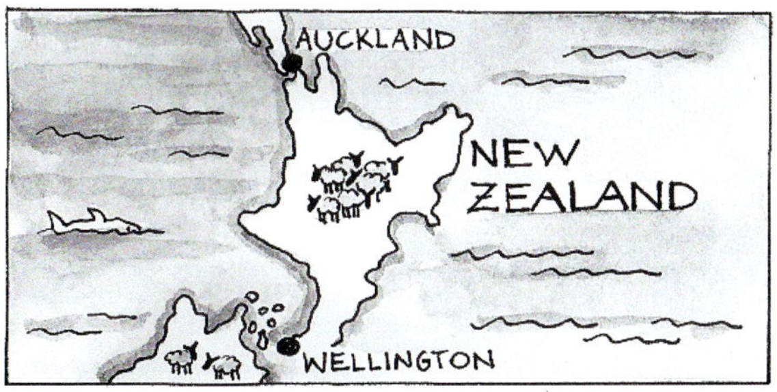

2a Auckland lies north of Wellington, doesn't it?

2b The cat is still lying in its basket.

3a My mother usually does the housework.

3b She is ill, so I am doing her work this week.

Das ***simple present*** wird verwendet:
- um auszudrücken, was **wiederholt**, **gewohnheitsmäßig**, **oft**, **immer** oder **nie** geschieht (Beispiele 1 a und 3 a).
- um **Dauerzustände** zu beschreiben (Beispiel 2 a).

Typische Zeitbestimmungen sind dabei *usually*, *often*, *sometimes*, *every day*, *on Monday*, *at the weekends* usw.

Das ***present progressive*** wird verwendet:
- um auszudrücken, was **jetzt/gerade/im Augenblick** geschieht. Die Handlung/Der Vorgang ist im Verlauf und **noch nicht abgeschlossen** (Beispiele 1 b und 2 b). Typische Zeitbestimmungen sind dabei *now*, *at the moment*, *today*, *just*, *still*.
- um auszudrücken, dass etwas **nur vorübergehend**, nur für einen begrenzten Zeitraum geschieht (Beispiel 3 b).

Present perfect (simple form)

79 Formen • Forms

I have He/She/It has We/You/They have	written. worked.
I have not He/She/It has not We/You/They have not	written. worked.
Have I Has he/she/it Have we/you/they	written? worked?

Das *present perfect* wird mit ***have/has*** **+ Partizip Perfekt** gebildet.

▶ Bildung des Partizips Perfekt: 66
▶ Kurzformen der Hilfsverben: 58, 59
▶ Unregelmäßige Verben: 310

⚠ The car has stopped.
Das Auto hat angehalten.
The car has arrived.
Das Auto ist angekommen.

Das *present perfect* wird im Englischen immer mit ***have/has*** gebildet. Im Deutschen wird für das Perfekt ***haben*** oder ***sein*** verwendet.

80 Gebrauch • Use

a A friend of mine has opened a pizza restaurant. We're going there tonight.
Eine Freundin von mir hat eine Pizzeria aufgemacht. …

I've cut my finger. It hurts.
Ich habe mir in den Finger geschnitten. …

Have you ever done a parachute jump?
Bist du schon mal mit dem Fallschirm gesprungen?

Tim's band has given ten concerts so far.
Tims Band hat bis jetzt zehn Konzerte gegeben.

Mit dem *present perfect* drückt man aus, dass jemand etwas getan hat bzw. dass etwas geschehen ist. Der **genaue Zeitpunkt ist unwichtig** (oder unbekannt) und wird **nicht genannt**. Oft hat die Handlung/das Geschehen unmittelbare Auswirkungen auf die Gegenwart oder die Zukunft.
Häufige Zeitbestimmungen sind *already, before, ever, just, never, often, so far, up to now, (not …) yet.*

b I've always wanted to go to Hawaii.
Ich habe schon immer nach Hawaii gehen wollen.

Diana has been in Australia since May.
Diana ist seit Mai in Australien.

How long have you had your camcorder?
Wie lange hast du deinen Camcorder schon?

Das *present perfect* wird verwendet, wenn man ausdrücken will, dass ein **Zustand in der Vergangenheit begonnen hat** und **jetzt noch andauert**.
Häufige Zeitangaben sind dabei *always, all my life, all week, since (May), for (two years)*. Auch nach *how long …?* steht das *present perfect*.

⚠ I have known him since 1992.
Ich kenne ihn seit 1992.

I've had this car for two years.
Ich habe dieses Auto seit zwei Jahren.

In diesen Sätzen entspricht dem *present perfect* eine deutsche Präsensform.

c Look, I've bought a new computer. I bought it at City Comp last Friday. It wasn't even expensive.
... Ich habe einen neuen Computer gekauft. ...

There has been a further bomb attack in London's West End. In the early hours of the morning a bomb exploded at a West-End cinema. No one was hurt.
Im Londoner West End hat es ein weiteres Bombenattentat gegeben. ...

Das *present perfect* steht, wenn man **über ein vergangenes Ereignis zu sprechen beginnt**. Dabei wird der Zeitpunkt nicht genannt. Weitere Details, z.B. wo und wie das Ereignis geschah, stehen im *simple past*.

Anmerkung

BE: Have you ever seen Niagara Falls?
I've never met Jill's boyfriend.
AE: Did you ever see Niagara Falls?
I never met Jill's boyfriend.

Im amerikanischen Englisch wird manchmal statt des *present perfect* auch das *simple past* verwendet, besonders in Verbindung mit *just*, *already*, *yet*, *ever* oder *never*.

Present perfect:
- wenn man sagen will, dass (nicht: wann!) etwas geschehen ist
- wenn man sagen will, seit wann oder wie lange ein Zustand schon andauert

'Where have you been?'

Present perfect progressive

81 Formen • Forms

I have been / He/She/It has been / We/You/They have been | writing.

I have not been / He/She/It has not been / We/You/They have not been | writing.

Have I been / Has he/she/it been / Have we/you/they been | writing?

Das *present perfect progressive* wird mit ***have/has been* + *-ing*-Form** gebildet.

▶ Bildung der *-ing*-Form: 65
▶ Kurzformen der Hilfsverben: 58, 59

82 Gebrauch • Use

a

I've been standing here for an hour.
Ich stehe hier seit einer Stunde.

Sandra's been working hard the whole afternoon.
Sandra arbeitet schon den ganzen Nachmittag über schwer.

How long have you been playing the keyboard?
Wie lange spielst du schon Keyboard?

Mit dem *present perfect progressive* drückt man aus, dass eine Handlung oder ein Vorgang in der **Vergangenheit begonnen** hat und bis (oder fast bis) in die **Gegenwart andauert**.
Häufige Zeitbestimmungen sind *all day/all night/…, the whole morning/afternoon/…, since (yesterday), for (an hour)* sowie Fragen mit *how long …?*.

b

I've been running. (That's why I'm out of breath.)
Ich bin gelaufen. …

Sarah and I have been cooking lunch.
(That's why the kitchen is untidy.)
Sarah und ich haben Mittagessen gekocht. …

Das *present perfect progressive* wird verwendet, wenn man ausdrücken will, dass eine **Handlung in der Vergangenheit zu unbeabsichtigten Folgen in der Gegenwart** geführt hat. Dabei liegt die Handlung meist nicht sehr lange zurück.

⚠ They've been arguing for hours now.
Sie streiten jetzt schon seit Stunden.

Beachte hier die **deutsche Entsprechung** des *present perfect progressive*.

▶ Zustandsverben: 70

Anmerkung

Tom has been playing football since 1997.
Tom spielt seit 1997 Fußball.
I've been learning French for two years.
Ich lerne seit zwei Jahren Französisch.

Das *present perfect progressive* beschreibt auch Handlungen, die mit Unterbrechungen bis (oder fast bis) in die Gegenwart andauern.

Present perfect progressive:
wenn eine Handlung oder ein Vorgang in der Vergangenheit begonnen hat und bis (oder fast bis) in die Gegenwart andauert

83 *Present perfect (simple form) und present perfect progressive im Vergleich*
Present perfect (simple form) and present perfect progressive in contrast

present perfect (simple form)	present perfect progressive
Jill has drunk five glasses of cola.	She has been drinking cola all evening.
I've done my homework already. I always do it when I come home.	What have you been doing all afternoon? – I've been reading comics.
It has rained a lot. Look at those puddles.	It has been raining for ten hours now.
Das ***present perfect*** *(simple form)* wird verwendet, wenn man ausdrücken will, dass etwas vor dem Zeitpunkt des Sprechens geschehen ist. Dabei wird das **Ergebnis** des Geschehens betont.	Das ***present perfect progressive*** wird verwendet, wenn man ausdrücken will, dass etwas in der Vergangenheit begonnen hat und bis (oder fast bis) zum Zeitpunkt des Sprechens andauert. Dabei wird die **Dauer** des Geschehens betont.

⚠

We've decorated the living-room.
(Ergebnis einer vergangenen Handlung)
We've been decorating the living-room.
(Tätigkeit bis zur Gegenwart)

Tätigkeitsverben *(activity verbs)* können in der *simple form* und in der *progressive form* stehen.

I've known him for years.
(Zustand)

Zustandsverben *(state verbs)* können nur in der *simple form* verwendet werden.

▶ Tätigkeits- und Zustandsverben: 69, 70

'I've been watching you for five minutes, Watson. Well done. One of the straightest paper clips I've ever seen.'*

paper clip Büroklammer

84 Since *und* for *mit dem present perfect* · Since *and* for *with the present perfect*

Rachel has been in the boutique since two o'clock.
She has been trying on clothes since two o'clock.

Rachel has been in the boutique for two hours.
She has been trying on clothes for two hours.

Es gibt zwei Möglichkeiten zu sagen, seit wann oder wie lange ein Geschehen oder ein Zustand schon andauert:

- ***Since*** wird mit **Zeitpunkten** verbunden, zu denen etwas begann, z.B.:

since ten o'clock	seit zehn Uhr
since Sunday	seit Sonntag
since August 4th	seit dem 4. August
since 1995	seit 1995
since my birthday	seit meinem Geburtstag
since we arrived	seit unserer Ankunft

- ***For*** wird mit **Zeitspannen** verbunden, die angeben, wie lange etwas schon andauert, z.B.:

for three hours	seit drei Stunden, (schon) drei Stunden (lang)
for two days	seit zwei Tagen, (schon) zwei Tage (lang)
for a few years	seit ein paar Jahren, (schon) ein paar Jahre (lang)
for a long time	schon lange

⚠ *Ich habe meinen neuen Computer seit vier Wochen.*
nicht: I ~~have~~ my new computer for four weeks.
sondern: I have had my new computer for four weeks.

Ich fahre jetzt schon seit zwei Stunden.
nicht: I ~~am driving~~ for two hours now.
sondern: I have been driving for two hours now.

Im **Deutschen** verwendet man ***seit*** meist mit dem **Präsens**, wenn man sagen will, wie lange etwas schon andauert.

Anmerkungen

1

Since we arrived, I've been feeling ill.
Seit unserer Ankunft ist mir schlecht.

Since we have been here, I've been feeling ill.
Seitdem wir hier sind, ist mir schlecht.

Since kann auch Konjunktion sein.
In Verbindung mit dem *simple past* bezeichnet *since* den Beginn eines Zeitraums in der Vergangenheit.

Mit dem *present perfect* hingegen drückt *since* eine Zeitspanne aus, in der ein Geschehen stattfindet, das zum Zeitpunkt des Sprechens noch andauert.

2 We've been here for ten days. (present perfect)
I was in Australia for six months. (simple past)
Our friends are staying for another week. (present progressive)

For kann nicht nur mit dem *present perfect*, sondern auch mit anderen Zeitformen verbunden werden.

► Adverbialsätze: 267-272

„since" + Zeitpunkt
„for" + Zeitspanne

Simple past

85 *Formen • Forms*

I He/She/It We/You/They	wrote. worked.
I did not He/She/It did not We/You/They did not	write. work.
Did I Did he/she/it Did we/you/they	write? work?

Das *simple past* der **regelmäßigen Verben** wird durch Anfügen von **-*ed* an den Infinitiv** gebildet. Die **unregelmäßigen Verben** haben **eigene Formen**.
Verneinung und **Frage** werden mit ***did*** gebildet.

► Bildung der *simple past*-Form: 66
► Kurzformen der Hilfsverben: 59 a
► Verneinte Aussagesätze und Fragen: 3, 5
► Unregelmäßige Verben: 310

86 *Gebrauch • Use*

a Tina passed her driving test in 1998.
Tina hat 1998 ihren Führerschein gemacht.

I was a cheerleader from 1999 to 2000.
Ich war von 1999 bis 2000 Cheerleader.

Did Jeff pay for the concert tickets yesterday?
– No, he didn't. He forgot.
Hat Jeff gestern die Konzertkarten bezahlt?
– Nein, er hat es vergessen.

When did you last see Nicole?
Wann hast du Nicole zuletzt gesehen?

Das *simple past* wird verwendet, wenn man ausdrücken will, dass etwas zu einem **bestimmten Zeitpunkt der Vergangenheit** (Frage: wann?) oder in einem **bestimmten abgeschlossenen Zeitraum der Vergangenheit** geschehen ist. Zeitpunkt oder Zeitraum können genannt sein oder aus dem Zusammenhang hervorgehen. Häufige Zeitangaben sind *yesterday*, *in 1998*, *last year/month/week*, *an hour ago* usw. Auch nach *when …?* steht das *simple past* und nicht das *present perfect*.

Ich habe meine Uhr gestern verloren.
nicht: I ~~have lost~~ my watch yesterday.
sondern: I lost my watch yesterday.

Wann bist du weggegangen?
nicht: When ~~have~~ you ~~left~~?
sondern: When did you leave?

Im **Deutschen** kann Vergangenes sowohl im **Perfekt** als auch im **Imperfekt** berichtet werden.
Im **Englischen** gibt es **jedoch feste Regeln** für die Verwendung des *simple past* und des *present perfect*.

b It was late. Penny turned off the TV and went upstairs. Suddenly she heard a noise, a strange, frightening cry …

Das *simple past* wird in **Berichten** über **vergangene Ereignisse** oder in **Geschichten** verwendet.

c There has been an accident in Carlton Street. A van crashed into a bus. The bus stopped abruptly and three people were injured.

Das *simple past* wird verwendet, wenn man über ein im *present perfect* eingeführtes Geschehen weiterreden will. Mit dem **simple past** werden die **näheren Umstände** beschrieben, z.B. wo und wie etwas geschah.

d He used to be shy, but he has changed.
Früher war er schüchtern, …
He didn't use to smoke, did he?
Er hat früher nicht geraucht, oder?
Did you use to do sport when you were a child?
Hast du als Kind Sport getrieben?

***Used to* + Infinitiv** wird verwendet, wenn man über frühere Zustände und Gewohnheiten und über regelmäßige Handlungen in der Vergangenheit spricht.

⚠ I am not used/I can't get used to living in a big city.
Ich bin nicht daran gewöhnt/kann mich nicht daran gewöhnen, …

Beachte: ***Used to* + Infinitiv** darf nicht mit ***be used to*/*get used to* (+ *-ing*-Form)** verwechselt werden.

Anmerkungen

1 Grandmother would sit at her window for hours, watching the birds.
Großmutter pflegte stundenlang am Fenster zu sitzen und den Vögeln zuzusehen.

Zum Ausdruck von früher regelmäßig wiederholten Handlungen kann *would* + Infinitiv (ohne *to*) verwendet werden.

2 It's time we were allowed to do what we want.
Es wird Zeit, dass wir tun dürfen, was wir wollen.
I wish he knew how to solve his problem.
Ich wünschte, er wüsste, …

Das *simple past* wird in Wunschsätzen nach *it's time* und *I wish* verwendet. Es bezieht sich in diesen Fällen auf die Gegenwart oder Zukunft, nicht auf die Vergangenheit.

I wish I were you/I were rich/I weren't here.
Ich wünschte, ich wäre …

Beachte die Sonderform *I wish I were …*

► *Would* zum Ausdruck eines typischen Verhaltens: 48

Simple past:
- wenn man sagen will, wann etwas geschehen ist
- wenn man über Vergangenes berichtet oder eine Geschichte erzählt

*Young Stephen King**

Stephen King US-Autor von Horrorgeschichten

87

Present perfect und simple past im Vergleich
Present perfect and simple past in contrast

Sowohl das ***present perfect*** als auch das ***simple past*** werden verwendet, um über Handlungen, Ereignisse oder Zustände in der **Vergangenheit** zu sprechen.

present perfect

I've bought some new jeans.
They look really good.

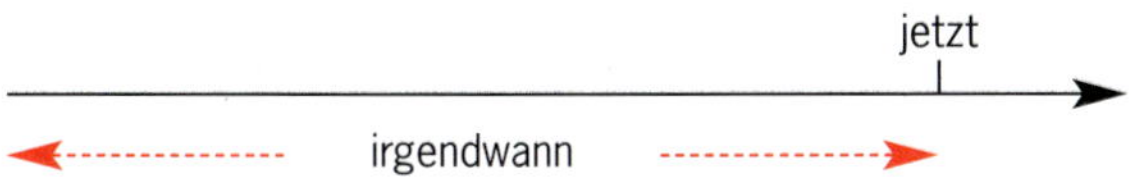

Have you ever seen 'The Matrix'?

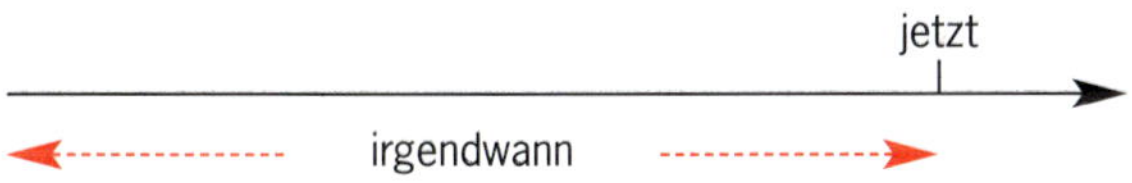

How long have your parents lived in Toronto?
– They've lived there for four years.

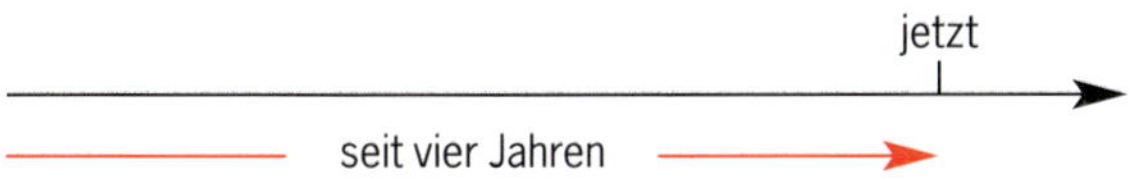

simple past

I bought them from a new store in Bridge Street last Monday.

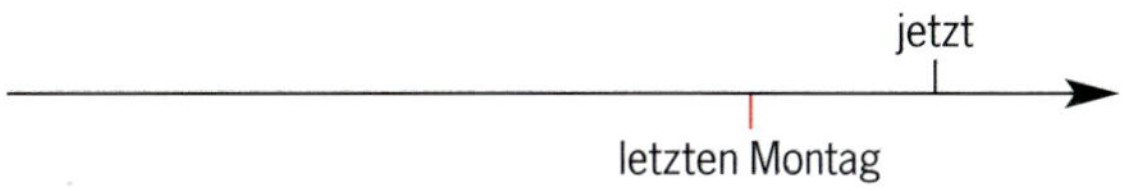

Did you see 'The Matrix' on TV yesterday?
– No, I didn't. I was out.

Oh, you once lived in Toronto too?
How long did you live there?
– I lived there from 1993 to 1995.

Das ***present perfect*** wird verwendet:
- um auszudrücken, dass etwas geschehen ist. **Der genaue Zeitpunkt ist unwichtig** (oder unbekannt) und wird daher **nicht genannt**. Oft ist die Handlung/das Geschehen für die Gegenwart von Bedeutung.
- um auszudrücken, dass ein Zustand in der **Vergangenheit begonnen** hat und jetzt **noch andauert**.

Typische **Zeitbestimmungen** mit dem *present perfect* sind: *all my life, already, before, ever, for ten years, never, just, since 1997, so far, up to now, yet.*

Das ***simple past*** wird verwendet:
- um auszudrücken, dass etwas zu einem **bestimmten Zeitpunkt der Vergangenheit** oder in einem bestimmten, **abgeschlossenen Zeitraum der Vergangenheit** geschehen ist.

Typische **Zeitbestimmungen** mit dem *simple past* sind: *yesterday, last night/week/Monday/…, in 1998, … ago.* Auch nach dem Fragewort *when…?* steht das *simple past* und nicht das *present perfect.*

'I've spent / I spent *twenty-five years making a name for myself and now you want me to CHANGE it?!'*

Choose the correct version of the cartoon caption.

I've spent

Past progressive

88 Formen • Forms

I was He/She/It was We/You/They were	writing.
I was not He/She/It was not We/You/They were not	writing.
Was I Was he/she/it Were we/you/they	writing?

Das *past progressive* wird mit ***was/were* + *-ing*-Form** gebildet.

► Bildung der *-ing*-Form: 65
► Kurzformen der Hilfsverben: 59

89 Gebrauch • Use

a I tried to call you on your mobile last night, but it was turned off. What were you doing?
– Oh, I was playing squash at the sports centre.
… Was hast du (zu der Zeit) gemacht?
– Oh, ich habe im Sportzentrum Squash gespielt.

At midnight I was driving home from my cousin's.
Um Mitternacht fuhr ich (gerade) von meinem Cousin nach Hause.

Das *past progressive* wird verwendet, wenn man ausdrücken will, dass eine Handlung oder ein Vorgang zu einer **bestimmten Zeit in der Vergangenheit** (z.B. *last night, at midnight*) **gerade im Verlauf**, d.h. **noch nicht abgeschlossen war**.

b

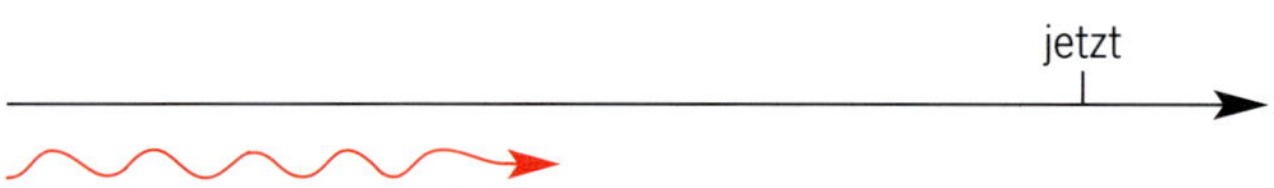

Ricky and Todd were playing cards ↑ when the teacher came in.

Das *past progressive* beschreibt oft eine **Handlung**, die **gerade im Verlauf war** *(Ricky and Todd were playing cards)*, als eine **zweite Handlung einsetzte** *(the teacher came in)*. Die zweite Handlung steht im *simple past*.

c It was a terrible night. A strong wind was blowing. It was raining hard. We were lying in our tents. Suddenly someone screamed.
… Ein starker Wind wehte. Es regnete heftig. Wir lagen in unseren Zelten …

Das *past progressive* steht bei Beschreibungen von **Hintergrundhandlungen oder Begleitumständen** in Erzählungen oder Berichten.

► Zustandsverben: 70

Past progressive:
wenn eine Handlung oder ein Vorgang zu einer bestimmten Zeit in der Vergangenheit gerade im Verlauf war

90 *Simple past und past progressive im Vergleich* *Simple past and past progressive in contrast*

simple past

We watched TV last night.
I worked on my biology project yesterday.

Das ***simple past*** wird verwendet, wenn man ausdrücken will, dass eine Handlung oder ein Vorgang zu einem **bestimmten Zeitpunkt** oder in einem **bestimmten Zeitraum der Vergangenheit geschehen ist**. Die Handlung/Der Vorgang ist also **abgeschlossen**.

past progressive

We were watching TV when you phoned.
I was working on my biology project when Jeff came.

Das ***past progressive*** wird verwendet, wenn man ausdrücken will, dass eine Handlung oder ein Vorgang zu einer **bestimmten Zeit in der Vergangenheit gerade im Verlauf war**. Der Sprecher drückt aus, dass die Handlung **noch nicht abgeschlossen war**.

Reproduced from *The Spectator*

'Ah, there you are, darling. I was just telling / I just told *Ken and Angie about your unfortunate* accident.'*

Choose the correct version of the cartoon caption.

I was just telling

unfortunate unglückselig

Past perfect

91 *Formen • Forms*

I had He/She/It had We/You/They had	written. worked.
I had not He/She/It had not We/You/They had not	written. worked.
Had I Had he/she/it Had we/you/they	written? worked?

Das *past perfect* wird mit ***had*** **+ Partizip Perfekt** gebildet.

► Bildung des Partizips Perfekt: 66
► Kurzformen der Hilfsverben: 58, 59
► Unregelmäßige Verben: 310

⚠ My rucksack had disappeared.
Mein Rucksack war verschwunden.
Someone had stolen it.
Jemand hatte ihn gestohlen.

Das *past perfect* wird im Englischen immer mit ***had*** gebildet. Im Deutschen hingegen wird für das Plusquamperfekt ***hatte*** oder ***war*** verwendet.

92 *Gebrauch • Use*

a Laura couldn't pay. She had forgotten her purse.
Laura konnte nicht zahlen. Sie hatte ihr Portemonnaie vergessen.

Nina had already left the coffee bar by the time I arrived.
Nina hatte das Café schon verlassen, als ich ankam.

When I visited John in hospital, he had been there for ten days.
Als ich John im Krankenhaus besuchte, war er schon zehn Tage dort.

I had known Marc for years before he moved to Berlin last year.
Ich kannte Marc schon einige Jahre, bevor er letztes Jahr nach Berlin zog.

Mit Hilfe des *past perfect* drückt man aus, dass zwei Handlungen oder Vorgänge in der Vergangenheit aufeinanderfolgten. Die **Handlung, die zeitlich voranging**, steht im *past perfect.*

Das *past perfect* wird auch verwendet, um auszudrücken, dass ein **Zustand vor einem Zeitpunkt der Vergangenheit begann** und zu diesem Zeitpunkt noch **andauerte**.

b The cat ran out when Joanne opened the door.
Die Katze rannte hinaus, als Joanne die Tür öffnete.
When Tom felt the spider on his face, he screamed.
Als Tom die Spinne auf seinem Gesicht spürte, schrie er auf.

Wenn zwei oder mehrere (kurze) **Handlungen** in der Vergangenheit **direkt aufeinanderfolgen**, wird für alle Handlungen das ***simple past*** verwendet.

⚠

past perfect
When Roy's friends arrived, he had cooked the lunch.
(Roy war mit dem Kochen fertig, als seine Freunde ankamen.)

simple past
When Roy's friends arrived, he cooked the lunch.
(Roys Freunde kamen an und erst dann kochte er das Mittagessen.)

Nur wenn betont werden soll, dass **eine Handlung vor einer anderen stattfand**, wird für diese das ***past perfect*** verwendet.

Anmerkung

After I had left school | I went to America.
After I left school |
Nachdem ich die Schule verlassen hatte, …

Nach *after* (= *nachdem*) kann das *past perfect* (etwas formell) oder das *simple past* stehen.

Past perfect:
wenn eine Handlung oder ein Vorgang bereits vor einem Zeitpunkt in der Vergangenheit stattgefunden hatte oder wenn ein Zustand vor einem Zeitpunkt in der Vergangenheit begonnen hatte und bis dahin noch andauerte

Past perfect progressive

93 Formen • Forms

I had been He/She/It had been We/You/They had been	writing.
I had not been He/She/It had not been We/You/They had not been	writing.
Had I been Had he/she/it been Had we/you/they been	writing?

Das *past perfect progressive* wird mit ***had been* + *-ing*-Form** gebildet.

► Bildung der *-ing*-Form: 65
► Kurzformen der Hilfsverben: 58, 59

94 Gebrauch • Use

Rob had been travelling for three months when he ran out of money.
Rob war schon drei Monate auf Reisen gewesen, als ihm das Geld ausging.

Das *past perfect progressive* wird verwendet, wenn man ausdrücken will, dass eine Handlung oder ein Vorgang **vor einem Zeitpunkt in der Vergangenheit begonnen** hatte **und bis (oder fast bis) zu** diesem **Zeitpunkt andauerte**.

► Zustandsverben: 70

Past perfect progressive:
wenn eine Handlung oder ein Vorgang vor einem Zeitpunkt in der Vergangenheit begonnen hatte und bis (oder fast bis) zu diesem Zeitpunkt andauerte

95-106 *Möglichkeiten, Zukünftiges auszudrücken*
Ways of expressing future time

Im Englischen können verschiedene Zeitformen verwendet werden, um ein zukünftiges Geschehen auszudrücken.

Will-*future*

95 *Formen • Forms*

I will / He/She/It will / We/You/They will | write.

I will not / He/She/It will not / We/You/They will not | write.

Will I / Will he/she/it / Will we/you/they | write?

Das *will-future* wird mit ***will* + Infinitiv (ohne *to*)** gebildet. Meist verwendet man die Kurzformen *'ll* und *won't* [wəʊnt]. *Won't* ist die Kurzform von *will not*.
Statt *I/we will* findet man im (formellen) britischen Englisch manchmal auch *I/we shall* [ʃæl, ʃəl] bzw. *shan't* [ʃɑːnt] für *shall not*.

► Kurzformen der Hilfsverben: 58 c, 59 a
► Formen der modalen Hilfsverben: 22

96 *Gebrauch • Use*

a I'm sure the weather will be hot in Greece.
Es wird mit Sicherheit heiß werden in Griechenland.

I think Emily will like it here.
Ich glaube, Emily wird es hier gefallen.

You'll probably find the film boring at the beginning.
Du wirst den Film am Anfang wahrscheinlich langweilig finden.

Das *will-future* wird verwendet, wenn man allgemeine **Vorhersagen** macht oder **Vermutungen** über die Zukunft äußert. Oft handelt es sich dabei um Dinge, auf die man keinen Einfluss hat. Häufige Ausdrücke in Vorhersagen und Vermutungen sind *I think, I'm sure, I suppose, I believe, I expect, I hope, perhaps* und *probably*.

b Oh dear, it's raining. – I'll lend you my umbrella.
... – Ich leihe dir meinen Schirm.
Don't worry. I won't forget to phone you.
... Ich werde nicht vergessen, dich anzurufen.

Das *will-future* wird verwendet, wenn man sich **spontan** zu etwas **entschließt**. Oft handelt es sich dabei um **Angebote** oder **Versprechen**.

► *Will* als modales Hilfsverb: 27, 43, 44, 46-48
► *Will* in Bedingungssätzen: 252 a

„Will"-future:
- wenn man Vorhersagen macht oder Vermutungen über die Zukunft äußert
- wenn man sich spontan zu etwas entschließt, Angebote oder Versprechen macht

Going to-*future*

97 *Formen • Forms*

I am / He/She/It is / We/You/They are | going to write.

I am not / He/She/It is not / We/You/They are not | going to write.

Am I / Is he/she/it / Are we/you/they | going to write?

Das *going to-future* wird mit ***am/is/are going to*** **+ Infinitiv** gebildet.

'I think your advertising concept is stupid, exploitative and offensive*. It's going to make us a fortune*!'*

exploitative ausbeuterisch
offensive anstößig
make sb. a fortune jd. ein Vermögen einbringen

► Kurzformen der Hilfsverben: 58, 59

98 *Gebrauch • Use*

a I'm going to be a pilot when I grow up.
Ich will Pilot werden, wenn ich groß bin.

What are you going to do tomorrow night?
Was machst du morgen Abend?

Das *going to-future* wird verwendet, um über **Absichten** oder **Pläne** zu sprechen.

b The plane is losing height. It's going to hit the rocks at any moment.
… Es wird jeden Augenblick auf die Felsen schlagen.

Look at those dark clouds. There's going to be a thunderstorm.
… Es wird ein Gewitter geben.

Das *going to-future* wird verwendet, wenn man sagen will, dass **etwas höchstwahrscheinlich geschehen wird**, weil es bereits **Anzeichen** dafür gibt.

⚠ I'm going to play squash.
– Oh, I'll come and watch you.

Das ***going to-future*** verwendet man für **Absichten** oder **Pläne**. Mit dem ***will-future*** hingegen wird ausgedrückt, dass man sich **spontan** dazu **entschließt**, etwas zu tun.

Anmerkung

I'm going to the school disco tonight.
Are you coming with me?

Bei den Verben *go* und *come* verwendet man häufig statt des *going to-future* das *present progressive*.

► Futurische Verwendung des *present progressive*: 99

„Going to"-future:
- wenn man über Absichten oder Pläne spricht
- wenn etwas höchstwahrscheinlich in der Zukunft geschehen wird, weil es bereits Anzeichen dafür gibt

Present progressive

99 Gebrauch • Use

Could you copy some CDs for me this afternoon?
– Sorry, I'm playing tennis with Mike.
… – Leider spiele ich mit Mike Tennis.

We're having a barbecue on Saturday.
Wir grillen nächsten Samstag.
All my friends are coming.
Alle meine Freunde kommen.

Man verwendet das *present progressive*, um auszudrücken, dass etwas für die Zukunft **fest geplant** oder **verabredet** ist.
Durch eine Zeitbestimmung der Zukunft *(this afternoon, on Saturday)* oder durch den Zusammenhang muss deutlich werden, dass es sich um etwas Zukünftiges handelt.

► Formen des *present progressive*: 76
► Kurzformen der Hilfsverben: 58, 59

Present progressive:
wenn eine Handlung fest für die Zukunft geplant oder verabredet ist

Reproduced from The Spectator

'Hi, it's me. Listen. It's David's birthday, so a few million of us are going out for a meal. Are you interested?'

Simple present

100 Gebrauch • Use

The next train from Dover arrives at 8.25.
Der nächste Zug aus Dover kommt um 8.25 Uhr an.

The new Indian restaurant opens this weekend.
Das neue indische Restaurant wird an diesem Wochenende eröffnet.

Das *simple present* wird verwendet, wenn man ausdrücken will, dass ein zukünftiges Geschehen durch einen **Fahrplan**, ein **Programm**, einen **Kalender** oder Ähnliches festgelegt ist *(„timetable future“)*.
Verben wie *arrive, open, close, start* oder *stop* werden oft so verwendet.

► Formen des *simple present*: 74
► *Simple present* in zukunftsbezogenen Nebensätzen der Zeit und der Bedingung: 75 f

Simple present:
wenn ein zukünftiges Geschehen durch einen Fahrplan, Kalender oder Ähnliches festgelegt ist

Future progressive

101 Formen • Forms

I will He/She/It will We/You/They will	be writing.
I will not He/She/It will not We/You/They will not	be writing.
Will I Will he/she/it Will we/you/they	be writing?

Das *future progressive* wird mit ***will be* + *-ing*-Form** gebildet. Meist werden die Kurzformen *'ll* und *won't* verwendet.

► Kurzformen der Hilfsverben: 58 c, 59 a

102 Gebrauch • Use

a A week today I'll be sitting on the beach.
Heute in einer Woche werde ich am Strand sitzen.

Shall I pick you up at nine?
– Sorry, but we'll be having breakfast then.
…, aber um diese Zeit frühstücken wir.

Das *future progressive* benutzt man für Handlungen oder Vorgänge, die zu einem **zukünftigen Zeitpunkt im Verlauf** sein werden. Die Handlungen oder Vorgänge haben vor diesem Zeitpunkt begonnen und werden möglicherweise noch fortdauern.

vergleiche:
1 When I get home, my little brother will be watching TV.
2 When I get home, I'll watch TV too.

In Beispiel 1 (***future progressive***) wird der Bruder bereits fernsehen, wenn der Sprecher nach Hause kommt. In Beispiel 2 (***will-future***) wird der Sprecher fernsehen, wenn er nach Hause kommt.

b We'll be playing golf next weekend. (As usual.)
Wir spielen am nächsten Wochenende Golf. (Wie immer.)

I've got a letter here. Will you be passing the post office?
… Kommst du an der Post vorbei?

Das *future progressive* wird verwendet, wenn man ausdrücken will, dass **etwas geschehen wird, weil es üblich ist**, oder dass **etwas sowieso geschieht, ohne besonders geplant** zu sein.

vergleiche:

I'm seeing Tom tomorrow.
(We've arranged to meet at lunchtime.)
• ***present progressive:*** Vereinbarung

I'm going to see Tom tomorrow.
(I want to ask him something.)
• ***going to-future:*** Absicht

I'll be seeing Tom tomorrow.
(Tom is in my class.)
• ***future progressive:*** Routine

Future progressive:
- wenn eine Handlung oder ein Vorgang zu einem zukünftigen Zeitpunkt im Verlauf sein wird
- wenn etwas geschehen wird, weil es üblich ist

Future perfect

103 Formen • Forms

I will / He/She/It will / We/You/They will | have written. / have worked.

I will not / He/She/It will not / We/You/They will not | have written. / have worked.

Will I / Will he/she/it / Will we/you/they | have written? / have worked?

Das *future perfect* wird mit ***will have* + Partizip Perfekt** gebildet. Meist werden die Kurzformen *'ll* und *won't* verwendet.

► Kurzformen der Hilfsverben: 58 c, 59 a
► Bildung des Partizips Perfekt: 66
► Unregelmäßige Verben: 310

104 Gebrauch • Use

The last train will have left when we get to the station.
Der letzte Zug wird abgefahren sein, …

I hope you'll have made up your mind by tomorrow.
Ich hoffe, du hast dich bis morgen entschieden.

Das *future perfect* verwendet man für Handlungen oder Vorgänge, die zu einem bestimmten **Zeitpunkt in der Zukunft abgeschlossen** sein werden. Der Zeitpunkt wird häufig angegeben (z.B. *when we get to the station, by tomorrow*).

Anmerkung

Mike hasn't arrived yet.
I expect he will have missed the train.
… Er wird wohl den Zug verpasst haben.

Mit dem *future perfect* kann man eine Vermutung über ein Geschehen in der Vergangenheit ausdrücken.

Future perfect:
wenn eine Handlung oder ein Vorgang zu einem bestimmten Zeitpunkt in der Zukunft abgeschlossen sein wird

105 Im Übrigen … • Last but not least …

a We're spending Easter in Edinburgh.
We're going to spend Easter in Edinburgh.

One day I'll be rich and famous.
One day I'm going to be rich and famous.

Die verschiedenen futurischen Zeitformen sind **nicht immer eindeutig** voneinander **abgrenzbar**. Man kann oft mehr als eine Zeitform verwenden.

b I'm sure Liz will come soon.
Liz kommt sicher bald. / Liz wird sicher bald kommen.

A week today I'll be lying in the sun.
Heute in einer Woche liege ich in der Sonne. / … werde ich in der Sonne liegen.

Die englischen Zeitformen, die ein zukünftiges Geschehen ausdrücken, werden **im Deutschen oft durch** das **Präsens** wiedergegeben.

106 *Weitere Sprachmittel, mit denen Zukünftiges ausgedrückt werden kann* *Other ways of expressing future time*

Neben den futurischen Zeitformen gibt es noch andere Möglichkeiten, ein zukünftiges Geschehen auszudrücken.

a

I expect to be at home at the weekend.
Ich werde am Wochenende wohl zu Hause sein.

We hope to get a last-minute flight to Las Palmas in October.
Wir hoffen, im Oktober einen Last-Minute-Flug nach Las Palmas zu bekommen.

Rachel hasn't got much homework, so she wants to watch a video this evening.
..., deshalb möchte sie sich heute Abend ein Video ansehen.

I'd like to have a Halloween party. Do you think anybody would come?
Ich würde gerne eine Halloween-Party machen. ...

Mit Verben wie ***expect to, hope to, want to, would like to,*** ... (im *present tense*) wird ausgedrückt, dass man für die Zukunft etwas **erwartet, hofft, wünscht,** ...

b

The President is to open the exhibition on April 2nd.
Der Präsident eröffnet die Ausstellung am 2. April.

The players are to arrive at the airport at 10.20.
Die Spieler treffen um 10.20 Uhr am Flughafen ein.

Queen to visit Russia in June
Queen besucht Russland im Juni

Mit ***be to*** (im *present tense*) + Infinitiv wird ausgedrückt, dass etwas für die Zukunft **(offiziell) vereinbart** ist.
Be to kommt sehr oft in Nachrichten (Fernsehen, Zeitungen) vor und wird auch verkürzt in Schlagzeilen verwendet.

c

Vicky's got her coat on. She's about to leave.
... Sie ist im Begriff wegzugehen.

Tim is extremely angry. He's on the point of doing something stupid.
... Er ist dabei, eine Dummheit zu begehen.

Mit ***be about to*** (im *present tense*) + Infinitiv und ***be on the point of*** (im *present tense*) + *-ing*-Form wird ausgedrückt, dass etwas **in der allernächsten Zeit** geschehen wird.

d

Amanda's playing well. She's certain to win the match.
... Sie wird das Spiel bestimmt gewinnen.

Valery drives much too fast. She's bound to cause an accident one day.
... Sie wird sicher eines Tages einen Unfall verursachen.

I'm likely to be in town tomorrow, so why not come today instead?
Ich bin morgen wahrscheinlich in der Stadt, ...

Mit ***be certain to, be sure to, be bound to, be likely to, be unlikely to*** (im *present tense*) + Infinitiv wird ausgedrückt, dass es **sicher, wahrscheinlich, unwahrscheinlich** ist, dass etwas geschehen wird.

► Zukunftsbezug modaler Hilfsverben: 23 f

107-117 *Das Passiv* *The passive*

107 *Aktiv und Passiv · Active and passive*

active:

Carl Benz built the first car with a petrol engine.

passive:

This car was built in Mannheim in 1885.

Ein Vorgang kann – je nach Sichtweise – mit einem Aktivsatz oder mit einem Passivsatz beschrieben werden:

- Im **Aktivsatz** führt das Subjekt (im Beispiel: *Carl Benz*) die Handlung aus. Der Beispielsatz sagt also etwas über Carl Benz aus (er hat das erste Auto mit einem Benzinmotor gebaut).
- Im **Passivsatz** wird mit dem Subjekt (im Beispiel: *This car*) etwas getan. Der Beispielsatz sagt also etwas über das Auto aus (nämlich wo und wann es gebaut wurde).

108 *Formen des Passivs · Forms of the passive*

a

tense		form of *be*	past participle
simple present:	Letters	are	written.
		… *werden geschrieben.*	
simple past:		… were	written.
		… *wurden geschrieben. /*	
		… *sind geschrieben worden.*	
present perfect:		… have been	written.
		… *sind geschrieben worden.*	
past perfect:		… had been	written.
		… *waren geschrieben worden.*	
will-future:		… will be	written.
		… *werden geschrieben (werden).*	

Das Passiv *(passive)* wird mit einer **Form von *be* + Partizip Perfekt** *(past participle)* gebildet. Im Deutschen wird das Passiv mit einer Form von *werden* + Partizip Perfekt gebildet.

Für die Verwendung der Zeitformen gelten die gleichen Regeln wie im Aktiv.

b

tense	form of *be*	past participle
present progressive: Letters	are being	written.
	… *werden (gerade) geschrieben.*	
past progressive:	… were being	written.
	… *wurden (gerade) geschrieben.*	

In den ***progressive forms*** wird das Passiv immer mit *being* gebildet:
- *are being written* (*present progressive passive*)
- *were being written* (*past progressive passive*).

Wie im Aktiv drückt die *progressive form* aus, dass etwas im Verlauf ist oder war.

c

	modal + form of *be*	past participle
modal auxiliary: Letters	should be	written.
	… *sollten geschrieben werden.*	
	… must have been	written.
	… *müssen geschrieben worden sein.*	

In Sätzen mit einem **modalen Hilfsverb** steht das *be* im Infinitiv Präsens (*be*) oder Infinitiv Perfekt (*have been*).

▶ Verwendung der Zeitformen: 72, 73
▶ Passivform des Infinitivs/Gerundiums/Partizips: 115-117
▶ Formen des Infinitivs: 120

⚠ *Probleme werden in unseren Versammlungen diskutiert.*
Problems are discussed at our meetings.
(simple present: passive)

Wir werden am Montag einige neue Probleme diskutieren.
We will discuss some new problems on Monday.
(*will*-future: active)

Werden dient im Deutschen nicht nur zur Bildung des **Passivs**, sondern auch zur Bildung des **Futurs**.

Anmerkungen

1 All the classroom windows were shut before the storm.
… wurden … geschlossen.

Das Passiv kann sowohl einen Vorgang als auch einen Zustand beschreiben.
Drückt das Passiv einen Vorgang aus, so verwendet man im Deutschen eine Form von *werden* („Vorgangspassiv").

The classroom was hot because all the windows were shut.
… geschlossen waren.

Drückt das Passiv einen Zustand aus, d.h. das Ergebnis eines Vorgangs, so verwendet man im Deutschen eine Form von *sein* („Zustandspassiv").

2 It was too late. Nothing could be done.
… Man konnte nichts tun. / … Es konnte nichts getan werden.

Englische Passivsätze werden im Deutschen manchmal durch einen Aktivsatz mit *man* oder durch eine unpersönliche Passivkonstruktion mit *es* wiedergegeben.

3 Three people got killed in the accident.
Drei Menschen wurden bei dem Unfall getötet.

Im informellen Englisch kann statt einer Form von *be* auch *get* verwendet werden, vor allem wenn ein Vorgang plötzlich und unerwartet eintritt (wie z.B. bei einem Unfall).

4 We got dressed quickly.
Wir zogen uns schnell an.
Tom and Sue are planning to get married in May.
… zu heiraten.

Get wird auch in bestimmten idiomatischen Wendungen benutzt:

get divorced	sich scheiden lassen
get dressed	sich anziehen
get married	heiraten

Passiv: Form von „be" + Partizip Perfekt

109 *Gebrauch · Use*

a

1 Lasers are used in CD players and videodisc systems. Holograms are also produced with the help of lasers.

2 A cyclist was injured in an accident in Wembley Park Road yesterday. The 17-year-old youth was taken to hospital, where he was treated for shock and minor cuts. It seems that the accident was nobody's fault.

3 The worst earthquake in California was in 1906, when San Francisco was almost completely destroyed. More than 2000 people were killed. Widespread fires which broke out after the quake could not be put out for three days.

Wie im Deutschen verwendet man das Passiv, um zu sagen, **was mit einer Sache oder Person getan wird** oder was mit ihr geschieht. Wer die Handlung ausführt, ist in der Regel
- **nicht bekannt** oder **unwichtig** (Beispiele 1 und 2)
- **offensichtlich** (Beispiel 3).

Daher steht das Passiv z.B. oft
- in technischen oder wissenschaftlichen Beschreibungen (Beispiel 1)
- in Meldungen über Unfälle oder Verbrechen (Beispiel 2)
- in Berichten über Naturkatastrophen u.Ä. (Beispiel 3),

wenn man den „Handelnden" oder „Verursacher" nicht nennen kann oder will oder nicht zu nennen braucht. Das Passiv wirkt somit eher unpersönlich und neutral.

Anmerkung

1 English spoken here (= English is spoken here.)

2 Baby kidnapped from hospital (= A baby has been kidnapped …)

Auf Schildern bzw. Hinweisen (Beispiel 1) und in Schlagzeilen von Zeitungen (Beispiel 2) wird das Passiv oft in verkürzter Form (ohne *be*) gebraucht.

b

1 This house is very old. It was built in 1683.

2 Ann: Did Ford build the first car with a petrol engine?
Sue: No. The first one was built by Benz in 1885.
Ann: And what about the Model T?
Sue: Yes, the Model T was designed by Ford, but that was a few years later, wasn't it?

Der Anfang eines Satzes enthält sehr oft eine bereits bekannte Information oder knüpft an sie an (Beispiel 1: *This house … / It …*). Die neue oder interessante Information steht hingegen meist am Satzende (*… is very old / … was built in 1683*). Dieses **Satzbauprinzip („vom Bekannten zum Neuen")** führt häufig zur Verwendung des Passivs.

110 *Passivsätze mit* by · *Passive sentences with* by

Tutankhamun's tomb was found by Howard Carter in 1922.
Tutanchamuns Grabmal wurde 1922 von Howard Carter entdeckt.

Our car was damaged by falling rocks.
Unser Auto wurde von fallenden Steinen beschädigt.

Wenn man als neue Information hervorheben will, **von wem** etwas getan wird oder **wodurch** etwas geschieht, fügt man diese Information mit der Präposition **by** an (z.B. *by Howard Carter, by falling rocks*).

Das Passiv verschiedener Arten von Verben
The passive with different kinds of verbs

11 Verben mit einem Objekt • Verbs with one object

a

1 active: The police (subject) questioned everybody. ((direct) object)
passive: Everybody (subject) was questioned.
Jeder wurde befragt. / Alle wurden befragt.

2 active: They told me to leave at once.
passive: I was told to leave at once.
Man befahl mir, sofort zu gehen. / Es wurde mir befohlen, sofort zu gehen.

3 active: People will talk about this scandal for years.
passive: This scandal will be talked about for years.
Man wird über diesen Skandal noch jahrelang sprechen.

Im Englischen kann das Passiv – fast ausnahmslos – von allen Verben gebildet werden, auf die im Aktivsatz ein Objekt folgt (Beispiele 1-3). Dabei entspricht das **Subjekt des Passivsatzes** dem **Objekt des Aktivsatzes**.

Im Deutschen dagegen kann das Passiv nur von transitiven Verben gebildet werden, d.h. von Verben, die im Aktiv ein direktes Objekt nach sich haben (Beispiel 1). Es wird daher weniger häufig benutzt als im Englischen. Auf die Unterschiede bei der Verwendung des Passivs im Englischen und Deutschen wird im Folgenden genauer eingegangen.

b

1 active: People advised me ((direct) object) to go to art school.
passive: I (subject) was advised to go to art school.
Mir (= Dativobjekt) *wurde geraten, auf die Kunsthochschule zu gehen. / Es wurde mir geraten, auf die Kunsthochschule zu gehen. / Man riet mir, auf die Kunsthochschule zu gehen.*

(The Princess died in 1997.)
2 active: People will remember her for a long time.
passive: She will be remembered for a long time.
Man wird sich noch lange Zeit an sie erinnern.

Einige englische Verben können – im Gegensatz zu den entsprechenden deutschen Verben – ein **„persönliches Passiv"** (meist mit Personen als Subjekt) bilden. Zu diesen gehören:

advise sb.	jemandem (etwas) raten
allow sb.	jemandem (etwas) erlauben
answer sb.	jemandem antworten
follow sb.	jemandem folgen
help sb.	jemandem helfen
join sb.	sich jemandem anschließen
remember sb./sth.	sich an jd./etwas erinnern
thank sb.	jemandem danken

Die entsprechenden deutschen Verben können kein persönliches Passiv bilden, weil sie intransitiv sind, d.h. ihnen folgt im Aktivsatz ein Dativobjekt (Beispiel 1: *mir*) oder ein Präpositionalobjekt (Beispiel 2: *an sie*). Sie können daher nur mit *man* bzw. unpersönlichen Passivkonstruktionen (Beispiel 1: *Mir wurde geraten … / Es wurde mir geraten …*) wiedergegeben werden.

112 *Verben mit zwei Objekten • Verbs with two objects*

			indirect object	direct object
active:	The agency	offered	Kelly/her	a TV role.

	subject	
passive:	Kelly/She	was offered a TV role.

Kelly/Ihr wurde eine Fernsehrolle angeboten. / Man bot Kelly/ihr eine Fernsehrolle an.

She was promised a film part too.
Ihr wurde auch eine Filmrolle zugesagt. / Man sagte ihr auch eine Filmrolle zu.

Verben wie *give, offer, promise, show, tell* haben im Aktiv gewöhnlich **zwei Objekte** nach sich: ein indirektes und ein direktes Objekt.

Bei Verben mit zwei Objekten wird meist das **indirekte Objekt** (Personenobjekt) **des Aktivsatzes** *(Kelly/her)* **zum Subjekt des Passivsatzes** *(Kelly/She)*. Im Deutschen ist dieses **persönliche Passiv** nicht möglich. Das Dativobjekt des Aktivsatzes *(ihr)* bleibt erhalten.

			indirect object	direct object
active:	The agency	offered	Kelly/her	a TV role.

	subject	
passive:	A TV role	was offered to Kelly/her.
	A film part	was promised to her too.

Auch das **direkte Objekt** (Sachobjekt) **des Aktivsatzes** *(a TV role, a film part)* kann **zum Subjekt des Passivsatzes** werden. Ob man den Passivsatz mit einem Personen- oder einem Sachsubjekt beginnt, hängt vom Satzzusammenhang und der Aussageabsicht ab.

► Verben mit zwei Objekten: 20

Anmerkung

A TV role was offered (to) Kelly/her.
A film part was promised (to) her too.

Wenn der Passivsatz mit dem Sachsubjekt beginnt, kann die Präposition *to* vor dem indirekten Objekt weggelassen werden.

113 *Verben mit Präpositionen und feste Fügungen • Prepositional verbs and fixed phrases*

		verb + preposition	object
active:	Someone	has broken into	the video shop.

	subject	verb + preposition
passive:	The video shop	has been broken into.

In den Videoladen ist eingebrochen worden. / Man ist in den Videoladen eingebrochen.

Man kann das Passiv von vielen Verben bilden, die fest mit einer **Präposition** verbunden sind (z.B. *break into, look after, talk about, think of*). Wie im Aktivsatz folgt die Präposition direkt auf das Verb.

		verb + noun + preposition	object
active:	They	made fun of	Tahira's accent.

	subject	verb + noun + preposition
passive:	Tahira's accent	was made fun of.

Man lachte über Tahiras Akzent.

Auch **feste Fügungen** aus Verb + Nomen + Präposition bleiben im Passiv ungetrennt. Zu solchen Fügungen gehören:

make fun of	sich lustig machen über
pay attention to	beachten
take care of	aufpassen auf, sich kümmern um
take notice of	(einer Sache) Beachtung schenken

► Präpositionen im Fragesatz: 5 e
► Verben mit Präpositionen: 164-167

114 *Verben des Sagens und Denkens • Verbs of speaking and thinking*

active: People say that the President is seriously ill.

passive: 1 It is said that the President is seriously ill.
Man sagt, dass der Präsident schwer krank sei.

2 It is thought that he has gone to hospital.
Man glaubt, er sei ins Krankenhaus gegangen.

3 The President is said to be seriously ill.
Der Präsident soll (angeblich) schwer krank sein. / Man sagt/berichtet, dass der Präsident schwer krank sei.

4 He is thought to have gone to hospital.
Er soll ins Krankenhaus gegangen sein. / Man glaubt/nimmt an/vermutet, er sei ins Krankenhaus gegangen.

Von den Verben des Sagens und Denkens (z.B. *believe, consider, expect, know, report, say, suppose, think*) können im Englischen zwei Passivkonstruktionen gebildet werden:

- ein **unpersönliches Passiv**:
  it + Passivform + *that*-Satz (Beispiele 1 und 2)
- ein **persönliches Passiv**:
  Subjekt + Passivform + *to*-Infinitiv (Beispiele 3 und 4).

Diese Passivformen werden häufig in Zeitungsberichten verwendet, wenn die Informationsquelle nicht genannt werden soll.

Im Deutschen: *Man sagt/glaubt … / Es heißt … / Angeblich ist/soll …*

Reinhold Messner Bergsteiger und Autor, z.B. von „Yeti – Legende und Wirklichkeit"

Anmerkung

Zur Verdeutlichung der Bildungsweise des Passivs wird in den Abschnitten 111-114 jedem Passivsatz der entsprechende Aktivsatz zugeordnet. Im natürlichen Sprachgebrauch werden Passivsätze allerdings nicht aus Aktivsätzen abgeleitet, sondern unabhängig davon verwendet. Entscheidend ist die Aussageabsicht, die Wahl des Subjekts usw. (▶ 109). Häufig ist in einem Text nur ein Passivsatz (stilistisch) wirklich angemessen. Er kann daher nicht durch einen Aktivsatz ersetzt werden (und umgekehrt!).

Passiv: von allen Verben möglich, die im Aktiv ein Objekt haben

115 Die Passivform des Infinitivs · The passive infinitive

1 I want to be left alone.
Ich will in Ruhe gelassen werden.

2 I think Luke should be asked too.
Ich glaube, Luke sollte auch gefragt werden.

3 Luke should have been asked much earlier.
Luke hätte viel früher gefragt werden sollen.

Vom Infinitiv (mit oder ohne *to*) gibt es im Passiv eine **Präsensform** (Beispiele 1 und 2) und eine **Perfektform** (Beispiel 3).
Die Passivform des Infinitivs steht nach denselben Verben wie die Aktivform des Infinitivs.

► Formen des Infinitivs: 120 a/c

Anmerkung

The boss wanted the letters (to be) written as soon as possible.
Die Chefin wollte, dass die Briefe so bald wie möglich geschrieben werden. / Die Chefin wollte die Briefe … schreiben lassen.

Would you like the brakes (to be) checked?
Sollen die Bremsen überprüft werden?

In der Fügung *want/would like* + Objekt + Passivform des Infinitivs wird *to be* häufig weggelassen und nur das Partizip Perfekt verwendet.

► *Have sth. done*: 156

116 Die Passivform des Gerundiums · The passive gerund

1 I don't like being called 'stupid'.
Ich mag es nicht, „Dummkopf" genannt zu werden/ wenn man mich „Dummkopf" nennt.

2 Sue remembered having been beaten in her first match.
Sue erinnerte sich daran, dass/wie sie in ihrem ersten Spiel geschlagen wurde.

Vom Gerundium gibt es im Passiv eine **Präsensform** (Beispiel 1) und eine **Perfektform** (Beispiel 2). Die Passivform des Gerundiums steht nach denselben Verben, Präpositionen usw. wie die Aktivform des Gerundiums.

► Formen des Gerundiums: 136

Anmerkung

The lawn needs mowing (= needs to be mowed).
Der Rasen muss gemäht werden.

The car wants cleaning.
Das Auto muss gewaschen werden.

This book is certainly worth reading.
Dieses Buch ist auf jeden Fall lesenswert/wert, gelesen zu werden.

Nach den Verben *need* und *want* sowie dem Adjektiv *worth* wird die Aktivform des Gerundiums verwendet, obwohl es eine passivische Bedeutung hat.

117 Die Passivform des Partizips · The passive participle

1 Have you ever watched an operation being done?
Hast du schon mal gesehen, wie eine Operation durchgeführt wird?

2 Having been beaten several times, Sue decided to take her tennis training more seriously.
Nachdem sie mehrmals geschlagen worden war, entschied sich Sue, ihr Tennistraining ernster zu nehmen.

Vom Partizip gibt es im Passiv eine **Präsensform** (Beispiel 1) und eine **Perfektform** (Beispiel 2).

► Formen des Partizips: 151

118 Infinite Verbformen *Non-finite forms of the verb*

118 Finite und infinite Verbformen · Finite and non-finite forms of the verb

Von jedem englischen Vollverb gibt es **finite** *(finite)* und **infinite** *(non-finite)* Formen.

a

Tom: I take Spanish at school.
(1. Pers. Sing., simple present)

My friend takes Spanish too.
(3. Pers. Sing., simple present)

We took a course in Barcelona last year.
(1. Pers. Pl., simple past)

Die **finiten** Verbformen sind veränderbar und sagen etwas über Person, Numerus und Tempus aus.

b

It's easy to find penfriends on the Internet. (infinitive)
I like getting up early. (gerund)
I know a lot of people learning taekwondo. (present participle)
Have you taken your driving test yet? (past participle)

Der **Infinitiv**, die ***-ing*-Form** (Gerundium und Partizip Präsens) und das **Partizip Perfekt** sind **infinite** Verbformen. Sie sind unveränderbar und sagen nichts über Person, Numerus und Tempus aus.

c

1 a The best thing would be to take a computer course. (infinitive)
Es wäre das Beste, einen Computerkurs zu machen.
b The best thing would be for you to take a computer course.
Es wäre das Beste, wenn du einen Computerkurs machen würdest.

2 a Carol hated playing the guitar. (gerund)
Carol hasste es, Gitarre zu spielen.
b Carol hated him playing the guitar.
Carol hasste es, wenn er Gitarre spielte.

3 a Having finished, *the girls went home.* (past participle)
Als die Mädchen fertig waren, gingen sie nach Hause.
b The ballet lesson having finished, the girls went home.
Als der Ballettunterricht zu Ende war, gingen die Mädchen nach Hause.

Infinite Konstruktionen können entweder **ohne** ein **eigenes Subjekt** (Beispiele 1a, 2a und 3a) oder **mit eigenem Subjekt** (Beispiele 1b, 2b und 3b: *you, him, the ballet lesson*) gebildet werden.

► Subjekt in Infinitivkonstruktionen: 127
► Subjekt in Gerundialkonstruktionen: 149
► Subjekt in Partizipialkonstruktionen: 162

'Until we get some reaction to the campaign, Fenton, I want you to pretend it's your idea.'*

pretend so tun, als ob

119-134 *Der Infinitiv* *The infinitive*

119 *Übersicht · Summary*

Phil has decided to move to Berlin.
Phil hat sich entschlossen, nach Berlin zu ziehen.
I really must catch the last bus home.
Ich muss unbedingt den letzten Bus nach Hause bekommen.

Jedes Vollverb hat eine Grundform, den Infinitiv. Es gibt:
- den ***to*-Infinitiv** *(to-infinitive)*
- den **Infinitiv ohne *to*** *(infinitive without to/bare infinitive).*

▶ Vollverben: 61-71

⚠ I mustn't forget to give Mike his CDs back.
Ich darf nicht vergessen, Mike die CDs wiederzugeben.

Im Englischen steht vor dem Infinitiv **kein Komma**.

120 *Formen · Forms*

a

Man unterscheidet folgende **Infinitivformen:**

I should write an article for the school magazine.
... schreiben.

- Infinitiv Präsens Aktiv *(present active infinitive)*

It should be written in a funny tone.
... geschrieben sein.

- Infinitiv Präsens Passiv *(present passive infinitive)*

I should have written more regularly for the magazine.
... hätte ... schreiben sollen.

- Infinitiv Perfekt Aktiv *(perfect active infinitive)*

In fact, the article should have been written weeks ago.
... hätte ... geschrieben werden sollen.

- Infinitiv Perfekt Passiv *(perfect passive infinitive).*

▶ Formen des Passivs: 108c

Anmerkung

The keys were nowhere to be found.
Die Schlüssel waren nirgends zu finden.

His behaviour leaves much to be desired.
Sein Verhalten lässt viel zu wünschen übrig.

That remains to be seen.
Das bleibt abzuwarten.

Anders als im Deutschen steht der Infinitiv Passiv auch nach den Verben *be*, *leave* und *remain*.

b

Vom Infinitiv gibt es auch ***progressive forms***:

Dave's taken his sports bag. He must be playing squash.
… Er wird (wohl gerade) Squash spielen.

- *(to) be + -ing*-Form *(present progressive infinitive)*

Emma looked very tired yesterday. She must have been working hard.
… Sie muss (wohl) hart gearbeitet haben.

- *(to) have been + -ing*-Form *(perfect progressive infinitive)*.

c

The teacher advised us not to write a long text.

Zur Bildung des **verneinten Infinitivs** *(negative infinitive)* tritt *not* vor den Infinitiv.

Anmerkung

vergleiche:
Jane's sorry not to have left school.
Jane bedauert es, dass sie die Schule nicht verlassen hat.
(Sie hat die Schule nicht verlassen.)
Jane's not sorry to have left school.
Jane bedauert es nicht, dass sie die Schule verlassen hat.
(Sie hat die Schule verlassen.)

Je nach Stellung von *not* verändert sich der Sinn des Satzes.

121 *Funktionen · Functions*

a

Da der Infinitiv teils die Eigenschaften eines Nomens, teils die eines Verbs hat, kann er unterschiedliche Funktionen erfüllen.

Wie ein **Nomen** kann er verwendet werden:

subject
To understand is to forgive.

- als Subjekt (Dies kommt vor allem in feststehenden Wendungen und Sprichwörtern vor und ist eher selten. Meist wird ein Gerundium vorgezogen.)

object
Debbie has promised to come.

- als Objekt

subject complement
The aim is to arrive on time.

- als prädikative Ergänzung des Subjekts

adverbial
Marc left at twelve to catch the last train.

- als adverbiale Bestimmung.

b

Wie ein **Verb** kann der Infinitiv **erweitert** werden:

Joe asked me yesterday to phone him.

- durch ein Objekt (z.B. *him*)

Don't forget to read the article carefully.

- durch ein Adverb (z.B. *carefully*)

Barbara wants to travel to New Zealand.

- durch eine adverbiale Bestimmung (z.B. *to New Zealand*).

Der to-*Infinitiv* · *The* to-*infinitive*

122 *Verb* + to-*Infinitiv* · *Verb* + to-*infinitive*

We decided to meet again on Friday.
Wir beschlossen, uns am Freitag wieder zu treffen.

Didn't Oliver promise to wash the car?
Hat Oliver nicht versprochen, das Auto zu waschen?

Sarah simply refuses to listen to anybody's advice.
Sarah weigert sich einfach, auf den Rat von irgendjemandem zu hören.

© Sidney Harris

'Should we walk upright? Should we continue to live in trees? Should we try to make things? Decisions, decisions!'*

upright aufrecht

Der ***to*-Infinitiv** entspricht häufig einem deutschen Infinitiv mit *zu*. Er steht **nach bestimmten Verben**, z.B.:

agree	zustimmen
arrange	vereinbaren
choose	sich entscheiden
decide	sich entschließen, beschließen
expect	erwarten, damit rechnen
hope	hoffen
learn	lernen
offer	anbieten
plan	planen, vorhaben
promise	versprechen
refuse	sich weigern
seem	scheinen
try	versuchen
want	(tun) wollen
would like/love	möchte(n) gern, gern (tun) wollen

You ought to go out more often.
Du solltest öfter ausgehen.
Sorry I have to leave early.
Tut mir leid, dass ich so früh gehen muss.

Beachte auch:

ought to do	tun sollen
be able to do	tun können
be allowed to do	tun dürfen
have to do	tun müssen

▶ Formen des *going to-future*: 97
▶ Verb + *to*-Infinitiv oder *-ing*-Form: 139 b/c
▶ *Be to, be supposed to*: 42 c/d, 106
▶ *Used to*: 86 d
▶ *Ought to*: 23 a

Anmerkungen

1 Don't try to lift the TV on your own. /
Don't try and lift the TV on your own.
Versuch nicht, den Fernseher allein hochzuheben.

Nach *try* kann das folgende Verb statt mit *to* mit *and* angeschlossen werden (vor allem im informellen Englisch). Besonders häufig wird *and* beim Imperativ verwendet.

2 Try turning the key the other way.
I've already tried to open the door this way, but it won't open.

Auf *try* und eine Reihe anderer Verben können sowohl die *-ing*-Form als auch der *to*-Infinitiv folgen.

▶ Verb + *to*-Infinitiv oder *-ing*-Form (mit Bedeutungsunterschied): 139 c

123 *Verb + Objekt +* to-*Infinitiv* · *Verb + object +* to-*infinitive*

a

	verb	object + *to*-infinitive	
1 Mr Hill	asked	Kevin to be	quiet.
2 He didn't	allow	the class to use	a dictionary.
3 And he	warned	us not to waste	time.

1 *Mr Hill bat Kevin, leise zu sein.*
2 *Er erlaubte der Klasse nicht, ein Wörterbuch zu verwenden.*
3 *Und er warnte uns davor, Zeit zu vergeuden.*

Nach **bestimmten Verben** kann ein **Objekt mit** einem ***to*-Infinitiv** stehen. Auf ihre deutschen Entsprechungen folgt meist ein Infinitiv mit *zu*.
Beispiele:

advise	raten
allow	erlauben
ask	bitten
encourage	ermutigen
force	zwingen
help	helfen
invite	einladen, auffordern
remind	daran erinnern
teach	lehren, beibringen
warn	ermahnen, warnen

Anmerkungen

1 Sue, please help me (to) repair my bike.
Sue, hilf mir bitte, mein Fahrrad zu reparieren.

Vor allem im amerikanischen Englisch wird *to* nach *help* + Objekt häufig weggelassen.

2 We warned her not to jump into the water.
Wir warnten sie davor, ins Wasser zu springen.

Warn sb. not to do sth. bedeutet *jd. davor warnen, etwas zu tun.*

b

1 Mr Hill expected his pupils to work hard.
Mr Hill erwartete, dass seine Schüler hart arbeiteten.

2 He didn't want them to get nervous.
Er wollte nicht, dass sie Angst bekamen.

3 He said, 'I would like you all to get good marks in the exam.'
Er sagte: „Ich möchte, dass ihr alle in der Prüfung gute Noten bekommt."

Auch bei den folgenden Verben kann ein **Objekt mit** einem ***to*-Infinitiv** stehen:

cause	verursachen, dass
expect	erwarten, dass
tell	sagen, dass (… soll)
want	wollen, dass
would like/love	möchte(n) gern, dass

Personalpronomen stehen in der **Objektform** (Beispiel 2: *them*).
Im Gegensatz zu den bei 123a aufgeführten Verben folgt jedoch im Deutschen nicht ein Infinitiv, sondern ein *dass*-Satz.

⚠ *Die Parkers möchten gern, dass Tom bei einer Bank arbeitet.*
nicht: The Parkers would like ~~that Tom works~~ …
sondern: The Parkers would like Tom to work in a bank.

Sie wollen, dass er sich sofort bewirbt.
nicht: They want ~~that he applies~~ at once.
sondern: They want him to apply at once.

Beachte, dass auf *want* und *would like* bzw. *would love* **kein *that*-Satz** folgen darf.

Anmerkung

Tom wants to help his sister. *(Hier will Tom helfen.)*
Tom wants his sister to help. *(Hier soll seine Schwester helfen.)*

Je nachdem, an welcher Stelle das Objekt steht, hat der Satz einen anderen Sinn.

► Subjekt in Infinitivkonstruktionen: 127 a

c

1 I believe that to be complete nonsense.
Ich glaube, dass das völliger Unsinn ist.

2 We know Johnson to be a man of his word.
Wir wissen, dass Johnson zu seinem Wort steht.

3 We all consider Jill (to be) a computer expert.
Wir alle halten Jill für eine Computerexpertin.

Die Fügung **Objekt + *to be*** wird oft im formellen Englisch nach einigen **Verben des Denkens, Sagens und Vermutens** (z.B. *believe, consider, declare, imagine, know, suppose*) verwendet. Nach *consider* kann *to be* wegfallen. Im informellen Englisch wird anstelle dieser Konstruktion meist ein *that*-Satz gebraucht (Beispiel 2: *We know **that** Johnson is a man of his word.*).

124 *Adjektiv* + to-*Infinitiv* · *Adjective* + to-*infinitive*

The lyrics of the song are difficult to understand.
It's more important to finish your essay than your comic.
Which of these French books is (the) easiest to read?

Der *to*-Infinitiv kann **nach bestimmten Adjektiven** und ihren **Steigerungsformen** stehen.

Das Adjektiv kann dabei in unterschiedlichen Zusammenhängen verwendet werden, z.B.:

The problem is easy to solve.

- nach einem (Pro-)Nomen + Form von *be*

It was an easy problem to solve.
... ein leicht zu lösendes Problem.

- vor einem Nomen

The problem was easy enough to solve.
The question is too difficult to answer.

- in Verbindung mit *enough* und *too.*

► Steigerung der Adjektive: 197-200

© Mirror

'Yes, of course it's important enough to disturb him.'*

disturb stören

Anmerkung

He's unlikely to pass the test.
Er wird den Test wahrscheinlich nicht bestehen.
The team is certain/sure to lose the match.
Die Mannschaft wird das Spiel ganz bestimmt verlieren.

Infinitivkonstruktionen mit den Adjektiven *likely/unlikely, certain* und *sure* werden im Deutschen meist mit Hilfe von Adverbien wie *wahrscheinlich* oder *bestimmt* wiedergegeben.

125 The first, the last, the next, the only + to-*Infinitiv*
The first, the last, the next, the only + to-*infinitive*

The captain was the last (person) to leave the ship.
... the last (person) who left ...

Liverpool is the only English city to have two cathedrals.
... the only English city that has ...

Der *to*-Infinitiv kann **nach *the first*, *the last*, *the next*** und nach ***the only*** (+ Nomen oder *one*) stehen und so einen Relativsatz ersetzen.

► Relativsätze: 258-266

126 *Nomen + to-Infinitiv · Noun + to-infinitive*

a It's time to go.
Es ist Zeit zu gehen.

Did you know about Katie's plans to work in India?
Wusstest du von Katies Plänen, in Indien zu arbeiten?

Der *to*-Infinitiv kann **nach Nomen** stehen. Er entspricht oft einem deutschen Infinitiv mit *zu*.

b We've got some work | to do. / that we must do.

Is he a man | to rely on? / (who) we can rely on?

Der *to*-Infinitiv steht oft auch **nach Nomen anstelle** eines **Relativsatzes** mit modalem Hilfsverb.

Eine Präposition befindet sich an der gleichen Stelle, an der sie auch im Relativsatz stehen würde (*rely on*).

c There's nobody | to ask for advice. / (who) I could/might ask for advice.

There is nothing | to be done. / that we can do. / that can be done.

Anstelle eines Relativsatzes steht der *to*-Infinitiv auch **nach *somebody*, *anybody*, *something*, *anything*, *nobody*, *nothing*** usw.

127 *Das Subjekt in Infinitivkonstruktionen · The subject in infinitive constructions*

a

1 My parents wanted to be home by ten.
Meine Eltern wollten um zehn zu Hause sein.

2 My parents wanted Paul to be home by ten.
Meine Eltern wollten, dass Paul um zehn zu Hause ist.

3 My parents wanted him to be home by ten.
Meine Eltern wollten, dass er um zehn zu Hause ist.

Der *to*-Infinitiv kann **ohne** (Beispiel 1) und **mit eigenem Subjekt** (Beispiele 2 und 3) auftreten. Die Bedeutung des Satzes ist dann jeweils eine andere.
In allen Beispielen ist *my parents* Subjekt des ganzen Satzes. In Beispiel 1 hat der *to*-Infinitiv kein eigenes Subjekt. Das Subjekt des Gesamtsatzes bezieht sich daher automatisch auch auf die Infinitivkonstruktion.
In den Beispielen 2 und 3 besitzt der *to*-Infinitiv ein eigenes Subjekt, d.h. einen eigenen **„Träger der Handlung"** (ein „Sinnsubjekt"): *Paul* bzw. *him*. Personalpronomen stehen hier in der Objektform (Beispiel 3: *him*).

b

1 The book is too difficult for a little boy to understand.
Das Buch ist für einen kleinen Jungen (zu) schwer zu verstehen.

2 I brought along a comic for her to read on the trip.
Ich brachte einen Comic mit, den sie auf der Fahrt lesen konnte.

Bei dem *to*-Infinitiv nach Adjektiven und Nomen kann das Sinnsubjekt mit der Konstruktion ***for* + Nomen** bzw. **Pronomen** (in der Objektform) eingefügt werden.

► Finite und infinite Verbformen: 118c

c She has arranged for her cousin to collect her suitcase at the airport.
Sie hat es so organisiert, dass ihre Cousine ihren Koffer am Flughafen abholt.

We waited for them to get dressed.
Wir warteten, bis sie angezogen waren.

Nach den Verben ***arrange for***, ***wait for*** usw., die ohnehin mit *for* verbunden werden, kann der *to*-Infinitiv durch die Konstruktion *for* + Nomen oder Pronomen erweitert werden.

128 *Fragewort* + to-*Infinitiv* · *Question word* + to-*infinitive*

We didn't know | who to ask. / who we should/could ask.
…, *wen wir fragen sollten/könnten.*

Can you tell me | how to get to the library? / how I can get to the library?
…, *wie ich zur Bücherei komme?*

Helen wondered | whether to stay or to leave. / whether she should stay or leave.
…, *ob sie bleiben oder gehen sollte.*

Der *to*-Infinitiv kann **nach Fragewörtern** (z.B. *who, how, what, where, when*) sowie nach ***whether*** (= *ob*) stehen. Er ist oft einem Nebensatz mit modalem Hilfsverb wie *can, could, should, might* oder *must* vorzuziehen. Im Deutschen verwendet man dafür immer einen Nebensatz.

129 *Der* to-*Infinitiv zur Angabe des Zwecks einer Handlung* *The* to-*infinitive to indicate the purpose of an action*

I left at ten to catch the last bus.
Ich ging um zehn, um den letzten Bus zu erwischen.

They arrived early in order to get good seats.
Sie kamen früh, um gute Plätze zu bekommen.

I got up at six in order not to be late for the exam.
Ich stand um sechs Uhr auf, um nicht zu spät zur Prüfung zu kommen.

Der *to*-Infinitiv dient oft zur Angabe einer **Absicht** oder des **Zwecks** einer Handlung. Häufig wird dafür *in order to* oder *so as to* anstelle von *to* verwendet.

In verneinten Sätzen steht entweder *in order not to* oder *so as not to*.

Im Deutschen wird dieser *to*-Infinitiv mit *um (nicht) … zu* + Infinitiv wiedergegeben.

130 *Besonderheiten* · *Special features*

a

1 We're going to have a barbecue on Saturday. Would you like to come? – Yes, I'd like to. What time?

2 Rick was asked to go to an art exhibition, but he didn't want to.

Um Wiederholungen zu vermeiden, wird häufig ein **allein stehendes *to*** verwendet:
- anstelle eines *to*-Infinitivs (Beispiel 1)
- anstelle eines *to*-Infinitivs und seiner Ergänzungen (Beispiel 2).

b

It's difficult to fully understand the meaning of this poem.
(It's difficult to understand the meaning of this poem fully.)

Zwischen ***to*** und dem **Infinitiv** kann – je nach Satzbetonung – auch ein **Adverb stehen** *(split infinitive)*. (Das klingt oft besser, als wenn Verb und Adverb zu weit auseinanderstehen.)

„to"-Infinitiv:
- *nach bestimmten Verben*
- *nach Verben + Objekt*
- *nach Adjektiven, Nomen, „the first" usw.*
- *nach „for" + Nomen/Pronomen*
- *nach Fragewörtern*
- *zur Angabe des Zwecks einer Handlung*

Der Infinitiv ohne to · *The infinitive without* to

131 *Hilfsverb + Infinitiv ohne* to · *Auxiliary + infinitive without* to

Der **Infinitiv ohne *to*** steht:

Simon can ride.
You should practise speaking English more.

- nach **modalen Hilfsverben** (aber: *ought to*)

Tim's girlfriend doesn't like discos.

- nach dem Hilfsverb ***do/does/did***.

132 *Fügung + Infinitiv ohne* to · *Phrase + infinitive without* to

Der Infinitiv ohne *to* steht **nach Fügungen** wie:

You'd better go to the police.
Du solltest besser zur Polizei gehen.

- *had better ('d better)*

I'd rather not talk about this problem.
Ich möchte lieber nicht über dieses Problem sprechen.

- *would rather ('d rather)*

Do you want to eat out? – No, I'd sooner stay in.
… – Nein, ich würde lieber zu Hause bleiben.

- *would sooner ('d sooner)*

We decided to buy Mariah Carey's new CD rather than pay for concert tickets.
…, lieber die neue … zu kaufen, als für … zu bezahlen.

- *rather than*

Why not ask your parents, Susan?
Warum fragst du nicht deine Eltern, Susan?

- *why not …?*

Let's meet at two o'clock.
Treffen wir uns (doch) um zwei Uhr.

- *let's …*

133 Let/Make + *Objekt + Infinitiv ohne* to · Let/Make + *object + infinitive without* to

	verb	object + infinitive	
1 Miss Jones	lets	us talk	in class.
2 But she	doesn't let	us eat or drink.	
3 Before exams she	makes	us work	hard.

1 Miss Jones lässt uns während des Unterrichts reden.
2 Aber sie lässt uns nicht essen oder trinken.
3 Vor Prüfungen zwingt sie uns, hart zu arbeiten.

Nach den Verben ***let*** und ***make*** steht ein **Objekt** mit einem **Infinitiv ohne *to***. *Let* und *make* unterscheiden sich in ihrer Bedeutung:

let = (zu)lassen, erlauben
make = (veran)lassen, dazu bringen, zwingen

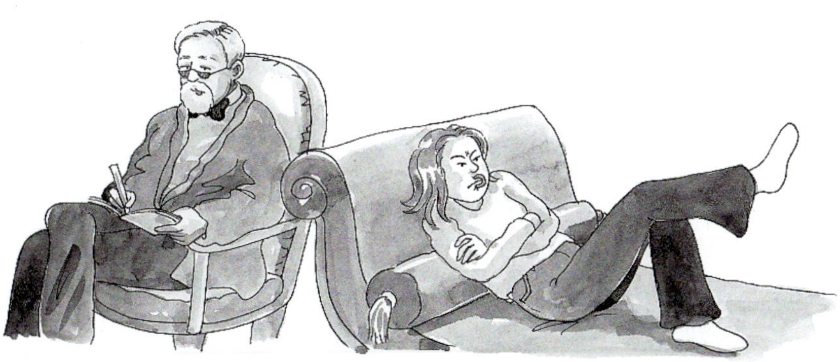

'What exactly makes you think your brother bribed the piercer?'*

bribe bestechen

134 *Verben der Wahrnehmung + Objekt + Infinitiv ohne* to *Verbs of perception + object + infinitive without* to

Nach **Verben der Wahrnehmung** *(verbs of perception)* wie *feel, hear, listen to, notice, see, smell, watch* kann ein **Objekt + Infinitiv ohne *to*** stehen (z.B. *heard Tom say*). Im Deutschen verwendet man dafür ebenfalls einen Infinitiv oder einen Satz mit *dass* oder *wie*. Man gebraucht den Infinitiv vor allem dann, wenn ausgedrückt werden soll, dass
- eine Handlung beendet wurde (Beispiele 1 und 2)
- das Geschehen vollständig (von Anfang bis Ende) wahrgenommen wurde (Beispiel 3).

1 We heard Tom say something.
Wir hörten, dass Tom etwas sagte.

2 I saw the police car drive round the corner and stop in front of our house.
Ich sah den Polizeiwagen um die Ecke biegen und vor unserem Haus anhalten.

3 We watched Ann put her luggage into the car, get in and drive away.
Wir sahen zu, wie Ann ihr Gepäck im Wagen verstaute, einstieg und wegfuhr.

aber:
We watched Ann putting her luggage into the car.
Wir sahen, wie Ann ihr Gepäck im Wagen verstaute.

Statt des Infinitivs wird das Partizip Präsens verwendet, wenn das Geschehen zum Zeitpunkt der Wahrnehmung noch im Verlauf, also noch nicht beendet ist.

► Verben der Wahrnehmung: 71
► Formen des Partizips: 151
► Verben der Wahrnehmung + Objekt + Partizip: 154

'But are you absolutely sure you saw him take something, because if you're wrong ...'

Infinitiv ohne „to":
- nach modalen Hilfsverben und „do/does/did"
- nach Fügungen wie „had better", „would rather" usw.
- nach „let" und „make" + Objekt
- nach Verben der Wahrnehmung + Objekt

135 *Die -ing-Form* *The -ing form*

135 *Übersicht · Summary*

a

infinitive	*-ing* form
wait	waiting
swim	swimming
be	being

Von jedem Vollverb (einschließlich *be*) kann man eine ***-ing*-Form** (*-ing form*) bilden.

▶ Bildung der *-ing*-Form: 65
▶ Vollverben: 61

b

Working isn't Joe's favourite activity.
Arbeiten ist nicht Joes Lieblingsbeschäftigung.

Katie's just got a job, so she's a working mother now.
Katie hat gerade einen Job gefunden, also ist sie jetzt eine berufstätige Mutter.

Je nach Funktion im Satz bezeichnet man die *-ing*-Form:

- als **Gerundium** (*gerund*) ▶ 136-150
- als **Partizip Präsens** (*present participle*). ▶ 151-163

Anmerkung

The Tower of London is very interesting. (adjective)
It's a very old building. (noun)

Nicht alle Wörter, die auf *-ing* enden, sind Gerundien oder Partizipien. Es gibt auch Adjektive und Nomen mit der Endung *-ing*.

get stuck hängen bleiben

136-150 Das Gerundium The gerund

136 *Formen · Forms*

a

Man unterscheidet folgende **Formen des Gerundiums** *(gerund)*:

driving
being driven
having driven
having been driven

- Präsens Aktiv des Gerundiums (Beispiel 1)
- Präsens Passiv des Gerundiums (Beispiel 2)
- Perfekt Aktiv des Gerundiums (Beispiel 3)
- Perfekt Passiv des Gerundiums (Beispiel 4).

1 Simon likes driving his old van.
Simon mag es, mit seinem alten Laster zu fahren.

2 He also enjoys being driven in his girlfriend's Ferrari.
Er genießt es auch, im Ferrari seiner Freundin herumgefahren zu werden.

3 He's proud of having driven for a year without an accident.
Er ist stolz darauf, ein Jahr unfallfrei gefahren zu sein.

4 He denies having been driven by his girlfriend for most of that time.
Er streitet es ab, die meiste Zeit von seiner Freundin herumgefahren worden zu sein.

Die Präsensform des Aktivs (z.B. *driving*) wird am häufigsten verwendet.

► Formen des Partizips: 151

'I believe in paying my employees as much as they need. Since you'll be working 90 hours a week, you won't need much.'*

employee Angestellte(r)

b

In his holidays John enjoys not having to get up before nine.
John genießt es, in seinem Urlaub nicht vor neun aufstehen zu müssen.

Die **verneinte Form** wird gebildet, indem *not* vor das Gerundium gestellt wird.

137 Funktionen · Functions

a

Das Gerundium kann die **Rolle eines Nomens** (z.B. *books*) übernehmen. Es kann verwendet werden:

subject
Reading is fun.
(Books are fun.)

• als Subjekt ► 138

object
Do you like reading?
(Do you like books?)

• als Objekt ► 139

preposition + gerund
I get a lot of pleasure from reading.
(I get a lot of pleasure from books.)

• nach Präpositionen ► 140-144

subject complement
Jenny's hobby is reading.

• als prädikative Ergänzung des Subjekts (nach *be*).

b

Wie ein **Verb** kann das Gerundium **erweitert** werden:

Reading detective stories is fun.
Reading in bed is fun.

• durch ein Objekt (z.B. *detective stories*)
• durch eine adverbiale Bestimmung (z.B. *in bed*).

'Visiting your health club's Web site is a start, but I'd prefer you to actually go there and exercise.'

138 Das Gerundium als Subjekt · The gerund as subject

a Canoeing can be dangerous.
Kanufahren kann gefährlich sein.

Canoeing in bad weather can be dangerous.
Kanufahren bei schlechtem Wetter kann gefährlich sein.

Das Gerundium kann **Subjekt eines Satzes** sein.

b Repairing the old bike was hard work.
Das alte Fahrrad zu reparieren, war harte Arbeit. /
Das Reparieren des alten Fahrrads war harte Arbeit.

Im **Deutschen** wird das Gerundium oft durch einen **Infinitiv** wiedergegeben.

139 *Das Gerundium als Objekt · The gerund as object*

a

Kim enjoys skating.
Kim skatet sehr gern.

I miss seeing my friends every day.
Ich vermisse es, täglich meine Freunde zu sehen.

'You must stop wearing flip-flops.'

Das Gerundium steht **nach bestimmten Verben**, z.B

admit	zugeben
avoid	(es) vermeiden
carry on/go on	weiter(machen)
consider	in Betracht ziehen
delay	aufschieben
deny	leugnen, abstreiten
dislike	sehr ungern tun, (es) nicht mögen
enjoy	sehr gern tun, genießen
finish	beenden, aufhören (mit)
give up	aufgeben, aufhören (mit)
imagine	sich (etwas) vorstellen
include	einschließen
involve	mit sich bringen, umfassen
justify	rechtfertigen
keep	weiter(machen); immer wieder tun
mention	erwähnen
mind	etwas dagegen haben
miss	(es) verpassen; (es) vermissen
practise	üben
risk	(es) wagen, riskieren
stop/quit	aufhören (mit)
suggest	vorschlagen

⚠ Emma dislikes going to parties alone.
Emma mag es nicht, alleine auf Partys zu gehen.

Imagine having dinner with your favourite star.
Stell dir vor, mit deinem Lieblingsstar essen zu gehen.

Im Deutschen verwendet man nach den meisten dieser Verben einen Infinitiv. Im **Englischen** darf **kein Infinitiv** stehen.

► Verb + *to*-Infinitiv: 122

Anmerkung

Your hair needs cutting.
... muss geschnitten werden.
I think this article requires careful reading.
... muss sorgfältig gelesen werden.
The car wants washing.
... muss gewaschen werden.

Nach den Verben *need* und *require* (im informellen Englisch auch *want*) steht das Gerundium. Dabei besitzt die Aktivform passivische Bedeutung.

b

Beth hates going / to go to the hairdresser's.
Beth hasst es, zum Friseur zu gehen.

I love meeting / to meet unusual people.
Ich finde es toll, ungewöhnliche Leute zu treffen.

Nach einer Reihe von Verben kann man entweder die ***-ing*-Form oder** den ***to*-Infinitiv** verwenden. Die Bedeutung ändert sich dabei nicht. Zu diesen Verben gehören:

begin/start	anfangen
continue	weiter(machen)
hate	sehr ungern tun, (es) hassen
like	gern tun
love	sehr gern tun, (es) toll/gut finden
prefer	lieber tun

⚠ I would like to see Will Smith's new film.
Would you like to see it too?
– Yes, I'd love to (see it).

Nach *would hate, would like, would love, would prefer* (Kurzform: *'d hate* usw.) steht **nur** der ***to*-Infinitiv**, nicht die *-ing*-Form.

aber: I like to see / seeing new films.

Nach *like* hingegen ist der ***to*-Infinitiv oder** die ***-ing*-Form** möglich.

c

Einige **Verben** haben **unterschiedliche Bedeutungen**, je nachdem, ob sie mit einem Gerundium oder einem *to*-Infinitiv verbunden werden. Zu diesen Verben gehören:

forget

I'll never forget going to the dentist's for the first time.
Ich werde nie vergessen, wie ich das erste Mal beim Zahnarzt war.

forget doing sth. = vergessen, dass man etwas (in der Vergangenheit) getan hat

I mustn't forget to go to the dentist's this afternoon.
Ich darf nicht vergessen, heute Nachmittag zum Zahnarzt zu gehen.

forget to do sth. = vergessen, (später) etwas zu tun

remember

I remember locking the door when I went to bed.
Ich erinnere mich, die Tür abgeschlossen zu haben, als ich ins Bett ging.

remember doing sth. = sich daran erinnern, dass man (in der Vergangenheit) etwas getan hat

Remember to lock the door when you go to bed.
Denk daran, die Tür abzuschließen, wenn du ins Bett gehst.

remember to do sth. = daran denken, (in der Zukunft) etwas zu tun

stop

Tom has stopped talking to Jerry. They had a quarrel.
Tom hat aufgehört, mit Jerry zu reden. Sie hatten Streit.

stop doing sth. = aufhören, etwas zu tun

Where's Tom? – I think he stopped to talk to Jerry.
Wo ist Tom? – Ich glaube, er hat angehalten, um mit Jerry zu reden.

stop to do sth. = anhalten, um etwas (anderes) zu tun

go on

Mr Jones went on talking about his son for hours.
Mr Jones fuhr fort, stundenlang über seinen Sohn zu reden.

go on doing sth. = etwas (dasselbe) weiterhin tun

Then he went on to talk about his daughter.
Dann redete er über seine Tochter.

go on to do sth. = etwas (anderes) als Nächstes tun

try

If the door won't open, try kicking it.
Wenn die Tür nicht aufgeht, versuch mal, dagegen zu treten.

try doing sth. = etwas ausprobieren („herumprobieren")

I tried to kick the door open, but I hurt my foot.
Ich habe versucht, die Tür aufzutreten, …

try to do sth. = sich bemühen, etwas zu tun

mean

The last bus has gone. That means taking a taxi.
… Das heißt, wir müssen ein Taxi nehmen.

that means doing sth. = das bedeutet/heißt, dass etwas getan werden muss

We meant to take a taxi, but we didn't have enough money.
Wir hatten vor, ein Taxi zu nehmen, …

mean to do sth. = etwas zu tun beabsichtigen

▶ Verb + *to*-Infinitiv: 122

Das Gerundium steht:
– als Subjekt
– als Objekt nach bestimmten Verben.

Das Gerundium nach Präpositionen · The gerund after prepositions

140 *Übersicht · Summary*

Tim is interested in paragliding.
What's your reason for wanting to go to Zimbabwe?
I decided against applying to an American university.
Sue ran across the road without looking.

Verben, die auf eine **Präposition** folgen, stehen als Gerundium. Die Präposition kann

- mit einem **Adjektiv** verbunden sein
- mit einem **Nomen** verbunden sein
- mit einem **Verb** verbunden sein
- **allein** stehen.

141 *Adjektiv + Präposition + Gerundium · Adjective + preposition + gerund*

Daniel is good at acting.
Daniel ist ein guter Schauspieler.

We're tired of waiting.
Wir haben es satt, zu warten.

'I'm sick and tired of making you endless cups of tea.'

Häufige **Adjektive mit Präposition** + Gerundium sind:

be afraid of	Angst haben vor
be angry about/at	böse sein über
be bad/good at	schlecht/gut sein in, (etwas) schlecht/gut können
be clever at	gut/geschickt sein in
be crazy about	verrückt sein nach
be disappointed about/at	enttäuscht sein über
be excited about	aufgeregt sein wegen
be famous for	berühmt sein für
be glad about	froh sein über
be interested in	interessiert sein an, sich interessieren für
be keen on	begeistert sein von
be proud of	stolz sein auf
be sick/tired of	genug haben von, es satt haben zu, es leid sein zu
be sorry about/for	(jemandem) leidtun, dass
be used to	gewöhnt sein an, etwas gewohnt sein
be worried about	besorgt sein wegen

Anmerkung

Tony is used to travelling abroad.
Tony ist daran gewöhnt, ins Ausland zu reisen.

He used to travel all over the world on business.
Früher machte er Geschäftsreisen auf der ganzen Welt.

Bei *be used to* ist *to* eine Präposition. Ein darauffolgendes Verb steht also als Gerundium (nicht als Infinitiv).

Used to hingegen ist eine Verbform der Vergangenheit. Ein darauffolgendes Verb steht als Infinitiv.

▶ *Used to:* 86 d

142 *Nomen + Präposition + Gerundium · Noun + preposition + gerund*

Is there any danger of losing the money we invested?
Besteht die Gefahr, das Geld zu verlieren, das wir investiert haben?

There is still hope of winning the match.
Es besteht immer noch Hoffnung, das Spiel zu gewinnen.

I like the idea of giving a surprise party for Kate.
Ich finde die Idee gut, eine Überraschungsparty für Kate zu geben.

How serious is the risk of losing your job?
Wie groß ist das Risiko, dass du deinen Job verlierst?

Häufige **Nomen mit Präposition** + Gerundium sind:

advantage of	Vorteil (des/von)
chance of	Chance, (günstige) Gelegenheit, Aussicht (zu)
choice between	(Aus-)Wahl zwischen/aus
danger of	Gefahr (zu)
difficulty (in)	Schwierigkeit(en) (zu)
doubt about	Zweifel an
hope of	Hoffnung (zu/auf)
idea of	Vorstellung, Einfall (zu)
interest in	Interesse an
opportunity of	Gelegenheit zu
possibility of	Möglichkeit (zu)
problem of	Problem (zu)
reason for	Grund für
risk of	Risiko (zu)
trouble (in)	Schwierigkeit(en) (zu/mit)
way of	Art und Weise, Weg (zu)

Anmerkung

We had difficulty/trouble (in) getting visas for Russia.
Wir hatten Schwierigkeiten, Visa für Russland zu bekommen.

Bei *difficulty (in)* und *trouble (in)* wird die Präposition häufig weggelassen.

143 *Verb + Präposition + Gerundium · Verb + preposition + gerund*

We apologized for arriving two hours late.
Wir entschuldigten uns dafür, zwei Stunden zu spät gekommen zu sein.

Don't complain about having so much work. Just do it!
Beklage dich nicht darüber, so viel Arbeit zu haben. Erledige sie einfach!

We decided against going to Iceland. It's too expensive.
Wir haben uns dagegen entschieden, nach Island zu fahren. Es ist zu teuer.

I feel like going out and having a good time.
Ich habe Lust, auszugehen und Spaß zu haben.

Häufige **Verben mit Präposition** + Gerundium sind:

agree with	einverstanden sein mit
apologize for	sich entschuldigen für
believe in	glauben an
complain about	sich beklagen über
decide against	sich entscheiden gegen
depend on	abhängen von
dream of/about	träumen von
feel like	Lust haben auf/zu
insist on	bestehen auf
look forward to	sich freuen auf
rely on	sich verlassen auf
specialize in	sich spezialisieren auf
succeed in	Erfolg haben bei/mit
talk about/of	sprechen über, reden von
think of	denken an, in Betracht ziehen
worry about	sich Sorgen machen wegen/um

⚠ *Ich freue mich darauf, dich am Samstag zu sehen.*
nicht: I look forward ~~to see~~ you on Saturday.
sondern: I look forward to seeing you on Saturday.

In der Verbfügung ***look forward to*** ist *to* eine Präposition. Ein darauffolgendes Verb steht als Gerundium und nicht als Infinitiv.

Anmerkung

Joe spends all his money on cart-racing.
Joe gibt sein ganzes Geld für Cartfahren aus.
I thanked her for being so helpful.
Ich dankte ihr dafür, dass sie mir so viel geholfen hatte.

Bei Verben wie *spend ... on* oder *thank ... for* tritt ein Objekt (z.B. *money, her*) zwischen das Verb und die Präposition (*on, for*).

144 *Präposition + Gerundium • Preposition + gerund*

1 After having breakfast he made a few phone calls.
Nach dem Frühstück ...

2 Before getting up he thought about what he would say at the interview.
Vor dem Aufstehen ...

3 How did you pass the exam? – By working hard.
... – Mit harter Arbeit.

4 Dad gave me extra pocket money for cleaning his bike.
..., weil ich sein Fahrrad geputzt hatte.

5 We weren't the first guests in spite of arriving at the party early.
..., obwohl wir früh auf die Party gekommen waren.

6 On hearing the good news Dave started jumping up and down wildly.
Als er die gute Nachricht hörte, ...

7 Instead of sleeping Tim was reading comics in bed.
Anstatt zu schlafen, ...

8 We watched the film from beginning to end without speaking.
..., ohne zu sprechen.

Nach einer **allein stehenden Präposition** steht ein Verb als Gerundium.
Im Deutschen werden meist eine Fügung aus Präposition und Nomen (Beispiele 1-3), ein Nebensatz (Beispiele 4-6) oder eine Infinitivkonstruktion (Beispiele 7 und 8) verwendet.

Nach einer Präposition steht ein Verb immer in der „-ing"-Form.

Anmerkung

enjoy /ɪnˈdʒɔɪ/ *verb* **1** to get pleasure from sth: [VN] *We thoroughly enjoyed our time in New York.* ◊ *Thanks for a great evening. I really* ***enjoyed it***. ◊ [V-ing] *I enjoy playing tennis and squash.*

ˌlook ˈforward to sth to be thinking with pleasure about sth that is going to happen (because you expect to enjoy it): *I'm looking forward to the weekend.* ◊ [+-ing] *We're really looking forward to seeing you again.*

prom·ise /ˈprɒmɪs; *AmE* ˈprɑːm-/ *verb, noun*
■ *verb* **1** ~ **sth (to sb)** | ~ **sb sth** to tell sb that you will definitely do or not do sth, or that sth will definitely happen: [V to inf] *The college principal promised to look into the matter.* ◊ [V to inf, V]

Bei der Verwendung englischer Verben muss man immer wissen (bzw. in einem Wörterbuch nachschlagen), ob ein folgendes Verb als Gerundium, als Infinitiv oder mit einer Präposition + Gerundium angeschlossen wird.

Das Gerundium nach bestimmten Wörtern und Wendungen
The gerund after certain words and phrases

145 *Adjektiv + Gerundium · Adjective + gerund*

It's hopeless trying to convince her.
Es ist aussichtslos zu versuchen, sie zu überzeugen.

Dave's busy organizing the next concert for his band.
Dave ist damit beschäftigt, das nächste Konzert für seine Band zu organisieren.

Auf einige **Adjektive** (wie *hopeless*, *busy*, *hard*, *worth*) kann **unmittelbar** ein Gerundium folgen.

► Adjektiv + Präposition + Gerundium: 141

'It must be hard living in a country where the rich and powerful completely ignore the needs of the less fortunate.'*

the less fortunate die weniger (vom Glück) Begünstigten

⚠ The new Tom Hanks film is well worth seeing.
Der neue Tom-Hanks-Film ist es wert, angesehen zu werden.

Nach dem Adjektiv ***worth*** wird die Aktivform des Gerundiums verwendet. Sie hat aber passivische Bedeutung.

Anmerkung

It was awful watching the team lose like that.
oder: It was awful to watch …
It's wonderful seeing you again.
oder: It's wonderful to see …

Auf die häufig verwendete Struktur *it is/was* + Adjektiv kann sowohl ein Gerundium als auch ein Infinitiv folgen. Meist wird hier ein Infinitiv vorgezogen.

146 *Nomen + Gerundium · Noun + gerund*

It was bad luck missing the train by only a few seconds.
Es war Pech, den Zug nur um ein paar Sekunden zu verpassen.

It wasn't much fun standing in the rain for an hour.
Es war nicht gerade ein Vergnügen, eine Stunde im Regen zu stehen.

Das Gerundium steht **nach bestimmten Nomen** wie *luck*, *fun*, *a hard time*.

147 *Wendung + Gerundium • Phrase + gerund*

Das Gerundium steht **nach feststehenden Wendungen**, z.B. nach:

We couldn't help laughing when Jeff split his pants.
Wir mussten einfach lachen, …

- *can't help* bzw. *couldn't help*

How about buying a fitness video?
Wie wäre es, ein Fitness-Video zu kaufen?

- *how about …?* bzw. *what about …?*

It's no use/no good pretending you didn't know about the money you owe her.
Es hat keinen Zweck, so zu tun, …

- *it's no use* bzw. *it's no good*

There's no denying the fact that my school marks could be better.
Es lässt sich nicht bestreiten, dass …

- *there's no*

There's no point telling me what to do, because I won't do it.
Es ist zwecklos, mir zu sagen, was ich tun soll, …

- *there's no point (in).*

148 *Bestimmungswort + Gerundium • Determiner + gerund*

Das Gerundium kann **nach** einer Reihe von **Bestimmungswörtern** stehen, z.B. nach:

I'm enjoying the computer course, but all the learning makes me tired.
…, aber das ganze Lernen macht mich müde.

- *the*

I hate this arguing. Let's be friends.
Ich hasse diese Streitereien. …

- *this*

Sorry – no parking on this side of the road.
Tut mir leid, aber Parken ist auf dieser Seite der Straße verboten.

- *no.*

Anmerkung

Das dauernde Lernen neuer Rollen macht ihn aggressiv.
nicht: The constant ~~studying new roles~~ …
sondern: The constant studying of new roles makes him aggressive.

Ein Objekt, das auf ein Bestimmungswort + Gerundium folgt, wird oft mit *of* angeschlossen.

149 *Das Subjekt in Gerundialkonstruktionen*
The subject in gerund constructions

Gerundialkonstruktionen können **ohne** (Beispiel 1) und **mit eigenem Subjekt** (Beispiele 2 und 3) gebildet werden. Die Bedeutung des Satzes ist dann jeweils eine andere.

1 John imagined living in Florida.
John stellte sich vor, in Florida zu leben.

2 John imagined his family living in Florida.
John stellte sich vor, dass seine Familie in Florida lebte.

3 John imagined them living in Florida.
John stellte sich vor, dass sie in Florida lebten.

In allen Beispielen ist *John* Subjekt des ganzen Satzes. In Beispiel 1 hat das Gerundium kein eigenes Subjekt. Das Subjekt des Gesamtsatzes bezieht sich daher auch auf das Gerundium *living*. In den Beispielen 2 und 3 besitzt das Gerundium ein eigenes Subjekt, d.h. einen eigenen **„Träger der Handlung“** (ein „Sinnsubjekt“): *family* bzw. *them*. *Living* bezieht sich auf diese Sinnsubjekte (und nicht auf *John*). Personalpronomen stehen hier in der Objektform (Beispiel 3: *them*).

▶ Finite und infinite Verbformen: 118 c
▶ Objektform des Personalpronomens: 227 a

Anmerkung

1 a We're happy about our son/him passing the test.
b We are pleased about our son's passing the test.
c We are pleased about his passing the test.

2 a Do you mind me leaving early?
b Do you mind my leaving early?

Wenn ein solches Sinnsubjekt eingefügt wird, dann handelt es sich bei informellem Sprachgebrauch üblicherweise um ein Nomen bzw. ein Personalpronomen in der Objektform (Beispiele 1 a und 2 a). Im formellen Englisch werden dagegen der *s*-Genitiv eines Nomens (Beispiel 1 b) bzw. ein Possessivpronomen (Beispiele 1 c und 2 b) bevorzugt.

150 *Andere Strukturen anstelle eines Gerundiums*
Other structures instead of a gerund

Cathy was happy about getting a new camera. (gerund)
Cathy was happy with her new camera.
Cathy was happy to get a new camera.
Cathy was happy when she got a new camera.

The reason for Gary behaving badly couldn't be explained. (gerund)
The reason for Gary's bad behaviour …
The reason why Gary behaved badly …

Leo didn't mention leaving the disco early. (gerund)
Leo didn't mention the fact that he'd left …
Leo didn't mention why he'd left …

Die Verwendung eines Gerundiums ist nicht immer zwingend. Z.B. können auf Adjektive, Nomen und Verben (+ Präposition) auch **andere Konstruktionen** als das Gerundium folgen.

151-163 Das Partizip The participle

151 Formen · Forms

a

infinitive	present participle	
wait	waiting	*wartend*
write	writing	*schreibend*
swim	swimming	*schwimmend*

infinitive	past participle	
wait	waited	*gewartet*
write	written	*geschrieben*
swim	swum	*geschwommen*

Es gibt zwei Arten von Partizipien:

- Das **Partizip Präsens** *(present participle)* wird gebildet, indem an den Infinitiv des Verbs die Endung ***-ing*** angehängt wird. Es hat dieselbe Form wie das Gerundium.
- Das **Partizip Perfekt** *(past participle)* der regelmäßigen Verben wird mit der Endung ***-ed*** gebildet. Die **unregelmäßigen Verben** (z.B. *write, swim*) haben eigene Formen.

▶ Bildung der *-ing*-Form: 65
▶ Formen des Gerundiums: 136 a
▶ Bildung des Partizips Perfekt: 66
▶ Unregelmäßige Verben: 310

typist Schreibkraft

b

The test being written is not difficult.
Der Test, der gerade geschrieben wird, ist nicht schwer.

Having written similar tests before, Don had no problems.
Da Don schon früher ähnliche Tests geschrieben hatte, hatte er keine Probleme.

The test having been written, the pupils agreed that it had been easy.
Nachdem der Test geschrieben worden war, stimmten die Schüler überein, dass er leicht gewesen war.

Vom **Partizip Perfekt** gibt es auch **zusammengesetzte Formen**. Sie werden mit Hilfe von *be* bzw. *have* gebildet.

152 Gebrauch · Use

a Claire is writing job applications.
Was she doing that this morning too?
– Yes, she's been writing applications all day.

I've written thirty invitations to my party.
I had made a guest list, so it didn't take me long.
– When will they all be sent off?

Mit dem **Partizip Präsens** werden alle *progressive forms* gebildet.

Mit dem **Partizip Perfekt** bildet man:
- das *present perfect*
- das *past perfect*
- alle Formen des Passivs.

▶ Zeitformen der Vollverben: 72-73
▶ Gebrauch der *progressive form*: 68
▶ Formen des Passivs: 108

b There were lots of complaining passengers.
The passengers complaining about their missing luggage were asked to fill in forms.

Partizipien können **vor oder nach** einem **Nomen** stehen.

▶ 153

c The crowd saw the police arriving.
Mike remained seated throughout the whole performance.
She is having her eyes tested.

Partizipien stehen **nach bestimmten Verben**.

▶ 154-156

d Entering the house, I noticed a strange smell.
When I entered the house, ...
Not knowing any of the answers, John handed in his test at once.
As he didn't know any of the answers, ...
Unless questioned, don't say anything.
If you aren't questioned, ...

Partizipien können zum **Ausdruck der Zeit, des Grundes** usw. statt eines Adverbialsatzes stehen.

▶ 157-160

be better off besser dran sein

153 Partizipien bei einem Nomen · Participles used with a noun

a

Partizipien werden manchmal zur **näheren Bestimmung eines Nomens** verwendet.

The young prince was greeted by thousands of screaming girls.
... von schreienden Mädchen ...
When I was a child, I believed in flying saucers.
... fliegende Untertassen.

Das **Partizip Präsens** hat **aktivische Bedeutung**: *screaming girls = Mädchen, die schreien.*

The damaged car was photographed by the police.
Das beschädigte Auto ...
Dissatisfied customers can get their money back.
Unzufriedene Kunden ...

Das **Partizip Perfekt** hat meist **passivische Bedeutung**: *the damaged car = das Auto, das beschädigt wurde.*

Anmerkung

It was a rather exciting experience to travel to New York by ship. But it was an even more exciting experience to be sitting in the cockpit on a flight to New York.

Eine Reihe von Partizipien sind zu echten Adjektiven geworden. Sie können deshalb z.B. durch *rather* oder *very* genauer bestimmt oder mit *more/most* gesteigert werden. Dazu gehören:

amazing	*amazed*
boring	*bored*
disappointing	*disappointed*
exciting	*excited*
interesting	*interested*

⚠ *„Kit's Wilderness" ist ein interessantes Buch.*
nicht: 'Kit's Wilderness' is an ~~interested~~ book.
sondern: 'Kit's Wilderness' is an interesting book.

Helen was very interested in it.
... interessiert ...

Die Formen auf ***-ing*** bzw. ***-ed*** dürfen **nicht** miteinander **verwechselt** werden.

⚠ The police are looking for the escaped criminals.
... nach den geflohenen Verbrechern.
After the storm the ground was covered with fallen leaves.
... mit abgefallenen Blättern.

Einige wenige intransitive Verben bilden ein **Partizip Perfekt**, das **aktivische Bedeutung** hat: *escaped criminals = Verbrecher, die geflohen sind.*

b

Have you ever been to an English-speaking country?
... einem englischsprachigen Land ...

Jeff has a well-paid job as an audio engineer.
... einen gut bezahlten Job ...

Partizipien können **mit** einem **anderen Wort** eng **verbunden** sein.

c

The boy | talking to Ed is Rob Williams.
who is talking to Ed ...
..., der sich mit Ed unterhält, ...

'Imagine' is a ballad | written by John Lennon.
which was written ...
..., die ... geschrieben wurde.

Partizipien müssen **nach dem** dazugehörigen **Nomen** stehen, wenn sie durch ein Objekt oder eine adverbiale Bestimmung **erweitert** sind. Diese erweiterten Partizipien entsprechen einem **Relativsatz**. Nachgestellte Partizipien werden eher in der geschriebenen als in der gesprochenen Sprache verwendet.

⚠ The number of accidents caused by teenagers on motorbikes is highest in summer.
Die Zahl der von Jugendlichen auf Motorrädern verursachten Unfälle ist im Sommer am höchsten.

All students arriving from non-EU countries will be met at Heathrow Airport.
Alle nicht aus Ländern der EU stammenden Studierenden werden am Flughafen Heathrow empfangen.

Im Gegensatz zum Deutschen können **erweiterte** Partizipien im Englischen **nicht vor dem Nomen** stehen.

⚠ *Die diskutierten Probleme …*
nicht: The ~~dicussed problems~~ …
sondern: The problems discussed …

Häufig können auch **einfache** (nicht erweiterte) Partizipien **nicht vor einem Nomen** stehen. Es gibt dafür keine festen Regeln.

d

1 Sue likes cars | designed for speed, not comfort.
| that are designed …
| that were designed …
| that have been designed …

2 There were ten pupils | working on the eco-project.
| who worked on …
| who were working on …

Partizipien stehen
- für **unterschiedliche Zeitformen** (Beispiel 1)
- für die ***simple* oder *progressive form*** (Beispiel 2).

Sie machen Sätze kürzer und tragen dazu bei, Fehler zu vermeiden. Es ist allerdings unnatürlich, sie gehäuft zu verwenden.

Anmerkungen

1

Present participles werden auch von Verben gebildet, die normalerweise nicht in der *progressive form* verwendet werden. Beispiele für diese Partizipien, die häufig in Texten wie Kommentaren oder wissenschaftlichen Beschreibungen gebraucht werden, sind:

'Kit's Wilderness' is a story involving people of all age groups.
… is a story which involves …
… ist eine Geschichte, die … einbezieht.

… problems arising from …	… Probleme, die durch … entstehen …
… decisions concerning …	… Entscheidungen, die … betreffen …
… text consisting of …	… Text, der aus … besteht …
… statement containing …	… Erklärung, die … enthält …
… story involving …	… Geschichte, die … einbezieht …

2

Auch *past participles* werden häufig in erläuternden oder wissenschaftlichen Textsorten benutzt. Beispiele:

The Emancipation Proclamation based on the Declaration of Independence set all slaves free.
…, which was based on …
Die „Emancipation Proclamation", die auf der … beruhte …

… book based on …	… Buch, das auf … beruht …
… damage caused by …	… Schaden, der durch … verursacht wurde …
… people concerned with …	… Menschen, die mit … beschäftigt sind …
… dialogue taken from …	… Dialog, der aus … entnommen wurde …

Partizipien, die durch ein Satzglied erweitert sind, stehen immer nach dem Nomen.

Partizipien nach bestimmten Verben
Participles with certain kinds of verbs

154 *Verben der Wahrnehmung + Objekt + Partizip Präsens*
Verbs of perception + object + present participle

a

		verb	object	present participle
1	Tina	saw	a crowd	waiting on the street.
2	She	heard	the people	shouting.
3	She	noticed	U2	coming out of the hotel.
4	She	watched	them	getting into a car.
5	She	felt	her heart	beating with excitement.

1 *Tina sah eine Menschenmenge auf der Straße warten.*
2 *Sie hörte die Menschen schreien.*
3 *Sie bemerkte, wie U2 aus dem Hotel kam.*
4 *Sie beobachtete, wie sie in ein Auto stiegen.*
5 *Sie spürte, wie/dass ihr Herz vor Aufregung schlug.*

Nach ***Verben der Wahrnehmung*** *(verbs of perception)* wie *feel, hear, listen to, notice, see, smell, watch* kann ein **Objekt** + **Partizip Präsens** stehen (z.B. *saw a crowd waiting*).

Im Deutschen verwendet man dafür einen Infinitiv (Beispiele 1 und 2) oder einen Nebensatz mit *wie* bzw. *dass* (Beispiele 3-5).

▶ Verben der Wahrnehmung: 71

'I can't smell anything burning. Are we eating out tonight?'

b

Tina noticed U2 pick up their instruments. She heard them say goodbye to the manager.
Then she saw them leave the hotel with their bodyguards. They drove round the corner.
aber:
Tina saw U2 leaving the hotel with their bodyguards, when they were suddenly attacked by a madman.

Nach **Verben der Wahrnehmung** kann auch ein **Infinitiv (ohne *to*)** stehen. Der Infinitiv drückt aus, dass das Geschehen vollständig (von Anfang bis Ende) wahrgenommen wird.

Das **Partizip Präsens** hingegen drückt aus, dass ein Geschehen wahrgenommen wird, das gerade im Verlauf, also noch nicht zu Ende ist.

▶ Verben der Wahrnehmung + Objekt + Infinitiv ohne *to*: 134

155 *Verben der Ruhe und Bewegung + Partizip Präsens*
Verbs of rest and movement + present participle

a The class stood staring at the French teacher, who had grown a beard.
Die Klasse stand da und starrte den Französischlehrer an, …

We all sat waiting for the lesson to end.
Wir alle saßen da und warteten darauf, dass …

Sarah's two dogs came running up to me.
Sarahs zwei Hunde kamen auf mich zu gelaufen.

Das **Partizip Präsens** steht **nach Verben der Ruhe** *(verbs of rest)* wie *lie, remain, sit, stand, stay* und nach **Verben der Bewegung** *(verbs of movement)* wie *come, go*.
Beachte die unterschiedliche Wiedergabe im Deutschen.

b I don't think I can get the stereo working again.
Ich glaube nicht, dass ich die Stereoanlage wieder zum Laufen bringe.

Sue kept her ex-boyfriend waiting outside.
Sue ließ ihren Exfreund draußen warten.

Das Partizip Präsens steht auch **nach** einer Reihe **anderer Verben**, z.B. *catch, find, get, have, keep, leave, send.*

156 Have something done

	have	object	past participle
1 We often	have	a pizza	delivered.
2 Did you	have	your fortune	told?
3 Mr Fox	is having	his car	resprayed.
4 I	've had	my ears	pierced.

1 Wir lassen uns oft eine Pizza kommen.
2 Haben Sie sich die Zukunft vorhersagen lassen?
3 Mr Fox lässt gerade sein Auto neu lackieren.
4 Ich habe mir Ohrlöcher stechen lassen.

Das **Partizip Perfekt** wird **nach *have* + Objekt** verwendet, um auszudrücken, dass jemand etwas machen lässt, d.h. es also nicht selbst ausführt.

⚠ Lisa usually has her hair dyed at an expensive hairdresser's in town.
Lisa lässt sich normalerweise die Haare bei einem teuren Frisör in der Stadt färben.

she has her hair dyed =
simple present* von *have (+ Objekt + *dyed*)
(Jemand tut es für sie.)

Emily has dyed her hair. Now it's pink.
Emily hat sich die Haare gefärbt. …

she has dyed her hair =
present perfect* von *dye
(Sie hat es selbst getan.)

Anmerkungen

1 When did you have your computer repaired? / When did you get your computer repaired?
Wann hast du deinen Computer reparieren lassen?

Anstelle von *have* wird im informellen Englisch oft auch *get* gebraucht.

2 Sophie has had her bike stolen.
Sophie wurde das Fahrrad gestohlen.

Marc got his left hand broken in a fight.
Marc hat sich bei einem Kampf die linke Hand gebrochen.

Have oder *get* + Objekt + Partizip Perfekt werden auch verwendet, um das Ergebnis eines meist als unangenehm empfundenen Geschehens auszudrücken.

157 *Partizipien zum Ausdruck der Zeit, des Grundes usw.* *Participles expressing time, reason, etc.*

1 Seeing the parcel on the table, she immediately opened it.
When she saw the parcel ...

2 Cheryl cut her finger emptying the dishwasher.
While she was emptying the dishwasher, ...

3 Asked to stop smoking, the passenger reacted angrily.
When the passenger was asked to stop smoking, ...

Partizipien können **adverbialen Nebensätzen/ Adverbialsätzen der Zeit, des Grundes usw. entsprechen.** Dabei haben Partizipialkonstruktionen und Hauptsatz dasselbe Subjekt (Beispiel 1: *she*). Es wird aber nur im Hauptsatz genannt. Diese Partizipialkonstruktionen sind für das geschriebene Englisch typisch, besonders wenn sie dem Hauptsatz vorangehen. Im gesprochenen Englisch bevorzugt man Adverbialsätze.

► Subjekt in Partizipialkonstruktionen: 162

158 *Partizipien zum Ausdruck der Zeit • Participles expressing time*

1 Hearing the good news, we decided to have a celebration party.
When we heard ...

2 Travelling around the world, you meet some very interesting people.
While you are travelling ...

Das **Partizip Präsens** (Beispiele 1 und 2) und das **Partizip Perfekt** (Beispiele 3 und 4) können einem **Adverbialsatz der Zeit** entsprechen.

3 Having arrived at the station, I realized that I had forgotten my ticket.
After I had arrived at the station, ...

4 (Having been) Told to wait his turn, the customer went red in the face.
After the customer had been told to wait his turn, ...

Having* + Partizip Perfekt** entspricht einem **Adverbialsatz der Zeit**, der meist **mit *after eingeleitet wird, d.h. Vorzeitigkeit ausdrückt.

Having been kann – ohne Veränderung der Bedeutung – weggelassen werden.

159 *Partizipien zur Angabe des Grundes • Participles expressing reason*

1 Being a doctor, Simon knows what to do in an emergency.
As he is a doctor, ...

2 Not having a map with us, we had to ask the way three times.
Since we didn't have a map with us, ...

Das **Partizip Präsens** und das **Partizip Perfekt** können einem **Adverbialsatz des Grundes** entsprechen. Besonders häufig werden dabei Zustandsverben verwendet, die normalerweise nicht mit der *-ing*-Form gebraucht werden.

3 Having seen the film at the cinema, we didn't watch it again on TV.
Since we had seen the film at the cinema, ...

Mit ***having* + Partizip Perfekt** wird ausgedrückt, dass die **Begründung** für ein Geschehen in der **Vergangenheit liegt**.

► Zustandsverben: 70

Anmerkung

Concentrating on my work, I don't think about my problems.
Wenn ich mich auf meine Arbeit konzentriere, ...
Da ich mich auf meine Arbeit konzentriere, ...

Partizipialkonstruktionen sind manchmal nicht eindeutig. So kann mit dem Beispielsatz sowohl ein Zeitverhältnis *(wenn)* als auch eine Begründung *(da)* ausgedrückt werden.

When/While concentrating on my work, ...

Mit einer temporalen Konjunktion *(when, while)* vermeidet man, dass die Partizipialkonstruktion als Begründung verstanden wird.

160 *Partizipien zum Ausdruck von Begleitumständen*
Participles expressing accompanying circumstances

1 Jane rushed out of the house, forgetting her keys.
... wobei ...

2 Feeling like the king of the world, Jason drove off on his new motorbike.
Jason fuhr auf seinem neuen Motorrad davon und fühlte sich dabei wie der Allergrößte.

3 The tennis star entered the TV studio accompanied by his coach and his manager.
... begleitet von ... / ... Er wurde begleitet von ...

Häufig wird das **Partizip Präsens** – seltener auch das Partizip Perfekt – verwendet, um die **Begleitumstände einer Handlung** wiederzugeben. Im Deutschen benutzt man:

- einen Nebensatz, der durch *indem* oder *wobei* eingeleitet wird (Beispiel 1),
- einen mit *und* angeschlossenen Teilsatz (Beispiel 2)
- ebenfalls ein Partizip (Beispiel 3)
- zwei Hauptsätze (Beispiel 3).

161 *Partizipialkonstruktionen, die durch Konjunktionen eingeleitet werden*
Participle constructions introduced by conjunctions

a Kim noticed a strange-looking man entering the bank.
(= A man entered the bank.)
Kim noticed a strange-looking man when entering the bank. (= Kim entered the bank.)

Last week Rod met an old friend looking for a job.
(= The friend was looking for a job.)
Last week Rod met an old friend while looking for a job.
(= Rod was looking for a job.)

Meist werden Partizipien, die einem **Adverbialsatz der Zeit** entsprechen, ohne eine **einleitende Konjunktion** verwendet. Steht aber im Hauptsatz ein Objekt *(a strange-looking man, an old friend)*, muss dem Partizip *when* oder *while* vorausgehen, um Eindeutigkeit zu erreichen: Steht *when* oder *while* beim Partizip, dann ist das Subjekt des Hauptsatzes *(Kim, Rod)* auch das Subjekt des Partizips.

▶ Subjekt in Partizipialkonstruktionen: 162

b If given the chance, Katie will make a first-class doctor.
If Katie is given the chance, ...

Though badly hurt, the motorcyclist managed to phone for an ambulance.
Though the motorcyclist was badly hurt, ...

Partizipien können auch **anderen Adverbialsätzen entsprechen**, z.B. Bedingungssätzen oder Adverbialsätzen des Gegensatzes. Um eindeutig zu bestimmen, welche Bedeutung gemeint ist, muss eine Konjunktion vorangestellt werden. Häufig gebrauchte Konjunktionen sind: *although/though, as if, if, unless.*

▶ Adverbialsätze: 267-272
▶ Bedingungssätze: 251-257

Anmerkung

Since escaping from prison, the thief has not been seen.
Since his escape from prison, ... (preposition)
Since he escaped from prison, ... (conjunction)

Da *after, before* und *since* sowohl Präposition als auch Konjunktion sein können, ist es nicht möglich, die *-ing*-Form (hier: *escaping*) eindeutig als Gerundium oder Partizip zu bestimmen.

Zur Vermeidung von Mehrdeutigkeit: Konjunktion voranstellen

162 *Das Subjekt in Partizipialkonstruktionen* *The subject in participle constructions*

a

1 Being bored with school, Jerry decided to leave.
Da Jerry sich in der Schule langweilte, entschied er ...

2 His sister being bored with school, Jerry advised her to leave.
Da sich seine Schwester in der Schule langweilte, riet ihr Jerry, ...

3 Having finished their talks, the delegates went home.
Nachdem die Delegierten ihre Gespräche beendet hatten, gingen sie nach Hause.

4 The conference having finished, the delegates went home.
Nachdem die Konferenz beendet war, gingen die Delegierten nach Hause.

In den Beispielen 1 und 3 haben die Partizipialkonstruktion und der Hauptsatz das **gleiche Subjekt** (*Jerry* bzw. *the delegates*), das aber nur im Hauptsatz genannt wird.

In den Beispielen 2 und 4 hat die Partizipialkonstruktion jeweils ein **eigenes Subjekt**, d.h. einen eigenen **„Träger der Handlung“** (ein „Sinnsubjekt“): *his sister* bzw. *the conference*. Dieses Subjekt unterscheidet sich von dem des Hauptsatzes (*Jerry* bzw. *the delegates*).

► Finite und infinite Verbformen: 118c
► Subjekt in Infinitiv- und Gerundialkonstruktionen: 127, 149

b

With mobile phones sold world-wide, there's hardly anybody without one.
Da Mobiltelefone in der ganzen Welt verkauft werden, ...

No wonder everything went wrong with Nina doing the organizing.
..., da Nina alles organisiert hat.

Sally left the room with her head held high.
Sally verließ das Zimmer erhobenen Hauptes.

Partizipialkonstruktionen mit eigenem Subjekt werden häufig **mit *with* eingeleitet**, vor allem wenn sie Begleitumstände beschreiben.
Diese Konstruktionen sind nicht nur im geschriebenen, sondern auch im gesprochenen Englisch gebräuchlich.

c

The club having closed, the guests went home.
Nachdem der Klub geschlossen worden war, gingen die Gäste heim.

The procession marched down the street, the crowds waving.
Während die Prozession sich die Straße hinunterbewegte, winkten die Zuschauer.

Partizipialkonstruktionen mit eigenem Subjekt („unverbundene Partizipien“), die **nicht durch *with*** eingeleitet werden, sind nur im geschriebenen Englisch gebräuchlich. Sie werden stets durch ein Komma vom Hauptsatz getrennt.

163 *Idiomatische Wendungen mit Partizipien* *Idiomatic expressions with participles*

Generally speaking, German cars are reliable.
Allgemein gesagt/Im Allgemeinen sind deutsche Autos ...
Strictly speaking, this word is a participle, not an adjective.
Genau genommen, ist dieses Wort ...
Talking of holidays, Tim flew to Rio last week.
Da wir gerade von Urlaub sprechen, Tim ist ...

Einige Partizipien werden auch **in idiomatischen Wendungen** gebraucht. Sie haben keinen Bezug zum folgenden Subjekt und geben die Einstellung des Sprechers wieder bzw. kommentieren etwas.

167 # *Verben mit Adverbien und Präpositionen*
Verbs with adverbs and prepositions

164 *Einleitung · Introduction*

a

1 I had to take the bus – my car's broken down again.
Ich musste den Bus nehmen – mein Auto ist schon wieder kaputt.

2 That jacket's nice. Don't give it away.
Die Jacke ist schön. Gib sie nicht weg!

3 You must come. I'm counting on you.
Du musst kommen. Ich zähle auf dich.

4 Do you believe in astrology?
Glaubst du an Astrologie?

Viele englische Verben können mit bestimmten Partikeln, nämlich Adverbien oder Präpositionen *(down, on, in)*, verbunden werden. Diejenigen **Verben**, die **mit Adverbien** eine feste Verbindung eingehen (Beispiele 1 und 2), werden als ***phrasal verbs*** bezeichnet. **Verben**, die **mit** einer **Präposition** fest verbunden sind (Beispiele 3 und 4), werden ***prepositional verbs*** genannt. Diese Unterscheidung ist im Hinblick auf die Wortstellung wichtig.

Anmerkung

How can we get out of this mess?
The minister handed the document over to his secretary.

Es gibt auch Verben, die mit einem Adverb und einer Präposition verbunden sind.

b

1 We looked up the word in a dictionary.
2 We looked the word up in a dictionary.
3 We looked at the title.

Bei *phrasal verbs* wird gewöhnlich das Adverb betont, besonders wenn es auf das Objekt folgt (Beispiel 2: *up*); bei *prepositional verbs* trägt dagegen das Verb und nicht die Präposition die **Betonung** (Beispiel 3: *looked*).

c

The youth club meeting has been put off until next Saturday.
... wurde ... verschoben.

Families with many children are often stared at.
... werden oft angestarrt.

Einige *phrasal* und *prepositional verbs* können – soweit sie ein Objekt haben – auch im **Passiv** verwendet werden.

► Adverbien: 205
► Formen und Funktionen von Präpositionen: 246
► Passiv: 113

'Sister, I can't believe you hacked into the Vatican system.'

Verbindungen von Verb + Adverb · Phrasal verbs

165 *Bedeutung · Meaning*

a Did you get your history test back?
Hast du deinen Geschichtstest zurückbekommen?

There were no chairs, so we couldn't sit down.
…, also konnten wir uns nicht hinsetzen.

I'm going to throw these old posters away.
Ich werde diese alten Poster wegwerfen.

Die **Bedeutung** eines *phrasal verbs* ergibt sich oft aus der Bedeutung seiner **einzelnen Bestandteile**.

Sarah hung up before I had finished talking.
Sarah legte auf, bevor ich ausgeredet hatte.

Don't believe him. All his stories are made up.
Glaub ihm nicht! All seine Geschichten sind erfunden.

Pete's hair gel really turns me off.
Petes Haargel stößt mich wirklich ab.

Häufig hat das *phrasal verb* eine neue, **idiomatische Bedeutung**, die nicht aus der Grundbedeutung von Verb und Adverb hervorgeht. Sie muss aus dem Kontext erschlossen oder im Wörterbuch nachgeschlagen werden.

b He was blowing up the balloons. *(= aufblasen)*
The story was blown up. *(= aufbauschen)*
Terrorists have tried to blow up the television tower. *(= sprengen)*

Phrasal verbs haben oft **mehr als eine Bedeutung**.

c Will you be in next week?
Bist du nächste Woche zu Hause?

Big earrings are in at the moment.
Große Ohrringe sind zurzeit Mode.

What's on at the cinema?
Was läuft denn im Kino?

Auch ***be*** kann mit einem Adverb ein *phrasal verb* bilden und unterschiedliche Bedeutungen haben.

166 *Gebrauch · Use*

a
1 Suddenly Charlie came in.
Plötzlich kam Charlie herein.

2 He took his shoes off and turned the TV on.
Er zog sich seine Schuhe aus und machte den Fernseher an.

3 He took off his shoes and turned on the TV.
Er zog sich seine Schuhe aus und machte den Fernseher an.

Einige *phrasal verbs* sind intransitiv (Beispiel 1), d.h. sie haben kein Objekt, andere sind transitiv (Beispiele 2 und 3). Wenn das **Objekt ein Nomen** (z.B. *shoes*, *TV*) ist, kann es vor (Beispiel 2) oder nach (Beispiel 3) dem Adverb stehen.

b I tried on the boots, but I took them off when I saw the price.
Ich habe die Stiefel anprobiert, aber sie ausgezogen, als ich den Preis sah.

Ist das **Objekt ein Pronomen** (z.B. *them*), muss es vor dem Adverb stehen.

c I left out the three most difficult questions in the maths test.
Ich habe im Mathetest die drei schwierigsten Fragen ausgelassen.

The teacher tore up what she had written.
Die Lehrerin zerriss, was sie geschrieben hatte.

Ist das **Objekt lang** (z.B. *the three most difficult questions*), steht es meist nach dem Adverb.

d

1 a Did they catch the pickpocket, or did he get away?
Haben sie den Taschendieb gefasst oder ist er geflohen?
b The bank robber escaped in a stolen vehicle.
Der Bankräuber floh in einem gestohlenen Auto.

2 a Go on reading until I tell you to stop.
Lies weiter, bis ich dir sage, dass du aufhören sollst.
b The team continued working on the project.
Das Team arbeitete an dem Projekt weiter.

Phrasal verbs werden häufig im **informellen Englisch** verwendet (Beispiele 1 a und 2 a). Im formellen, geschriebenen Englisch werden oft andere Verben bevorzugt (Beispiele 1 b und 2 b).

167 *Verbindungen von Verb + Präposition · Prepositional verbs*

a

1 The police are looking into the matter.
Die Polizei untersucht den Fall.

2 John asked for a new sheet of paper.
John bat um ein neues Blatt Papier.

3 Jeff was looking at her.
Jeff sah sie an.

Die **Bedeutung** eines *prepositional verbs* ergibt sich meist aus der Bedeutung seiner **einzelnen Bestandteile** (z.B. *look into, ask for*). *Prepositional verbs* haben im Aktiv immer ein **Objekt**. Das Objekt folgt unmittelbar auf die Präposition (z.B. *into the matter*). Auch wenn das Objekt lang (Beispiel 2: *a new sheet of paper*) oder ein Pronomen (Beispiel 3: *her*) ist, folgt es immer auf die Präposition.

b

What were you laughing about?
(We were laughing about the film.)

Where do you come from?
Woher kommst du?

Which bus are you waiting for?
Auf welchen Bus wartest du?

Who did you speak to?
aber: (im formellen Englisch)
To whom did you speak?

Bei **Fragen nach dem Objekt** darf die Präposition nicht weggelassen werden. Sie steht fast immer getrennt vom Fragewort (= *what, where, which, who*) am Satzende.

► Wortstellung: 5 e, 9
► Fragen mit einem Fragewort: 4

c

Don't spend all your pocket money on sweets.
Gib nicht dein ganzes Taschengeld für Süßigkeiten aus.

Industry has spent a large amount of money on anti-pollution measures in the last few years.
Die Industrie hat in den letzten Jahren eine Menge Geld für Umweltschutzmaßnahmen ausgegeben.

Prepositional verbs werden sowohl im **informellen** als auch im **formellen Englisch** verwendet.

Anmerkung

1 We've thought the problem through and found an answer. (adverb)
Wir haben das Problem durchdacht ....

2 The editor worked through the manuscript, then discussed it with the author. (preposition)
Der Redakteur arbeitete das Manuskript durch, ...

Einige Partikeln können sowohl als **Adverbien** wie auch als **Präpositionen** verwendet werden (z.B. *along, down, in, on, over, through, up*).
Wird eine Partikel als Präposition gebraucht, kann sie nur vor dem Objekt stehen (Beispiel 2: *through the manuscript*).

168-180 Das Nomen The noun

168 *Arten von Nomen · Kinds of nouns*

woman, John, dog, tree, table, water, love, democracy

Nomen/Substantive *(nouns)* bezeichnen Menschen, Tiere, Pflanzen, Dinge, Stoffe, Gefühle, Begriffe usw.

Wichtige Unterscheidungen sind:

a man, family, country, city, day, optimist

- **Allgemeine Nomen** *(common nouns)* bezeichnen Personen oder Dinge allgemein.

Mr Clark, the Blacks, Australia, New York, Monday

- **Eigennamen** *(proper nouns)* bezeichnen z.B. bestimmte Personen oder Dinge. Wie im Deutschen werden auch im Englischen Eigennamen großgeschrieben.

b a girl – two girls
a car – three cars
a question – a lot of questions

- **Zählbare Nomen** *(countable nouns)* bezeichnen etwas, was man zählen kann.

money, water, music, optimism, information, health

- **Nicht zählbare Nomen** *(uncountable nouns)* bezeichnen etwas, was man nicht zählen kann.

The optimist

169 *Das Geschlecht der Nomen · The gender of nouns*

a

the man	the woman	the house
der Mann	*die Frau*	*das Haus*

Im Gegensatz zum Deutschen haben die Nomen im Englischen **kein grammatisches Geschlecht**, das man am Artikel erkennen kann.

Bei der Wahl des Pronomens unterscheidet man zwischen Personen und Dingen:

The man said he would ask his wife.
The woman woke up. She opened her eyes.

- Für **Personen** verwendet man die Pronomen *he/him/his* bzw. *she/her.*

The house is new. It looks nice with its blue door.

- Für **Dinge** verwendet man die Pronomen *it/its.*

► Personalpronomen: 227-229
► Pronomen für Tiere: 228 b
► Formen des Artikels: 181 a/b

b

Where's your friend? – He's upstairs with his brother.
... Freund? – Er ... ... seinem ...

Was that your new neighbour? Do you like her?
... Nachbarin? ... sie?

Mrs Taylor is our new French teacher.
... Französischlehrerin.

'I spent the evening at a friend's, Mum.'

Anders als im Deutschen können die meisten Nomen, die sich auf Personen beziehen, **sowohl männliche als auch weibliche Personen** bezeichnen. Ob es sich um eine männliche oder weibliche Person handelt, wird erst aus dem Zusammenhang klar (z.B. durch Pronomen oder Eigennamen).
Beispiele für solche Personenbezeichnungen sind:

assistant	Assistent/in, Verkäufer/in
author	Autor/in
colleague	Kollege/in
tennis coach	Tennistrainer/in
cousin	Cousin/e
doctor	Arzt/Ärztin
driver	Fahrer/in
foreigner	Ausländer/in
friend	Freund/in
neighbour	Nachbar/in
partner	Partner/in
pupil	Schüler/in
reader	Leser/in
singer	Sänger/in
student	Student/in, Schüler/in
teacher	Lehrer/in
tourist	Tourist/in
visitor	Besucher/in
writer	Schriftsteller/in

Anmerkung

Have you ever asked your partner whether he or she likes your hairstyle?
Have you ever asked your partner whether they like your hairstyle?
... er oder sie ...?

Wenn auf eine einzelne Person verwiesen wird, deren Geschlecht man nicht kennt, wird statt *he or she* bzw. *his or her* oder *him or her* zunehmend *they/them/their* verwendet.

► *Somebody, anybody* usw. + *they/them/their*: 225 a

c

Gelegentlich kann es notwendig sein, gezielt **zwischen männlichen** *(male)* **und weiblichen** *(female)* **Personen** zu **unterscheiden**. Man verwendet:

- ein zusätzliches Wort zur Bezeichnung des Geschlechts

male	female
boyfriend	girlfriend
male model	female model
male secretary	female secretary

- verschiedene Wörter

male	female
husband	wife
man	woman
monk	nun

- die Nachsilbe *-ess* für das weibliche Geschlecht. (Diese wird nur noch in wenigen Fällen benutzt, da sie als dikriminierend empfunden wird.)

male	female
waiter	waitress
actor	actress
lion	lioness
prince	princess

© www.CartoonStock.com

d

Vor allem bei Berufsbezeichnungen wird heute oft ein **geschlechtsneutrales Wort** vorgezogen. Zu diesen Wörtern gehören:

flight attendant	Flugbegleiter/in
spokesperson	Sprecher/in
headteacher	Schulleiter/in
police officer	Polizist/in
firefighter	Feuerwehrmann/-frau
chairperson	Vorsitzende(r)
ambulance staff	Sanitäter/innen

Jane's a stewardess with British Airways.
Jane's a flight attendant with British Airways.
... Flugbegleiterin ...

We chose Marie Barnes as our spokeswoman.
We chose Marie Barnes as our spokesperson.
... zu unserer Sprecherin.

170 *Zählbare Nomen · Countable nouns*

a boy – three boys
a chair – ten chairs
this house – these houses
a mistake – some mistakes

Nomen wie *boy, chair, house, mistake* kann man zählen. Sie werden daher **zählbare Nomen** *(countable nouns)* genannt. Sie können im **Singular** und im **Plural** stehen und mit dem unbestimmten Artikel, mit Zahlwörtern und anderen Bestimmungswörtern verbunden werden.

▶ Nicht zählbare Nomen: 177
▶ Häufige Bestimmungswörter: 178

171 *Regelmäßige Pluralbildung · Regular plurals*

a Bildung:

singular	plural	
hat tree	hats trees	In der Regel bildet man den Plural der Nomen **durch Anfügen von *-s*** an den Singular.
bus bush watch box	buses bushes watches boxes	Bei Nomen, die auf die Buchstaben *-s, -ss, -sh, -ch, -x* (Zischlaute) enden, wird ***-es* angehängt**.

b Besonderheiten der Schreibung:

singular	plural	
family party	families parties	Bei Nomen, die auf einen **Konsonanten + *y*** enden, schreibt man im Plural ***-ies***.
day boy	days boys	Bei Nomen, die auf einen **Vokal + *y*** enden, wird jedoch im Plural nur ***-s*** angefügt.
knife half leaf life shelf thief wife **aber:** belief proof roof	knives halves leaves lives shelves thieves wives beliefs proofs roofs	Nomen, die auf ***-f*** oder ***-fe*** enden, bilden den Plural meist mit ***-ves*** [-vz].
kilo photo disco	kilos photos discos	Die meisten Nomen, die auf ***-o*** enden, bilden den Plural mit ***-os***.
potato tomato	potatoes tomatoes	Einige Nomen, die auf ***-o*** enden, bilden den Plural aber mit ***-oes***.
buffalo mosquito tornado torpedo	buffalos/buffaloes mosquitos/mosquitoes tornados/tornadoes torpedos/torpedoes	Eine Reihe von Nomen, die auf ***-o*** enden, bilden den Plural **entweder** mit ***-os* oder** mit ***-oes***, wobei der Trend in Richtung ***-os*** geht.

c **Die Aussprache des Plural-*s*:**

singular	plural		
bag [-g] van [-n] boy [-ɔɪ]	bags vans boys	[-z]	Endet ein Nomen auf einen **stimmhaften** Laut, spricht man [-z].
map [-p] ticket [-t] roof [-f]	maps tickets roofs	[-s]	Endet ein Nomen auf einen der **stimmlosen** Laute [-p], [-t], [-k], [-f], [-θ], spricht man [-s].
bus [-s] nose [-z] watch [-tʃ]	buses noses watches	[-ɪz]	Nach den **Zischlauten** [-s], [-z], [-ʃ], [-tʃ], [-dʒ] wird die *-es*-Endung [-ɪz] gesprochen.

⚠

house [-s] mouth [-θ]	houses [-zɪz] mouths [-ðz]	Beachte die Aussprache von ***houses*** und ***mouths***.

► Aussprache der -*s*-Endung bei Verben: 64 c

172 *Unregelmäßige Pluralbildung · Irregular plurals*

a

singular		plural	
child	[tʃaɪld]	children	['tʃɪldrən]
man	[mæn]	men	[men]
woman	['wʊmən]	women	['wɪmɪn]
foot	[fʊt]	feet	[fiːt]
tooth	[tuːθ]	teeth	[tiːθ]
mouse	[maʊs]	mice	[maɪs]
penny	['penɪ]	pence	[pens]

Eine Reihe von Nomen hat eine besondere **Pluralform ohne -*s***.

b

fish	fish
sheep	sheep
aircraft	aircraft
hovercraft	hovercraft
spacecraft	spacecraft
crossroads	crossroads
series	series
species	species
means	means

Einige wenige Nomen haben im **Singular** und im **Plural dieselbe Form**.

Anmerkung

We caught two fish yesterday.
… zwei Fische …

aber:

He's an expert on the fishes of the Caribbean coral reefs.
… für Fischarten …

Fish in der Bedeutung *Fischart* kann den Plural mit *-es* bilden.

Anmerkung

fashion shows, grown-ups, travel agents, take-offs

Bei zusammengesetzten Nomen tritt das Plural-s meist an das Ende der Zusammensetzung.

mothers-to-be, passers-by, runners-up, sons-in-law

Es gibt jedoch Ausnahmen. Der Gebrauch eines Wörterbuchs ist also bei zusammengesetzten Nomen zu empfehlen.

173 *Nationalitätsbezeichnungen • Nationality words*

The Americans have more public holidays than the English.
The Japanese love travelling.

Die Pluralformen der **Nationalitätsbezeichnungen** werden unterschiedlich gebildet:

Einzelperson	Mehrere Personen	Nationalität allgemein	
an American a German	many Americans many Germans	(the) Americans (the) Germans	▪ Bei einer Reihe von Nationalitätsbezeichnungen wird der **Plural mit -s** gebildet.
an Englishman a Frenchwoman	many Englishmen many Frenchwomen	the English the French	▪ Bei Nationalitätsbezeichnungen, die aus Zusammensetzungen mit *-man* oder *-woman* bestehen, wird der **Plural unregelmäßig**, d.h. mit *-men* bzw. *-women* gebildet.
a Japanese [-i:z] a Swiss	many Japanese many Swiss	the Japanese the Swiss	▪ Nationalitätsbezeichnungen, die auf die Buchstaben *-ese* oder *-ss* enden, haben im **Singular** und **Plural** die **gleiche Form**.

174 *Der Plural bei Wörtern aus anderen Sprachen • Foreign plurals*

Bei Wörtern, die **aus anderen Sprachen** (vor allem dem Lateinischen und dem Griechischen) entlehnt wurden, ist der Gebrauch eines Wörterbuchs zu empfehlen, um die korrekte Pluralform zu finden.

singular	plural	
analysis [-ɪs] bacterium [-əm] basis [-ɪs] crisis [-ɪs] criterion [-ən] nucleus [-iəs] radius [-iəs] stimulus [-əs]	analyses [-i:z] bacteria [-iə] bases [-i:z] crises [-i:z] criteria [-iə] nuclei [-iaɪ] radii [-iaɪ] stimuli [-aɪ]	▪ Manche dieser Wörter haben im Englischen ihre **ursprüngliche Pluralform beibehalten**.
area chorus demon	areas choruses demons	▪ Andere bilden den **Plural mit -*(e)s***.
cactus [-əs] formula [-ə] index [-eks] medium [-ɪəm] stadium [-ɪəm]	cacti/cactuses [-aɪ/-əsɪz] formulae/formulas [-i:/-əz] indices/indexes [-ɪsi:z/-əksɪz] media/mediums [-ɪə/-ɪəmz] stadia/stadiums [-ɪə/-ɪəmz]	▪ Eine dritte Gruppe weist entweder ihre **ursprüngliche Pluralendung oder** den **Plural auf -*(e)s*** auf.

175 *Nomen, die nur im Plural verwendet werden · Plural nouns*

a

My sister has bought some new glasses.
Meine Schwester hat sich eine neue Brille gekauft.

These are my pyjamas, not yours.
Das ist mein Schlafanzug, nicht deiner.

I've packed a pair of shorts and two pairs of long trousers.
Ich habe eine Shorts und zwei lange Hosen eingepackt.

Paarwörter *(pair nouns)* bezeichnen Dinge, die aus zwei gleichen Teilen bestehen. Dazu gehören:

trousers, pants (AE)	(lange) Hose(n)
shorts	kurze Hose(n), Shorts
leggings	Leggings
tights	Strumpfhose
overalls (BE)	Overall, Arbeitsanzug
jeans	Jeans
pyjamas	Schlafanzug
swimming trunks	Badehose
glasses	Brille
goggles	Schutzbrille
headphones	Kopfhörer
pliers	Kombizange
scissors ['sɪzəz]	Schere
binoculars [bɪ'nɒkjələz]	Fernglas

Paarwörter werden **nur im Plural** gebraucht. Sie dürfen **nicht mit *a/an* oder Zahlwörtern** verbunden werden. Aus dem Zusammenhang geht hervor, ob man an ein Ding oder an mehrere Dinge denkt.

Will man die genaue Anzahl nennen, muss ***a/one pair of*** oder ***two/three/… pairs of*** vorangestellt werden.

b

Clothes are quite cheap in the USA.
Kleidung ist in den USA ziemlich billig.

Good looks are sometimes an advantage.
Gutes Aussehen ist manchmal von Vorteil.

These stairs lead to the attic.
Diese Treppe führt zum Dachboden.

Many thanks for all your help.
Vielen Dank für all deine Hilfe.

Im Englischen gibt es Nomen, die **keinen Singular** haben. Die dazugehörigen Bestimmungswörter, Verben und Pronomen stehen – anders als im Deutschen – **im Plural**. Zu diesen Nomen gehören:

belongings	Besitz, Habe
clothes	Kleidung, Kleider
congratulations	Glückwunsch/-wünsche
earnings	Verdienst
looks	Aussehen
manners	Benehmen
remains	Rest(e)
stairs	Treppe(nstufen)
surroundings	Umgebung
thanks	Dank

► Häufige Bestimmungswörter: 178

Anmerkung

Another five years is needed to finish the project.
A whole three hours was lost waiting for the plane.
30% of his income goes to the tax department.

Bei Maß- und Mengenangaben wird die Fügung aus Zahl und Nomen (z.B. *five years*) meist als Einheit betrachtet. Bestimmungswort und Verb stehen deshalb im Singular.

176 *Sammelnamen · Collective nouns*

a Class 2c is/are difficult to teach.
Klasse 2c ist schwer zu unterrichten.

Has the band finished playing?
Hat die Band aufgehört zu spielen?

The band are putting away their instruments.
Die Band räumt ihre Instrumente weg.

© www.CartoonStock.com

'... so it is very important that you remember ***not*** *to allow yourselves to be intimidated* by the opposition,* ***whoever*** *they are ...'*

intimidate einschüchtern

Sammelnamen *(collective nouns)* bezeichnen eine **Gruppe von Leuten**. Bei Sammelnamen im Singular können das Verb und ein folgendes Pronomen sowohl im Singular als auch im Plural stehen: Wenn man an die **Gruppe als Einheit** denkt, verwendet man den **Singular**. Denkt man an die **einzelnen Mitglieder** der Gruppe, gebraucht man eher den **Plural** des Verbs bzw. des Pronomens. (Im amerikanischen Englisch ist allerdings nur der Singular üblich.)
Zu den Sammelnamen gehören:

army	Armee
audience	Publikum, Zuhörer/innen
band	Band, Kapelle
the BBC	die BBC
class	Klasse
club	Klub, Verein
committee	Ausschuss, Komitee
couple	Paar
crew	Mannschaft, Besatzung
crowd	(Menschen-)Menge
enemy	Feind
family	Familie
government	Regierung
group	Gruppe
jury	Jury, die Geschworenen
majority	Mehrheit
management	Management, (Geschäfts-)Leitung
minority	Minderheit
opposition	Opposition
party	Partei
press	Presse(leute)
public	Öffentlichkeit
staff	Kollegium, Personal
team	Team, Mannschaft

b There were only a few people in the bank.
Es waren nur ein paar Leute in der Bank.

The police have set up a road-block.
Die Polizei hat eine Straßensperre errichtet.

The cattle are hungry.
Das Vieh hat Hunger.

Folgende Sammelnamen werden **immer als Plural** verwendet:

people	(die) Leute
the police	die Polizei(beamten)
cattle	Vieh, Rinder

Anmerkung

The Navajo are a peace-loving people.
... ein friedliebendes Volk.
The peoples of Africa speak many different languages.
Die Völker Afrikas ...

People kann auch *Volk* heißen. In dieser Bedeutung kann es als zählbares Nomen verwendet werden, d.h., es hat eine Singularform und eine regelmäßige Pluralform mit -s.

177 Nicht zählbare Nomen · Uncountable nouns

a

plastic, coffee, water, paper,
land, sugar, music, equipment

Nomen wie *plastic*, *water*, *coffee*, *paper* kann man nicht zählen. Sie werden daher **nicht zählbare Nomen** *(uncountable nouns)* genannt. Sie haben **keinen Plural** und dürfen **nicht mit *a/an* oder** mit **Zahlwörtern** (z.B. *one*, *two*, *three*, …) verbunden werden.

b

a piece of plastic
a cup of coffee
some drops of water
several items of equipment

Will man **bestimmte Mengen** bezeichnen, d.h. nicht zählbare Nomen zählbar machen, müssen Wendungen wie ***a piece/bit/packet/slice/cup of***, ***some drops of***, ***several items of*** davorgesetzt werden.

► Zählbare Nomen: 170

Anmerkungen

1

countable	uncountable
today's papers *die Zeitungen von heute* important papers *wichtige Papiere/Dokumente*	toilet paper *Toilettenpapier*
some hairs on your pullover *einige Haare (= Einzelhaare) …*	Your hair looks nice. *Deine Haare (= deine Frisur) …*
my favourite sports *meine Lieblingssportarten*	Are you fond of sport? *Treibst du gern Sport?*

Manche Nomen können zählbar und nicht zählbar sein, wobei die Bedeutung oft unterschiedlich ist. Hier ist der Gebrauch eines Wörterbuchs zu empfehlen.

2 Two coffees, please.
Could I have a beer, please?

Die Bezeichnungen für Getränke werden häufig, z.B. in Gaststätten, als zählbare Nomen verwendet.

c

Einige Nomen sind anders als im Deutschen **nicht zählbar**, d.h. sie haben keinen Plural und die dazugehörigen **Bestimmungswörter**, **Verben** und **Pronomen** stehen im **Singular**. Zu diesen Nomen gehören:

advice	Rat, Ratschläge
damage	Schaden, Schäden
equipment	Ausrüstung, Geräte
evidence	Beweis(e)
furniture	Möbel
homework	Hausaufgabe(n)
housework	Hausarbeit(en)
information	Information(en)
knowledge	Wissen, Kenntnis(se)
progress	Fortschritt(e)
shopping	Einkauf, Einkäufe

Sarah's advice was very helpful.
Sarahs Rat war/Sarahs Ratschläge waren sehr hilfreich.

New evidence has been found by the police.
Es sind neue Beweise von der Polizei gefunden worden.

I like your new furniture. Where did you buy it?
Ich mag deine neuen Möbel. Wo hast du sie gekauft?

Three exercises? That's too much homework.
… Das sind zu viele Hausaufgaben.

Where did you get this information?
Wo hast du diese Information/en her?

That's a useful bit of information.
Das ist eine nützliche Information.

Two new pieces of evidence were presented to the court.
Zwei neue Beweise wurden dem Gericht vorgelegt.

Wenn man nicht zählbare Nomen zählbar machen will, verwendet man ***a/two/ … piece(s) of*** oder im informellen Englisch auch ***a/two/ … bit(s) of***.

► Häufige Bestimmungswörter: 178

d

Folgende Nomen werden **trotz** der **Pluralform** auf -s als **Singulare** verwendet:

aerobics	Aerobic
athletics	Leichtathletik
billiards	Billiard
economics	(Volks-)Wirtschaft
mathematics	Mathematik
maths (BE), math (AE)	Mathe
measles	Masern
news	Nachricht(en)
physics	Physik
politics	Politik
the United States/USA	die Vereinigten Staaten/USA

No news is good news.
Keine Nachrichten sind gute Nachrichten.

I think politics is interesting.
Ich finde, Politik ist interessant.

The United States/USA consists of 50 states.
Die Vereinigten Staaten/USA bestehen aus 50 Staaten.

Nicht zählbare Nomen:
- kein Plural
- kein „a/an"
- keine Zahlwörter

178 *Häufige Bestimmungswörter bei zählbaren und nicht zählbaren Nomen*
Common determiners with countable and uncountable nouns

determiner	countable noun		uncountable noun
	singular	plural	
the	the cup	the cups	the tea
a/an	a cup	—	—
one/two/three/...	one cup	two/three/... cups	—
my/your/...	my/your/... cup	my/your/... cups	my/your/... tea
this/that	this/that cup	—	this/that tea
these/those	—	these/those cups	—
some/any	any cup	some/any cups	some/any tea
a lot of	—	a lot of cups	a lot of tea
many/few	—	many/few cups	—
much/little	—	—	much/little tea
all	—	all the cups	all the tea
no	no cup	no cups	no tea

Der s-*Genitiv und die* of-*Fügung • The possessive form and the* of-*phrase*

179 *Der* s-*Genitiv • The possessive form*

a **Bildung:**

Mrs Dean's [-z] husband
my aunt's [-s] car
James's [-iz] sister

An ein Nomen im **Singular** wird **'s** angefügt.

our neighbours' [-z] dog
the students' [-s] room
the Evanses' [-ɪz] house

An eine **Pluralform auf -*(e)s*** wird nur ein **Apostroph (')** angefügt.

the children's [-z] mother
the men's [-z] voices

An eine **unregelmäßige Pluralform** wird **'s** angefügt.

► Aussprache des Plural-*s* bei Nomen: 171 c

the runner's trainer

the runners' trainer

Anmerkungen

1 Ms Richards's [-zɪz] school/Ms Richards' school
Mr Philips's wife/Mr Philips' wife

Bei Namen, die auf -s enden, kann statt 's auch nur der Apostroph (') angefügt werden.

2 Jane and Peter's parents
Janes und Peters Eltern

Bei einer durch *and* verbundenen Nominalgruppe wird 's meist an das Ende der Gruppe angefügt.

3 someone's umbrella
everybody's darling

Von *everyone/everybody, anyone/anybody, someone/somebody* usw. kann ein *s*-Genitiv gebildet werden.

b **Gebrauch:**

This is my sister's CD collection.
... die CD-Sammlung meiner Schwester/von meiner Schwester.

Is that your parents' idea?
... die Idee deiner Eltern/von deinen Eltern?

Which is your friends' house?
... das Haus deiner Freunde?

Der **s-Genitiv** *(possessive form)* wird für **Personen** und häufig auch für **Tiere** verwendet. Man zeigt damit an, (zu) wem jemand oder etwas gehört. Der *s*-Genitiv steht im Englischen immer **vor** dem Bezugswort.

c Is there a chemist's (shop) near here?
... ein Apotheker/eine Apotheke ...?

We went to a party at the Baxters' (house).
... bei den Baxters.

You should go to the doctor's.
... zum Arzt ...

Bei bestimmten **Ortsangaben** (z.B. Geschäften sowie Häusern oder Wohnungen von Bekannten) wird ein *s*-Genitiv verwendet, da ein Bezugswort (z.B. *shop*, *house* usw.) mitgedacht wird, das aber normalerweise weggelassen wird.

d The car over there is my sister's (car).
Das Auto da drüben gehört meiner Schwester.

Whose stupid idea is that? – It's my parents' (idea).
... – Die meiner Eltern.

Manchmal wird das **Nomen** nach dem *s*-Genitiv **weggelassen**, um eine Wiederholung zu vermeiden.

e Last month's sales figures were excellent.
Die Verkaufszahlen des letzten Monats ...

Have you read yesterday's newspaper?
... die Zeitung von gestern/die gestrige Zeitung ...?

It's a three days' journey by car. It's better to fly.
... eine dreitägige Reise/eine Reise von drei Tagen. ...

Bestimmte **Zeitangaben** wie *last month*, *next week*, *yesterday*, *today*, *tomorrow*, *three days*, *an hour* oder *twenty minutes* können als *s*-Genitiv vor dem Bezugswort stehen.

180 *Die* of-*Fügung* · *The* of-*phrase*

a Do you like the colour of our new bikes?
... die Farbe unserer neuen Räder/von unseren neuen Rädern?

We missed the beginning of the film.
... den Anfang des Films/vom Film.

The doors of the hotel rooms were open, so we looked in.
Die Türen der Hotelzimmer/von den Hotelzimmern standen offen, ...

Die ***of*-Fügung** (*of-phrase*) wird für **Sachen** verwendet und drückt eine Zugehörigkeit aus.

Anmerkung

Britain's economy/the economy of Britain
New York's skyscrapers/the skyscrapers of New York
the party's decision/the decision of the party
the firm's furniture/the furniture of the firm
the government's policy/the policy of the government

Bei Sachbezeichnungen kann statt der *of*-Fügung auch der *s*-Genitiv verwendet werden, wenn ein Bezug zu Menschen deutlich wird, z.B. bei Ländern, Städten oder Institutionen.

b They're the children of our friends from Glasgow.
Sie sind die Kinder unserer Freunde aus Glasgow.

She's the daughter of the woman who runs the hotel in Victoria Street.
Sie ist die Tochter der Frau, die das Hotel in der Victoria Street führt.

Die *of*-Fügung wird **für Personen** verwendet, wenn diese durch eine Wendung oder durch einen Nebensatz näher bestimmt werden.

c

five litres of paint
fünf Liter Farbe
a piece of cake
ein Stück Kuchen
half a pound of salt
ein halbes Pfund Salz
two kilos of sugar
zwei Kilo Zucker
five bottles of milk
fünf Flaschen Milch

Die *of*-Fügung wird in **Maß-** und **Mengenangaben** verwendet.

► *A pair of*: 175 a
► Nicht zählbare Nomen: 177 b/c

d

a postcard of Belfast
eine Postkarte von Belfast
a member of our team
ein Mitglied unseres Teams
a kind of puzzle
eine Art Puzzle
the city of New York
die Stadt New York
the month of May
der Monat Mai
the role of the teacher
die Rolle des Lehrers
the miners of Wales
die walisischen Bergarbeiter
the works of Shakespeare
die Werke Shakespeares
a picture of the Pope
ein Bild des Papstes
a tour of London
ein Rundgang durch London

Die *of*-Fügung steht in bestimmten **Wendungen** und **Kontexten**.

Anmerkung

She is a friend of Susan's. (= She is one of Susan's friends.)
Sie ist eine Freundin von Susan.
aber:
She is Susan's friend.
Sie ist Susans Freundin.

In Verbindung mit dem unbestimmten Artikel, mit Zahlwörtern und anderen Bestimmungswörtern wird der *s*-Genitiv in einer nachgestellten *of*-Fügung verwendet.

► Possessivpronomen: 231 d

„s"-Genitiv meist für Personen
„of"-Fügung meist für Sachen

195 *Der Artikel The article*

Wie im Deutschen gibt es im Englischen zwei Artikel: den **bestimmten** und den **unbestimmten Artikel**.

181 *Formen und Aussprache · Forms and pronunciation*

a

the man	the woman	the animal
der Mann	*die Frau*	*das Tier*

Der **bestimmte Artikel** *(definite article)* heißt ***the***.

the [ðə] table
the [ðə] blue coat
the [ðə] farm

- Vor einem Wort, das mit einem **Konsonanten** beginnt, wird der bestimmte Artikel [ðə] ausgesprochen.

the [ði] egg
the [ði] invitation
the [ði] old bike

- Vor einem Wort, das mit einem **Vokal** beginnt, wird der bestimmte Artikel [ði] ausgesprochen.

b

a man	a woman	an animal
ein Mann	*eine Frau*	*ein Tier*

Der **unbestimmte Artikel** *(indefinite article)* heißt ***a*** oder ***an***.

a table
a blue coat
a farm

- Vor einem Wort, das mit einem **Konsonanten** beginnt, lautet der unbestimmte Artikel ***a*** [ə].

an egg
an invitation
an old bike

- Vor einem Wort, das mit einem **Vokal** beginnt, lautet der unbestimmte Artikel ***an*** [ən].

c

a/the European country [ə/ðə ˌjʊərə'pi:ən]
a/the university [ə/ðə ˌju:nɪ'vɜ:sətɪ]
a/the one-pound coin [ə/ðə wʌn paʊnd 'kɔɪn]

Ob der Artikel [ðə] oder [ði] ausgesprochen wird bzw. *a* oder *an* ist, hängt davon ab, wie der **Anlaut des folgenden Worts** ausgesprochen wird, nicht wie er geschrieben wird.

⚠ a/the uniform [ə/ðə 'ju:nɪfɔ:m] – an/the umbrella [ən/ði‿ʌm'brelə]
a/the hotel [ə/ðə həʊ'tel] – an/the hour [ən/ði‿'aʊə]

Anmerkung

She is the [ði:] computer expert in our school.
Sie ist in unserer Schule die (die = herausragende) Computerexpertin.

Wenn man den bestimmten Artikel *the* betonen will, wird er [ði:] ausgesprochen, auch vor einem Konsonanten.

That's a [eɪ] possibility, but it isn't the only one.
That's one possibility, but it isn't the only one.
Das ist eine Möglichkeit (eine = eine von vielen), …

Wenn man den unbestimmten Artikel *a* bzw. *an* betonen will, wird er [eɪ] bzw. [æn] gesprochen; meist wird jedoch *one* verwendet.

Der bestimmte Artikel · The definite article

182 *Gebrauch · Use*

The man over there is David's English teacher.
Der *Mann dort drüben ist Davids Englischlehrer.*

We live in the house at the end of the road.
Wir leben in dem Haus am Ende der Straße.

Wie im Deutschen wird der **bestimmte Artikel** verwendet, wenn eine Person, ein Ding oder ein Begriff **näher bestimmt** und damit aus einer gleichartigen Gruppe hervorgehoben wird. Es sind aber im Englischen einige wichtige Unterschiede zu beachten.

183 The *bei abstrakten Nomen, Stoffbezeichnungen und Nomen im Plural*
The *with abstract nouns, material nouns and nouns in the plural*

a

Ohne den **bestimmten Artikel** stehen Nomen, wenn sie **ganz allgemein gebraucht** werden, d.h. nicht näher bestimmt sind. Dies gilt insbesondere für:

How did life begin?
... das Leben ...?
Life in New York is exciting.
Das Leben in New York ...
Children often respect nature more than adults.
... die Natur ...

- **abstrakte Nomen** (z.B. *life, death, nature, history, society*)

Bread tastes best fresh from the oven.
Brot ...
Water makes up nearly two-thirds of our weight.
Wasser ...

- **Stoffbezeichnungen** (z.B. *bread, water, glass*)

People talk.
Die Leute ...
Petrol prices have gone up again.
Die Benzinpreise ...

- **Nomen im Plural**.

How did human life begin?
... das menschliche Leben/menschliches Leben ...?

Allgemein gebrauchte Nomen stehen auch dann ohne Artikel, wenn ihnen ein Adjektiv vorausgeht.

b

We know little about the life of Shakespeare.
... das Leben Shakespeares.

The bread we bought from the supermarket wasn't fresh.
Das Brot, das wir im Supermarkt gekauft haben, ...

The people in our street are nice.
Die Leute in unserer Straße ...

Wie im Deutschen stehen Nomen **mit** dem **bestimmten Artikel**, wenn sie **konkretisiert** bzw. **näher bestimmt** sind, z.B. durch eine *of*-Fügung *(of Shakespeare)* oder einen Relativsatz *(we bought from the supermarket)*. In den Beispielen wird nicht vom Leben, vom Brot, von den Leuten allgemein gesprochen, sondern von *dem Leben Shakespeares, dem Brot aus dem Supermarkt, den Leuten in unserer Straße.*

Kein „the" bei ganz allgemein gebrauchten Nomen!

184 The *bei* church, school, prison *usw.* • The *with* church, school, prison, *etc.*

a

My parents go to church every Sunday.
... in die Kirche.
Most pupils don't go to school on Saturday.
... zur Schule.
The thief went to prison for two years.
... ins Gefängnis.

Ohne den **bestimmten Artikel** stehen *church, school, prison, university, college, class, court, hospital,* wenn man an den **Zweck des Gebäudes** denkt:

go to church (zum Gottesdienst)
be at school (im Unterricht)
go to prison (um eine Strafe zu verbüßen)

© Exley Publications

'So do I, Gary, so do I.'

Anmerkung

Kate studies at the university.
After the accident the driver was taken to the hospital.

Im amerikanischen Englisch werden *university* und *hospital* gewöhnlich mit dem bestimmten Artikel verwendet.

▶ Amerikanisches Englisch: 290-298

b

There's a concert in the church next week.
... in der Kirche.
Go up to the school and turn left.
... bis zur Schule ...
Tom went to the prison to visit his friend.
... zum Gefängnis ...

Mit dem **bestimmten Artikel** stehen *church, school, prison, university, college, class, court, hospital,* wenn man an das **Gebäude** und nicht an seinen Zweck denkt:

the church (eine bestimmte Kirche)
the school (ein bestimmtes Schulgebäude)
the prison (ein bestimmtes Gefängnis)

185 The *bei Eigennamen* • The *with names*

a

Lake Constance is very popular with tourists.
Der Bodensee ...

I live in Station Road.
... in der Bahnhofstraße.

Die meisten Eigennamen stehen im Englischen **ohne** den **bestimmten Artikel**. Dies gilt insbesondere – im Gegensatz zum Deutschen – für:

near Lake Erie
- Seen

on Mount Everest
- die meisten Namen von Bergen

in London Road, in Central Park, around Piccadilly Circus, on London Bridge
- die meisten Namen von Straßen, Parks, Plätzen und Brücken

in Rockefeller Center, to Buckingham Palace, from Victoria Station
- viele Gebäude

little Joe, poor Mary, modern Britain
- Eigennamen, denen ein Adjektiv vorausgeht.

b The Grants invited their new neighbours for lunch.
Die Grants …

The Pacific Ocean covers over a third of the earth's surface.
Der Pazifische Ozean …

Mit dem **bestimmten Artikel** stehen:

the Connors, the Highlands, the Alps
- Eigennamen im Plural

the Thames, the Atlantic
- Flüsse und Meere

the British Museum, the Globe Theatre, the Odeon (Cinema), the Hilton (Hotel)
- die meisten Namen von Museen, Theatern, Kinos und Hotels

the House of Commons, the Tower of London
- Fügungen mit *of*.

Anmerkung

England, France, Italy, Switzerland, Turkey, Ukraine
the USA, the UK, the Netherlands, the Czech Republic, the Bahamas

Bei Ländernamen ist die Verwendung des bestimmten Artikels unterschiedlich.

186 The *bei Zeitangaben* • The *with phrases of time*

a Folgende Zeitangaben stehen meist **ohne** den **bestimmten Artikel**:

in April, since March
im April, seit März
- Monate

on Monday, next Tuesday (evening)
am Montag, am nächsten Dienstag(abend)
aber: at the weekend
am Wochenende
- Wochentage

at night, by day, at midday
nachts, tagsüber, mittags
aber: during the day, in the morning
während des Tages, am Morgen
- einige Tageszeiten (Tageszeiten nach *during/in* stehen jedoch mit *the*.)

at Christmas, over Easter
(zu) Weihnachten, über Ostern
- Feste und Feiertage

during breakfast, after lunch
während des Frühstücks, nach dem Mittagessen
- Mahlzeiten.

b The July of 1996 was very wet.
Der Juli 1996 …

Do you remember the Sunday before the storm?
… an den Sonntag vor dem Sturm?

Zeitangaben stehen **mit** dem **bestimmten Artikel**, wenn sie **näher bestimmt** sind.

Anmerkung

in winter/in the winter
in summer/in the summer

Jahreszeiten *(spring, summer, autumn, winter)* können mit und ohne Artikel verwendet werden.

I like the fall best.

Im amerikanischen Englisch wird bei *fall* (= *Herbst*) immer *the* verwendet.

187 All, both, double, half, most of, twice + the

all the time
die ganze Zeit

both (the) cars
beide Autos/die beiden Autos

half the cake
der halbe Kuchen

double the size
die doppelte Größe

most (of the) boys
die meisten Jungen

twice the amount
die doppelte/zweifache Menge

Der **bestimmte Artikel** steht **nach *all*, *both*, *double*, *half*, *most of*** und ***twice***.
Im Deutschen steht der Artikel vor dem Bestimmungswort.

► *All, both:* 221, 222a

Anmerkungen

1 Most girls wear jeans for school.
Die meisten Mädchen …
Most of the girls at the party were wearing jeans.
Die meisten Mädchen …

Most steht ohne bestimmten Artikel, wenn es *die Mehrheit allgemein* bedeutet. Mit bestimmtem Artikel steht es, wenn damit die *Mehrheit aus einer bestimmten Gruppe* gemeint ist.

2 Which of you has made most/the most mistakes?
… die meisten Fehler …

Most kann mit oder ohne bestimmten Artikel stehen, wenn es superlativische Bedeutung hat.

188 *Wendungen mit und ohne* the • *Phrases with and without* the

Bob has played the trumpet since he was six.
Bob spielt Trompete …

What's on TV?
Was gibt's im Fernsehen?

'I've told you before not to phone me at work.'

Wendungen **mit** dem **bestimmten Artikel** sind:

it is the custom	es ist Brauch
it is the fashion	es ist Mode, Brauch
with the exception of	mit Ausnahme von
at the expense of	auf Kosten von
play the piano/trumpet/…	Klavier/Trompete/… spielen
listen to the radio	Radio hören

Wendungen **ohne** den **bestimmten Artikel** sind:

on condition that	unter der Bedingung, dass
at work	bei der Arbeit
at first sight	auf den ersten Blick
by car/bus/…	mit dem Auto/Bus/…
(be) on TV	im Fernsehen (sein)
come into fashion	in Mode kommen
go out of fashion	aus der Mode kommen
go to bed	ins Bett gehen
in bed	im Bett
live in town	in der Stadt leben

Der unbestimmte Artikel · *The indefinite article*

189 *Gebrauch* · *Use*

Yesterday I met a girl on the bus.
… ein Mädchen …

We'll have to buy a new car.
… ein neues Auto …

That's a good idea.
… eine gute Idee.

Der **unbestimmte Artikel *a/an*** steht bei einer einzelnen, **nicht näher bestimmten** Person, einer Sache oder einem Begriff. Im Vergleich zum Deutschen sind einige Unterschiede zu beachten.

190 A/An *vor Angaben zu Beruf, Nationalität usw.* · A/An *before jobs, nationalities, etc.*

My sister wants to become an astronaut.
… möchte Astronautin werden.
Winston Churchill was an Englishman.
… war Engländer.
I'm a member of our local tennis club.
Ich bin Mitglied …

Gwen has been a non-smoker for 20 years.
Gwen ist seit 20 Jahren Nichtraucherin.

Wenn man die **Zugehörigkeit** zu einem **Beruf**, einer **Nationalität**, einer **Gruppe** usw. ausdrücken will, muss man den **unbestimmten Artikel** verwenden.

⚠ Winston Churchill was English.

Zur Bezeichnung der Nationalität wird oft ein **Adjektiv** (ohne *a/an*) verwendet.

191 A/An *nach* as *und* without · A/An *after* as *and* without

You can use this dish as an ashtray.
… als Aschenbecher …
Don't go out without a coat.
… ohne Mantel …
You can't get to our house without a car.
… ohne Auto …

Der **unbestimmte Artikel** steht **nach *as*** (= *als*) und ***without*** (= *ohne*) + zählbares Nomen im Singular.

► Zählbare Nomen: 170

192 A/An *in der Bedeutung* pro · A/An *meaning* per

Der **unbestimmte Artikel** steht in der Bedeutung *pro/je*:

We sell about 90 TV sets a month.
… pro/im Monat.
We get maths homework three times a week.
… pro/in der Woche.
Slow down. The speed limit is thirty miles an hour.
… in der Stunde.

- vor **Zeitangaben**, oft zur Bezeichnung von Häufigkeit und Geschwindigkeit,

Potatoes are 95 pence a kilo.
… pro/das Kilo.

- vor **Maß- und Mengenangaben**, oft bei der Angabe von Preisen.

193 A/An *oder* one · A/An *or* one

I've won a thousand pounds in the lottery, one thousand and twenty-five, in fact.

Ron bought a CD. He bought one CD, Emma bought three.

A/An und ***one*** bedeuten beide ***ein***, ***eine***. Mit *one* wird die genaue Zahl betont.

194 Half, quite, rather, such, what + a/an

a

half an hour
eine halbe Stunde

such a fool
ein solcher/so ein Dummkopf

quite a good film
ein recht guter Film

rather a nice girl/a rather nice girl
ein ziemlich nettes Mädchen

Der **unbestimmte Artikel** steht **nach *half***, ***quite***, ***such*** und häufig nach ***rather***. Beachte die unterschiedliche Wortstellung im Deutschen.

b

What a lovely day!
Was für ein schöner Tag!

What a big dog!
Was für ein großer Hund!

Der **unbestimmte Artikel** steht **nach *what*** in Ausrufesätzen mit einem zählbaren Nomen im Singular.

▶ Ausrufesätze: 14

⚠

Was für ein schreckliches Wetter!
nicht: What ~~a~~ terrible weather!
sondern: What terrible weather!

Der **unbestimmte Artikel** steht aber **nicht** vor einem nicht zählbaren Nomen.

195 *Wendungen mit* a/an · *Phrases with* a/an

I'm in a hurry, so I can't stay long.
Ich bin in Eile, also kann ich nicht lange bleiben.

If you've got a temperature, you ought to stay at home.
Wenn du Fieber hast, solltest du zu Hause bleiben.

'Yes, it is true! I've finally persuaded Derek to take a holiday.'

Wendungen **mit *a/an*** sind:

be in a hurry	in Eile sein
come to an end	zu Ende gehen
have (got) a headache/ a cold/a temperature	Kopfschmerzen/ Schnupfen/Fieber haben
have a wash	sich waschen
have/take a shower	(sich) duschen
have/take a bath	baden
have/take a holiday	Urlaub machen
make a noise	Lärm machen
take a seat	Platz nehmen
as a rule	in der Regel
for a change	zur Abwechslung
for a long time	lange Zeit
for a time	eine Zeitlang
in a loud voice	mit lauter Stimme
it is a pity/what a pity	es ist schade/ wie schade
without a break	ohne Unterbrechung

196-202 Das Adjektiv The adjective

196 Gebrauch · Use

a

Mr Fox is an important man.
Do you like my new watch?
My French isn't very good.
Our homework wasn't difficult.

Adjektive *(adjectives)* beschreiben die **Eigenschaften** und **Merkmale** von Personen, Sachen, Begriffen usw.

b

	adjective	noun
We've got a	blue	van.
Have you seen these	funny	photos?
That was an	interesting	idea.

Adjektive können **attributiv** gebraucht werden, d.h. **vor einem Nomen** stehen.

	verb	adjective
Our van	is	blue.
These photos	look	funny.
Your idea	sounded	interesting.

Adjektive können **prädikativ** gebraucht werden. Dann stehen sie **nach bestimmten Verben** *(linking verbs)* wie *appear, be, become, feel, get, grow, look, remain, seem, sound, stay, taste*.

▶ *Linking verbs*: 18
▶ Adverbien oder Adjektive nach bestimmten Verben: 209

⚠ The plan looks good at first sight.
Der Plan sieht gut aus ...

look + Adjektiv: Beschreibung einer Eigenschaft

She looked angrily at her partner.
Sie sah ihren Partner zornig an.

look + Adverb: nähere Bestimmung einer Tätigkeit

c

Are you afraid of snakes?
Fürchtest du dich ... ?

Tony has to stay indoors because he's ill.
..., weil er krank ist.

Einige Adjektive können **nur prädikativ** gebraucht werden. Zu diesen Adjektiven gehören: *afraid, alive, alone, asleep, glad, pleased, sorry, ill* (= *krank*), *upset, well/fine* (= *gesund*).

⚠ *der verängstigte Mann*
nicht: the ~~afraid~~ man
sondern: the frightened man

das schlafende Kind
nicht: the ~~asleep~~ child
sondern: the sleeping child

Für den attributiven Gebrauch müssen **bedeutungsverwandte Adjektive** herangezogen werden, z.B. *frightened, living, sleeping* anstelle von *afraid, alive, asleep*.

d

Mike is my elder brother.
Mike ist mein älterer Bruder.
That can't be the main reason.
Das kann nicht der Hauptgrund sein.

Einige Adjektive können **nur attributiv** gebraucht werden. Zu diesen Adjektiven gehören: *chief* (= *Haupt-*), *elder/eldest* (= *älterer/ältester*), *former* (= *früherer*), *main* (= *Haupt-*), *sole* (= *einziger*), *utter* (= *vollkommener*).

Anmerkungen

1 Let's go somewhere quiet.
Lass uns irgendwohin gehen, wo es ruhig ist.

Adjektive stehen nach Zusammensetzungen mit *every, some, any, no.*

2 He's a good swimmer.
Er ist ein guter Schwimmer.
He is so good a swimmer that he wins competitions.
Er ist ein so guter Schwimmer, …

Gewöhnlich stehen Adjektive nach dem unbestimmten Artikel *a/an*. Nach *as, how, so, too* stehen sie dagegen vor *a/an*.

He is such a good swimmer that he wins competitions.
Er ist so ein guter Schwimmer, …

Im informellen Englisch verwendet man andere Strukturen wie *such a*.

Steigerung · Comparison

197 *Regelmäßige Steigerung · Regular comparison*

Man kann Personen und Dinge miteinander vergleichen, indem man Adjektive steigert, d.h. man verwendet einen Komparativ (*comparative*) wie *bigger* (= *größer*) oder einen Superlativ (*superlative*) wie *biggest* (= *größte*).
Im Englischen gibt es **zwei Arten der Steigerung** *(comparison)*: eine mit *-er/-est* und eine mit *more/most*. Auf welche Art ein Adjektiv gesteigert wird, hängt vor allem von seiner Länge ab.

a

	comparative	superlative	Auf *-er/-est* werden gewöhnlich gesteigert:
small	smaller [-ə]	smallest [-ɪst]	▪ **einsilbige** Adjektive
klein	*kleiner*	*kleinste/am kleinsten*	
loud	louder	loudest	
silly	sillier	silliest	▪ **zweisilbige** Adjektive, die **auf -y** enden.
angry	angrier	angriest	

Besonderheiten bei der Schreibung und Aussprache:

fat	fatter	fattest	Nach einem einzelnen Vokalbuchstaben wird ein einzelner **Konsonant** am Wortende *(-p, -b, -t, -d, -g, -m, -n)* **verdoppelt**.
thin	thinner	thinnest	
aber:			Der Konsonant am Wortende wird **nicht verdoppelt**, wenn er
fast	faster	fastest	▪ nach einem weiteren Konsonanten steht
clean	cleaner	cleanest	▪ auf zwei Vokalbuchstaben folgt.
nice	nicer	nicest	Ein **stummes -*e*** am Wortende fällt weg.
large	larger	largest	
silly	sillier	silliest	**-*y*** wird zu **-*i*-**.
easy	easier	easiest	
long [-ŋ]	longer [-ŋgə]	longest [-ŋgɪst]	Nach **[-ŋ]** spricht man ein **zusätzliches [-g-]**.
young [-ŋ]	younger [-ŋgə]	youngest [-ŋgɪst]	

b

	comparative	superlative	
famous *berühmt*	more famous *berühmter*	most famous *berühmteste/* *am berühmtesten*	Mit ***more/most*** werden gesteigert: ▪ die meisten **zweisilbigen** Adjektive, die **nicht auf -y** enden,
expensive difficult	more expensive more difficult	most expensive most difficult	▪ alle Adjektive mit **mehr als zwei Silben**.

Anmerkung

real bored	more real more bored	most real most bored	Die Adjektive *real, right, wrong* und einsilbige Adjektive auf *-ed* werden mit *more/most* gesteigert.

c

Einige Adjektive können mit ***-er/-est* oder** mit ***more/most*** gesteigert werden. Dazu gehören:

	comparative	superlative	
sure	surer/ more sure	surest/ most sure	▪ die einsilbigen Adjektive *clear, free, keen, safe, sure, true, wise*
common	commoner/ more common	commonest/ most common	▪ die zweisilbigen Adjektive *clever, common, likely, pleasant, polite, simple, stupid, subtle*
good-looking	better-looking/ more good-looking	best-looking/ most good-looking	▪ einige zusammengesetzte Adjektive, z.B. *good-looking, well-known.*

► Unregelmäßige Steigerung: 198

Steigerung der Adjektive:

1. mit „-er/-est": – einsilbige
   – zweisilbige auf „-y"
2. mit „more/most": – zweisilbige, die nicht auf „-y" enden
   – Adjektive mit mehr als zwei Silben

broker Börsenmakler

198 *Unregelmäßige Steigerung • Irregular comparison*

	comparative	superlative	
good	better	best	Die Adjektive *good, bad, far* haben **unregelmäßige Steigerungsformen**.
bad	worse [wɜːs]	worst [wɜːst]	
far	farther/further	farthest/furthest	

► Steigerung der Mengenbezeichnungen: 219 f

Anmerkung

	comparative	superlative
little	smaller	smallest

James has a little flat in Soho. But my flat's even smaller.

Das Adjektiv *little (= klein)* hat keine eigenen Steigerungsformen. Deshalb werden die Formen *smaller* bzw. *smallest* verwendet.

► *(a) little*: 219 d/e

199 *Adjektive mit zwei Steigerungsformen • Adjectives with two forms of comparison*

a

	comparative	superlative
far	farther/further	farthest/furthest
–	further	–
near	nearer	nearest
–	–	next
late	later	latest
–	–	last

Die Adjektive *far, near, late* haben **zwei Steigerungsformen** mit unterschiedlicher Bedeutung.

b

1 Is the bank farther/further than the supermarket?
2 Jack's house is the farthest/furthest from here.
3 Are there any further questions?

Farther/further *(= weiter)* und ***farthest/ furthest*** *(= am weitesten)* werden für räumliche Entfernungen verwendet (Beispiele 1 und 2). Wenn *weiter* im übertragenen Sinn gebraucht wird, d.h. in der Bedeutung *zusätzlich* oder *noch*, kann nur *further* verwendet werden (Beispiel 3).

The nearest bus stop is in Bond Street.
We must get off at the next stop.

Mit ***nearest*** wird etwas, was räumlich am nächsten liegt, mit ***next*** das Nächste in einer Reihenfolge (örtlich oder zeitlich) bezeichnet.

the latest news; Madonna's latest album; the latest trend; …
my last word on the subject; arrive at the last minute; the last time I saw you; …

Latest (= *letzter* im Sinne von *neuester, jüngster*) und ***last*** (= *letzter* im Sinne von *letzter in einer Reihenfolge*) werden unterschiedlich gebraucht.

Anmerkung

Leeds and Arsenal lead the Premier League on 35 points. The latter play at Spurs tomorrow evening.

The latter (Gegensatz: *the former*) hat die Bedeutung *Letzterer*.

Have you got an older/elder sister?
My oldest/eldest sister lives in Frankfurt.

Elder und *eldest* (= *älter* und *älteste*) werden ausschließlich mit Bezug auf Familienangehörige verwendet und nur attributiv gebraucht.
Statt *elder* und *eldest* können auch *older* und *oldest* verwendet werden.

200 *Vergleiche in Sätzen • Sentences with comparisons*

a Lynn is taller than [ðən] Ranjit.
... größer als ...
Lynn is the tallest.
... die größte.
Julie is as tall as Ranjit.
... (genau)so groß wie ...
Ranjit is not as/so tall as Lynn.
... nicht so groß wie ...
Julie often wears less fashionable clothes than Lynn.
... weniger modische Kleidung als ...

Es gibt verschiedene Möglichkeiten, einen **Vergleich** auszudrücken.

⚠ *größer als*
nicht: taller ~~as~~
sondern: taller than

b 1 a Bob isn't as old as me.
b Bob isn't as old as I am.
... wie ich.
2 a Lucy was faster than him.
b Lucy was faster than he was.
... als er.

Bei Vergleichen wird meist die **Objektform des Personalpronomens** verwendet: *me, him, her, us, them* (Beispiele 1 a und 2 a). Man kann auch die Subjektform des Personalpronomens + Verb benutzen (Beispiele 1 b und 2 b).

▶ Subjekt- und Objektform des Personalpronomens: 227 a

c There were fewer people in the disco than we expected.
In der Disco waren weniger Leute, als wir erwartet hatten.

It's better to solve the problem than to ignore it.
Es ist besser, das Problem zu lösen, als es zu ignorieren.

Vergleiche können auch durch **Nebensätze** (z.B. *than we expected*) oder durch **Infinitivkonstruktionen** (z.B. *than to ignore it*) ausgedrückt werden.

d Your English is getting better and better.
... immer besser.
The film got more and more exciting.
... immer aufregender.

Wenn zwei Komparative durch *and* verbunden werden, wird damit eine **allmähliche Steigerung** ausgedrückt: *immer besser, immer aufregender.*

e The bigger the car, the more expensive it is usually.
Je größer ..., desto/umso teurer ...

The older Kelly gets, the sillier she becomes.
Je älter ..., desto/umso alberner ...

Das deutsche ***je – desto*** bzw. ***je – umso*** wird im Englischen durch ***the – the*** wiedergegeben.

▶ Vergleiche mit Adverbien: 213

201 One/Ones *nach Adjektiven* • One/Ones *after adjectives*

Louise has got a big dog and a small one.
... einen kleinen.
Keith has got three brothers – a younger one and two older ones.
... – einen jüngeren und zwei ältere.

Statt ein schon genanntes (zählbares) Nomen nach einem Adjektiv zu wiederholen, verwendet man ***one/ones***.
Anders als im Deutschen können Adjektive nicht allein stehen.

▶ Stützwort *one/ones*: 239

202 Das Adjektiv als Nomen · *The adjective used as a noun*

a

Our class collected money for the blind (= blind people).
... die Blinden/Blinde ....

The disabled have to fight for their rights.
Die Behinderten/Behinderte ...

The government has devised new measures to help the unemployed.
... (den) Arbeitslosen ...

Anders als im Deutschen können im Englischen nur wenige **Adjektive als Nomen** verwendet werden. Sie bezeichnen dann eine **Gruppe** von Menschen, die eine Eigenschaft gemeinsam haben: *the blind = blinde Menschen* ***im Allgemeinen****, alle Blinden.*
Diese Adjektive stehen **nach *the***. Sie haben **kein Plural-*s***, werden aber mit einem **Verb im Plural** verwendet. Zu den Adjektiven gehören:

the blind	die Blinden
the dead	die Toten
the deaf	die Gehörlosen
the disabled	die Behinderten
the gifted	die Hochbegabten
the homeless	die Obdachlosen
the hungry	die Hungernden
the lonely	die Einsamen
the old	die Alten
the poor	die Armen
the rich	die Reichen
the sick	die Kranken
the strong	die Starken
the unemployed	die Arbeitslosen
the weak	die Schwachen
the young	die Jungen, die junge Generation

b

I helped the two blind men across the street.
... den beiden Blinden/den beiden blinden Männern ...

The sick woman was taken to hospital.
Die Kranke/Die kranke Frau ...

Several unemployed people were arguing with their local MP.
Mehrere Arbeitslose/arbeitslose Leute ...

Wenn man über **eine** oder **mehrere Einzelpersonen** spricht, muss im Englischen auf das Adjektiv ein Nomen wie *girl(s), boy(s), woman/women, man/men, person(s)* oder *people* folgen.

c

Discrimination against blacks (= black people) is still common.
The Conservatives lost the elections.

Adjektive wie ***black***, ***white***, ***native***, ***Catholic***, ***Protestant***, ***Conservative*** sind zu „echten“ Nomen geworden und haben daher eine Pluralform auf *-s*.

d

You must learn to take the good with the bad.
... das Gute mit dem Schlechten ...

The + Adjektiv bezieht sich nicht immer auf eine Gruppe von Menschen, sondern kann auch eine **allgemeine**, **abstrakte Bedeutung** haben.

The good thing about school is that you can meet your friends there.
Das Gute ...

The bad thing about school is that you have to learn a lot of unnecessary things.
Das Schlimme ...

Wenn etwas **Bestimmtes** bezeichnet werden soll, muss *thing* hinzugefügt werden.

203-216 Das Adverb *The adverb*

203 *Die unterschiedliche Verwendung von Adjektiven und Adverbien* *Adjectives and adverbs in contrast*

a **Adjektiv:**

Mrs Blair is a careful driver.
... eine vorsichtige Fahrerin.

He was nervous before the English test.
Er war nervös ...

Ein **Adjektiv** *(adjective)* gibt an, wie jemand oder etwas ist. Es beschreibt ein **Nomen** (z.B. *driver*) oder ein **Pronomen** (z.B. *he*).

b **Adverb:**

Durch ein **Adverb** *(adverb)* werden

Mrs Blair drives carefully, especially at night.
... fährt vorsichtig ...

- **Verben**

Dave is extremely nervous before tests.
... äußerst nervös.

- **Adjektive**

The school band played very well.
... sehr gut.

- **andere Adverbien**

We had quite a lot of rain last week.
... ziemlich viel ...

- **Mengenbezeichnungen**

Pete was late. Fortunately, the bus was late too.
... Glücklicherweise war der Bus auch zu spät.

- **ganze Sätze**

näher bestimmt.

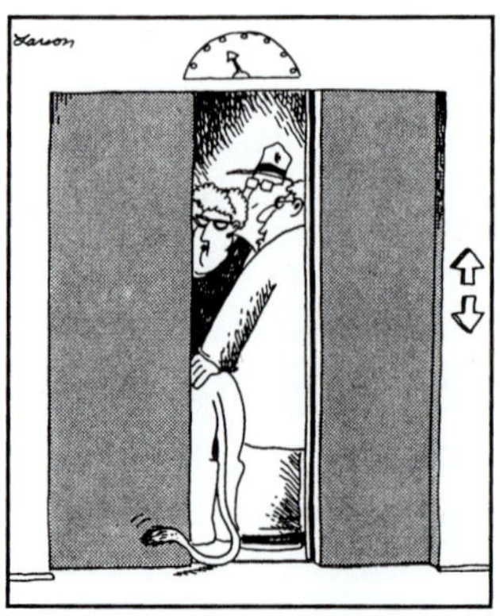

'Don't be alarmed, folks. ... He's completely harmless unless something startles* him.'*

alarmed beunruhigt
startle erschrecken

204 *Arten von Adverbien · Kinds of adverbs*

Adverbien lassen sich aufgrund ihrer **Verwendung** in verschiedene Gruppen einteilen:

Speak clearly and slowly at the interview.
My stomach's aching terribly.

- **Adverbien der Art und Weise** *(adverbs of manner)* geben an, wie etwas geschieht. Sie beziehen sich daher oft auf ein Verb.

Do you like it here?
Why didn't you go there?

- **Adverbien des Ortes** *(adverbs of place)* bezeichnen einen Ort oder eine Richtung.

The next train leaves very soon.
What's the date today?

- **Adverbien der Zeit** *(adverbs of time)* bezeichnen einen Zeitpunkt oder Zeitraum.

I often visit museums.
I usually go to karate class after school.

- **Adverbien der Häufigkeit** *(adverbs of frequency)* geben an, wie oft etwas geschieht.

David Lodge's new novel is very good.
Kim did rather badly in the maths test.

- **Gradadverbien** *(adverbs of degree)* verstärken andere Wörter (z.B. durch *very*) oder schwächen sie ab (z.B. durch *rather*).

My dad gets up early even at weekends.
I only got here five minutes ago.

- **Betonende Adverbien** *(focusing adverbs)* betonen ein Wort oder eine Wortgruppe.

Unfortunately, our best player was injured.
I like your new sweatshirt. – Oh, really?

- **Satzadverbien** *(sentence adverbs)* beziehen sich auf einen ganzen Satz.

I want to say two things. Firstly, behave yourselves.
And secondly, I hope you'll have a great time.

Sharon loved parties. After what Ian had said to her, however, she didn't feel like going to this party.

- **Satzverbindende Adverbien** *(linking adverbs)* dienen zur Verknüpfung von Sätzen.

Anmerkung

We felt kind of sorry for him.
Er tat uns irgendwie leid.
I sort of thought you wouldn't come back.
Eigentlich dachte ich, du würdest nicht zurückkommen.

In der Bedeutung *irgendwie, eigentlich* werden im informellen Englisch *kind of* oder *sort of* verwendet.

205 *Formen · Forms*

Adverbien lassen sich nach ihrer **Form** einteilen:

nervously, usually, happily, simply, …

- Adverbien, die **von Adjektiven abgeleitet** sind (durch Anhängen von *-ly*),

▶ 206

fast, hard, early, late, long, daily, …

- Adverbien, die **dieselbe Form wie Adjektive** haben,

▶ 207

always, often, now, then, still, sometimes, soon, today, there, up, down, perhaps, …

- **„ursprüngliche"** Adverbien, d.h. Adverbien, die nicht von Adjektiven abgeleitet sind,

in the evening, next week, two days ago, in the street, near Miami, to the shop, at 10.25, every Tuesday …

- zusammengesetzte **adverbiale Bestimmungen** *(adverbial phrases)*.

206 Die Bildung von Adverbien aus Adjektiven • The formation of adverbs from adjectives

a

adjective	adverb
slow	slowly
clever	cleverly
surprising	surprisingly

Abgeleitete Adverbien werden durch **Anhängen von -*ly*** an das Adjektiv gebildet.

b

Bei der Bildung müssen einige **Besonderheiten** beachtet werden:

adjective	adverb
angry	angrily
happy	happily
Ausnahme:	
shy	shyly

- Bei Adjektiven auf *-y* wird ***-y* zu *-i-***.

probable	probably
terrible	terribly

- Bei Adjektiven, die auf einen Konsonanten + *-le* enden, wird ***-le* durch *-ly*** ersetzt.

fantastic	fantastically
basic	basically
Ausnahme:	
public	publicly

- Bei Adjektiven, die auf ***-ic*** enden, wird ***-ally*** angehängt.

dull	dully
full	fully

- Bei den Adjektiven *full* und *dull* wird nur ***-y*** angefügt.

whole	wholly
due	duly
true	truly

- Von den Adjektiven *whole, due, true* bildet man die Adverbformen ***wholly***, ***duly***, ***truly***.

friendly	in a friendly way
silly	in a silly manner

- Für Adjektive, die auf ***-ly*** enden (z.B. *friendly, lively, lovely, silly, ugly*), verwendet man adverbiale Bestimmungen mit ***in a(n) … way/manner***.

good	well

- Das Adverb zu *good* ist ***well***.

⚠ Jane is well again.
Jane ist wieder gesund.

Well kann **auch Adjektiv** sein und hat dann die Bedeutung *gesund*.

Anmerkungen

1 Please, don't talk so loud/loudly.
Debbie eats quick/quickly.

Im informellen Englisch wird bei einigen Adverbien das *-ly* weggelassen. Dazu gehören z.B. *cheaply, loudly, quickly, slowly, tightly*.

2 It just worked out good/well, didn't it?
Our new teacher is a real/really nice woman.

Im informellen amerikanischen Englisch werden *good* und – in Verbindungen mit Adjektiven – *real* häufig als Adverbien verwendet, d.h. anstelle von *well* und *really*.

207 Adverbien mit der Form von Adjektiven • Adverbs with the form of adjectives

adjective	adverb
I like the early morning.	We left the party early.
Bob is a fast runner.	Don't drive so fast.
Sandra was late again.	Sandra always arrives late.
Jump over! The wall's low enough.	The plane flew really low.

'Have you been waiting here long?'

Patent Office Patentamt

Einige Adverbien haben **dieselbe Form wie** die entsprechenden **Adjektive**. Dazu gehören:

close	dicht, nahe
daily	täglich
deep	tief
early	früh
fair	fair, gerecht
far	weit
fast	schnell
free	frei; kostenlos
hard	hart; schwer
high	hoch
late	spät
long	lang(e)
low	niedrig
right	richtig
wide	weit, breit
wrong	falsch

208 Adverbien mit zwei Formen • Adverbs with two forms

Einige Adverbien haben **zwei Formen**: eine Form ohne die Endung *-ly* und eine mit *-ly*. Diese unterscheiden sich in ihrer Bedeutung.

adverb without *-ly*	adverb with *-ly*
Play fair or don't play at all. *... fair ...*	It was fairly late when the Masons arrived. *... ziemlich ...*
Children under two fly free on all airlines. *... frei/kostenlos ...*	Dogs can run around freely in the park. *... frei/ungehindert ...*
We had to work hard for the exams. *... hart/schwer ...*	I can hardly believe Leo's story. *... kaum ...*
Jump as high as you can. *... hoch ...*	That was a highly amusing film. *... höchst/sehr ...*
Jake woke up late. *... spät ...*	Kate has been doing better at school lately. *... in letzter Zeit ...*
I like watching TV most of all. *... am meisten.*	We mostly stay at home at the weekend. *... meistens ...*
Don't go too near. *... nahe (heran).*	Miss White nearly had an accident. *... fast/beinahe ...*
Laura is a pretty clever girl. *... ziemlich ...*	The little girls were dressed very prettily for Ann's wedding. *... hübsch ...*
I'll try to do it right this time. *... richtig ...*	The workers rightly refused to work longer. *... zu Recht ...*
You've written the number down wrong. *... falsch ...*	He was wrongly accused of theft. *... zu Unrecht ...*

209 *Adverbien oder Adjektive nach bestimmten Verben* *Adverbs or adjectives after certain verbs*

a

You seem tired. (= You are tired.)
Du scheinst müde zu sein.
Emma looks excited. (= Emma is excited.)
Emma sieht aufgeregt aus.
Everybody felt relaxed. (= Everybody was relaxed.)
Jeder fühlte sich entspannt.

Nach Verben, die einen **Zustand** oder eine **Eigenschaft** ausdrücken, **stehen Adjektive**, nicht Adverbien. Man erkennt diese Verben daran, dass sie durch *be* ersetzt werden können.

The weather is getting better.
Das Wetter wird besser.
Internet shopping is becoming more and more popular.
Das Einkaufen im Internet wird immer beliebter.

Adjektive, nicht Adverbien, **stehen** auch nach Verben, die die **Veränderung eines Zustands** ausdrücken. Diese Verben entsprechen dem deutschen *werden.*

b

Bei den Verben *feel, look, smell, sound, taste* kann ein Adverb oder ein Adjektiv stehen.

It was so dark that we had to feel our way carefully along the wall.
…, dass wir uns vorsichtig an der Wand entlangtasten mussten.

Ein **Adverb steht**, wenn eine **Tätigkeit** beschrieben wird.

Ben felt ill after the test.
Ben fühlte sich nach dem Test schlecht.

Ein **Adjektiv steht**, wenn ein **Zustand** oder eine **Eigenschaft** ausgedrückt wird.

► Zustandsverben: 70
► Tätigkeitsverben: 69

210 *Steigerung · Comparison*

Sorry, I couldn't come earlier.
Es tut mir leid, ich konnte nicht früher kommen.
The Hilton is the most conveniently situated hotel.
Das Hilton ist das am günstigsten gelegene Hotel.

Im Englischen werden die **Komparativformen** von Adverbien gelegentlich, die **Superlativformen** nur selten verwendet.

211 *Regelmäßige Steigerung · Regular comparison*

a

	comparative	superlative
fast	faster [-ə]	fastest [-ɪst]
hard	harder	hardest
early	earlier	earliest

Die **Steigerung** der Adverbien gleicht der Steigerung der Adjektive.

Einsilbige Adverbien und *early* werden auf ***-er/-est*** gesteigert.

b

strongly	more strongly	most strongly
nervously	more nervously	most nervously

Adverbien, die **auf *-ly*** enden, werden mit ***more/most*** gesteigert.

► Steigerung der Adjektive: 197

Anmerkung

	comparative	superlative
cheaply/cheap	more cheaply/cheaper	most cheaply/cheapest
loudly/loud	more loudly/louder	most loudly/loudest

Adverbien wie *cheaply, loudly, quickly, …*, die im informellen Sprachgebrauch auch ohne *-ly* verwendet werden, werden je nachdem, ob sie mit oder ohne *-ly* benutzt werden, unterschiedlich gesteigert.

212 *Unregelmäßige Steigerung • Irregular comparison*

	comparative	superlative
well	better	best
badly	worse [wɜːs]	worst [wɜːst]
far	farther/further	farthest/furthest
much	more	most
(a) little	less	least

Die Adverbien *well, badly, far, much, (a) little* haben **unregelmäßige Steigerungsformen**.

► Unregelmäßige Steigerung bei Adjektiven: 198

'I'm learning how to relax, doctor – but I want to relax better and faster! I WANT TO BE ON THE CUTTING EDGE OF RELAXATION!'*

on the cutting edge of sth. an vorderster Front von etw.

213 *Vergleiche in Sätzen • Sentences with comparisons*

a Mum drives just as badly as Dad, in my opinion.
... (genau)so schlecht wie ...
Tim doesn't take life as seriously as Ben.
... nicht so ernst wie ...
Serena plays tennis more aggressively than her sister.
... aggressiver als ...
Of the four girls, Vanessa dresses (the) most attractively.
... am schönsten/hübschesten/besten ...

Wie beim Adjektiv gibt es auch beim Adverb verschiedene Möglichkeiten, einen **Vergleich** auszudrücken.

b 1a My brother plays chess as well as me.
b My brother plays chess as well as I do.
... wie ich.
2a The dog can jump higher than us.
b The dog can jump higher than we can.
... als wir.

Bei Vergleichen wird meist die **Objektform des Personalpronomens** verwendet: *me, him, her, us, them* (Beispiele 1a und 2a).
Man kann auch die Subjektform des Personalpronomens + Verb benutzen (Beispiele 1b und 2b).

► Subjekt- und Objektform des Personalpronomens: 227a

c The carousel went faster and faster.
... immer schneller.
Peter is behaving more and more strangely these days.
... immer seltsamer.

Wenn zwei Komparative durch *and* verbunden werden, wird damit eine **allmähliche Steigerung** ausgedrückt: *immer schneller, immer seltsamer*.

d The more quietly she spoke, the more carefully we listened.
Je leiser ..., desto/umso aufmerksamer ...
The sooner you come the better.
Je eher ..., desto/umso besser.

Das deutsche ***je – desto*** bzw. ***je – umso*** wird im Englischen durch ***the – the*** wiedergegeben.

► Vergleiche mit Adjektiven: 200

Stellung · Position

214 *Übersicht · Summary*

Adverbien können an **verschiedenen Stellen** im Satz stehen. Es gibt drei grundlegende Stellungen:

front-position:	**adverb** + subject (+ auxiliary) +		main verb (+ object)
mid-position:	subject (+ auxiliary) +	**adverb** +	main verb (+ object)
end-position:	subject (+ auxiliary) +		main verb (+ object) + **adverb**

a *Front-position:*

adverb	subject			
Suddenly	the car	stopped.		Das Adverb steht **vor dem Subjekt**.

b *Mid-position:*

subject	adverb	main verb		
The sun	always	rises	in the east.	Das Adverb steht **zwischen Subjekt und *main verb***.

subject	*be*	adverb		
Christopher	is	often	nervous before a test.	Das Adverb steht **nach einer Form von *be***.

subject	auxiliary	adverb		
You	can	always	ask me.	In Sätzen mit Hilfsverb steht das Adverb **nach dem (ersten) Hilfsverb**.
The money	has	never	been found.	
Tom	doesn't	usually	come late.	

c *End-position:*

	main verb	object	adverb	
I	shouted		angrily.	Das Adverb steht **nach dem *main verb* (+ Objekt)**.
Tina	opened	the door	quietly.	

⚠ *Mein Bruder putzt nie sein Zimmer.*
nicht: My brother ~~cleans never his room~~.
sondern: My brother never cleans his room.

Meine Cousine spricht gut Französisch.
nicht: My cousin ~~speaks well French~~.
sondern: My cousin speaks French well.

Das Adverb darf im Englischen **nicht zwischen** dem ***main verb* und** dem **(direkten) Objekt** stehen.

215 *Die Stellung der verschiedenen Arten von Adverbien*
The position of the various types of adverbs

a ***Front-position:***

Unfortunately, it turned rather cold.
Luckily, we had our anoraks with us.

I don't like Latin. In fact, I hate it.
... Finally, I would like to say ...

Front-position haben gewöhnlich:

- **Satzadverbien** wie *maybe, perhaps, of course, hopefully, (un)fortunately, luckily, obviously,* die eine Stellungnahme des Sprechers zum Satzinhalt ausdrücken,
- **satzverbindende Adverbien** wie *at first, then, in fact, finally, however.*

b ***Mid-position:***

We soon found Jill's house.
Uncle Jack has just phoned.

We always go to the disco on Saturdays.
There are often adverts for part-time jobs in the local newspaper.

Mid-position haben gewöhnlich:

- einige (kurze) Adverbien der **unbestimmten Zeit** wie *soon, now, just, still, ever, already*
- Adverbien der **unbestimmten Häufigkeit** wie *always, often, usually, sometimes, rarely, never.*

c ***End-position:***

Helen draws and paints beautifully.
The guide answered the questions politely.

John and Pat have gone to live abroad.
I'm meeting my boyfriend at the station.

Craig sold his motorbike yesterday.
We moved here from Dover two years ago.

I've been to San Francisco twice.
Our theatre group meets every Friday.

End-position haben gewöhnlich:

- Adverbien der **Art und Weise** wie *beautifully, carefully, politely, quickly, quietly, well*
- Adverbien des **Ortes** wie *here, there, abroad, everywhere, in/to London, at the station*
- Adverbien der **bestimmten Zeit** wie *yesterday, on May 1st, in 1989, two years ago*
- Adverbien der **bestimmten Häufigkeit** wie *once, twice, daily* sowie **zusammengesetzte Häufigkeitsangaben** wie *several times, every Friday, most evenings.*

Anmerkung

1 The guide answered the questions politely.
2 The guide politely answered the questions.

Adverbien der Art und Weise haben meist *end-position.* Sie können aber auch *mid-position* haben, wenn sie nicht weiter hervorgehoben werden sollen. So erhält die Aussage *politely* in Beispiel 2 *(mid-position)* weniger Gewicht als in Beispiel 1 *(end-position).*

d **Mehrere Adverbien mit *end-position*:**

	manner	place	time
Jason is flying		to New York	tomorrow.
Gina acted	strangely	at the party	last night.

Kommen in einem Satz mehrere Adverbien mit *end-position* zusammen, gilt gewöhnlich die Reihenfolge **Art und Weise – Ort – Zeit *(manner – place – time)*.**

e **Die Stellung der Gradadverbien:**

Your new camera looks very expensive.
The biology homework was too difficult.
Todd really believes he'll be famous one day.

Gradadverbien stehen meist direkt vor dem Wort, auf das sie sich beziehen. Zu ihnen gehören: *very, hardly, just, nearly, quite, rather, really, too* (= zu).

f Die Stellung der betonenden Adverbien:

I'm only having a cup of tea.
Nicola loves cycling – she even cycles in the rain.
We decided on a holiday only at the last moment.
Even taxi drivers have difficulty in finding the place.

Betonende Adverbien wie *also, even, only, mainly, mostly* haben *mid-position* oder stehen direkt vor dem Wort, das sie hervorheben.

g Veränderung der üblichen Stellung:

We usually spend Easter at home. Sometimes we go to my aunt's.

I didn't feel very well yesterday. But today I'm fine.

Where did you see Matthew? – I saw him yesterday at the club.

Wenn Adverbien **nicht an der üblichen Stelle** im Satz stehen, sind sie oft besonders hervorgehoben oder sie dienen der besseren Verknüpfung zweier Sätze in einem Text.

Anmerkung

Are you going to Steve's party? – Definitely.
… – Bestimmt.
A speed limit ought to be imposed here. – Exactly.
… – Richtig/Genau.
I've never smoked in my life. – Honestly?
… – Ehrlich?

Adverbien können auch – vor allem im gesprochenen Englisch – allein stehen.

216 *Englische Verben anstelle deutscher Adverbien* *English verbal expressions for German adverbs*

Kelly likes skiing, and she also enjoys snowboarding.
Kelly läuft gern Ski und sie fährt auch gern Snowboard.

Roger prefers cycling to walking.
Roger fährt lieber Rad, als dass er läuft.

Sheila hates walking.
Sheila geht sehr ungern/überhaupt nicht gern zu Fuß.

Laura keeps falling for the wrong guys.
Laura verliebt sich immer in die falschen Typen.

Go on reading, please.
Lies bitte weiter!

Liz used to collect telephone cards.
Liz hat früher Telefonkarten gesammelt.

I hope to see you before you go on holiday.
Hoffentlich sehe ich Sie noch, ehe Sie in Urlaub fahren.

Where's Sandra? – At home, I suppose. She seems to have left early.
Wo ist Sandra? – Vermutlich zu Hause. Sie ist anscheinend schon früh gegangen.

Did Ranjit happen to be at the concert?
War Ranjit zufällig im Konzert?

Deutsche Adverbien werden im Englischen häufig durch **Verbkonstruktionen** wiedergegeben.

'Arlen keeps bragging about running 26 miles. What he fails* to tell people is that it took him eight months to do it.'*

brag angeben
fail (hier:) versäumen

▶ *Be certain to, be likely to* usw.: 106 d

225 *Mengenbezeichnungen Quantifiers*

217 *Einleitung · Introduction*

a

Some teenagers were waiting for the bus.
There aren't any free seats.
We made lots of new friends on holiday.
Two members of the group were late.

Some, any, lots of usw. sind **Mengenbezeichnungen** *(quantifiers)*.
Auch die Grundzahlen (z.B. *one, two, three* usw.) werden zu den Mengenbezeichnungen gerechnet.

b

	countable noun		uncountable noun
	singular	plural	
some		some boys	some water
any	any boy	any boys	any water
a lot of/ lots of		a lot of/ lots of boys	a lot of/ lots of water
much			much water
many		many boys	
(a) little			(a) little water
(a) few		(a) few boys	
every	every boy		
each	each boy		
all		all boys	all water
both		both boys	
either	either boy		
neither	neither boy		
no	no boy	no boys	no water

Mengenbezeichnungen können als **Bestimmungswort** *(determiner)* vor einem Nomen verwendet werden. Die Tabelle zeigt die Verwendungsmöglichkeiten bei zählbaren und bei nicht zählbaren Nomen. Weitere Informationen hierzu finden sich in den folgenden Abschnitten zu den einzelnen Mengenbezeichnungen.

'Haven't you brought any vegetables with it?'

c

1 I need some money. Can you lend me some?
2 We have two video recorders. Both are broken at the moment.
3 I've only eaten a few of these biscuits – they're full of calories.

Mengenbezeichnungen können ohne Nomen (Beispiele 1 und 2) verwendet werden und sind dann **Pronomen** *(pronouns)*. Sie können auch vor einer *of*-Fügung stehen (Beispiel 3).

⚠ I've read every book on that shelf.
There were no guests in the restaurant.

Every und ***no*** müssen **immer mit** einem **Nomen** verwendet werden und können nicht vor einer *of*-Fügung stehen.

⚠ None of the tourists gave the guide a tip.

None kann **nicht mit** einem **Nomen** verwendet werden. Es kann vor einer *of*-Fügung stehen.

d There's somebody at the door.
I can't see anyone behind the counter.
Everything is so tidy. What a surprise!
The kids have nowhere to go in the evening.

Von *some, any, every* und *no* gibt es **Zusammensetzungen** mit *-body, -one, -thing, -where*.

▶ Zusammensetzungen mit *some, any, every, no*: 224

218 Some, any

a I need some new clothes.
… einige/ein paar neue Kleidungsstücke/Klamotten.
We haven't had any rain here for two weeks.
… keinen Regen …

Some und *any* bezeichnen oft eine **unbestimmte Menge oder Zahl**.

Anmerkung

Are there some [səm] apples left?
… einige/ein paar Äpfel …?
Some [sʌm] schools have their own Web sites.
Einige (aber nicht alle) Schulen …

Bei einem unbetonten *some* ist die Aussprache [səm].

Wenn *some* hervorgehoben werden soll, ist die Aussprache [sʌm].

b There's some butter in the fridge.
… (etwas) Butter …
There are some onions too.
… (einige/ein paar) Zwiebeln.
Is there any milk left?– Well, I can't see any.
… noch (etwas) Milch …? – … keine …
And we haven't got any tomatoes.
… keine Tomaten.

Some und ***any*** verwendet man:
- mit **nicht zählbaren Nomen** wie *butter, milk, sugar, time, music* usw.
- mit **Nomen im Plural**.

Beachte, dass *some* und *any* (in Fragen) oft keine deutschen Entsprechungen haben.

c I'll get some money from my savings account.
… (etwas) Geld …
Dave is helping some friends.
… (einigen/ein paar) Freunden.

Some wird vor allem in **bejahten Aussagesätzen** verwendet.

We didn't have any free time.
… keine Freizeit.
Are there any buses after midnight?
… Busse?

Any wird vor allem in **verneinten Aussagesätzen** und in **Fragen** verwendet.

▶ *Every, each, any*: 220 b

Anmerkungen

1 If you need some/any small change for the machine, I've got a pocket full.

In Nebensätzen mit *if* kann *some* oder *any* stehen.

2 Our teacher never gives us any hints before a test.
There are hardly any clean cups in the cupboard.

In bejahten Aussagesätzen wird *any* nach Wörtern verwendet, die eine negative oder einschränkende Bedeutung haben, z.B. *never, hardly*.

d

Could you give me some help?
(= Please give me some help.)

Would you like some sandwiches?
(= Have some sandwiches.)

Did you get some computer magazines?
(= I expect you got some computer magazines.)

Some (nicht *any!*) wird bei **Bitten** und **Angeboten** verwendet. Auch in **Fragen**, auf die man die Antwort **„ja"** erwartet, wird *some* benutzt.

Anmerkungen

1 Some official is supposed to be opening the new building.
Irgendein Beamter …

Some vor einem zählbaren Nomen im Singular kann eine unbekannte Person oder Sache bezeichnen.

2 There were some hundred people on board the ferry.
… ungefähr hundert Menschen …

Some vor Zahlen bedeutet *ungefähr, etwa.*

e

You can choose any book you like.
… jedes (= jedes beliebige) Buch …

Any in **bejahten Aussagesätzen** bedeutet *jeder (= jeder beliebige …).*

► Zusammensetzungen mit *some, any*: 224 a/b
► *Somebody, anybody* usw. + *they/them/their*: 225 a

„some" vor allem in bejahten Aussagesätzen
„any" vor allem in verneinten Aussagesätzen und in Fragen

219 A lot of/Lots of, much, many, (a) little, (a) few

a

We've got a lot of/lots of time before the train leaves.
… viel Zeit …
We need a lot of/lots of bananas.
… viele Bananen.

A lot of oder ***lots of*** (= *viel, viele*) verwendet man
- mit **nicht zählbaren Nomen** wie *butter, sugar, time, music* usw.
- mit **Nomen im Plural**.

Lots of wird eher im informellen Englisch verwendet.

There's a lot/lots to do.
… viel …

Wenn kein Nomen oder Pronomen folgt, fällt das *of* weg.

b

Move up, please. We haven't got much room.
… nicht viel Platz.
How much money do we need? – Not much.
Wie viel Geld …? – Nicht viel.

Much (= *viel*) verwendet man nur mit **nicht zählbaren Nomen**.

There weren't many mistakes in your test.
… nicht viele Fehler …
How many Metallica CDs have you got? – Not very many.
Wie viele Metallica-CDs …? – Nicht sehr viele.

Many (= *viele*) verwendet man nur mit **Nomen im Plural**.

c

I haven't got much time to spare.
How many stars can you count?

We get a lot of rain here.
Lots of fans were queuing for the concert.

There are too many people in the swimming-pool.
There was so much traffic that we were late.

Much und ***many*** werden meist in **verneinten Aussagesätzen** und in **Fragen** verwendet.

In **bejahten Aussagesätzen** ist ***a lot of*** bzw. ***lots of*** gebräuchlicher.

Nach *too, so, as, very* und *how* werden aber immer *much* und *many* verwendet.

Anmerkung

The project cost a great deal of money.
There's no rush. We've got masses of time.

Andere Ausdrücke für *a lot of/lots of, much, many* sind *a large number of, a great deal of, a large/huge amount of.* Im informellen Englisch werden auch *masses of, heaps of, tons of, miles of* oder *millions of* verwendet.

d

Could I have a little sugar?
... ein wenig/ein bisschen/etwas Zucker ...?

We had lots of food, but I only ate a little.
... ein wenig/ein bisschen ...

A little (= *ein wenig, ein bisschen, etwas)* verwendet man nur mit **nicht zählbaren Nomen**.

The teacher asked us a few questions.
... ein paar/einige Fragen ...

A few (= *ein paar, einige)* verwendet man nur mit **Nomen im Plural**.

Anmerkungen

1 A handful of people were arrested.
You've got a bit of oil on your shirt.

Andere Ausdrücke für *a little, a few* sind *several, a handful of, a small amount of, a bit of* (informell).

2 There were less cars on the road than last Sunday.

Less (= weniger) als Komparativform von *a little* kann im informellen Englisch auch mit zählbaren Nomen im Plural verwendet werden, obwohl es sonst nur in Verbindung mit nicht zählbaren Nomen auftritt.

e

There was little time for discussion.
Few fans can afford the best seats.

Little und ***few*** (ohne *a*) in der Bedeutung *(nur) wenig* bzw. *(nur) wenige* sind **eher formell**.

There was only a little/not much cake left.
Only a few/Not many of my friends helped me.

Im informellen Englisch verwendet man meist *only a little/only a few* bzw. *not much/not many*.

f

	comparative	superlative
much / many / a lot of	more	most
(a) little	less	least
(a) few	fewer	fewest

Much, many, a lot of, (a) little haben **unregelmäßige Steigerungsformen**.

Die Steigerung von *(a) few* ist regelmäßig.

„much, a little" + nicht zählbare Nomen
„many, a few" + Nomen im Plural

220 Every, each, any

a

Every/Each child had to take three tests.
Jedes Kind …

Every child enjoys watching cartoons.
Jedes Kind (= Alle Kinder im Allgemeinen) …

Each runner has her own number.
Jede Läuferin (= Jede einzelne Läuferin) …

Every und *each* werden wie *jeder* im Deutschen gebraucht. Oft sind sie austauschbar.
Beachte aber:
- Wenn *jeder* in einem ganz **allgemeinen, umfassenden Sinn** gemeint ist, verwendet man ***every***.
- Wenn man an **jede einzelne Person oder Sache** (meist aus einer bestimmten Anzahl) denkt, wird ***each*** vorgezogen.

⚠ There are ten runners and each has her own number.
Each of the runners has her own number.

Nur *each* (nicht *every*!) kann **allein oder vor** einer ***of*-Fügung** stehen.

Anmerkung

The doctor had to look at the patient every 30 minutes.
Almost every student had a good test result.
Practically every applicant had excellent qualifications.

Zusammen mit Zahlen und mit Wörtern wie *almost*, *nearly*, *practically* wird *every* (nicht *each*!) verwendet.

b

All the buses that pass our house go to the station. So you can take any bus.
… jeden (= jeden beliebigen/irgendeinen) Bus …

Think of a number. Choose any number between one and fifty.
… irgendeine Zahl …

Any wird verwendet, wenn ***jeder beliebige …***, ***irgendein …*** gemeint ist.

⚠ We aren't doing anything this week. You can come any day.
… an jedem beliebigen Tag …

I take the dog out every day.
… jeden Tag …

Any day bedeutet *Monday* ***or*** *Tuesday* ***or*** *Wednesday* usw.

Every day bedeutet *Monday* ***and*** *Tuesday* ***and*** *Wednesday* usw.

► *Some, any*: 218
► Zusammensetzungen mit *any, every*: 224 a-c
► *Somebody, anybody* usw. + *they/them/their*: 225

„every …" = jeder, alle …
„each …" = jeder einzelne …
„any …" = jeder beliebige …

221 All

a

All trees need sunlight.
Alle Bäume …

All of us love parties. / We all love parties.
Wir alle …

We've spent all our money.
… unser ganzes Geld/all unser Geld …

Not all water is suitable for drinking.
Nicht alles Wasser …

Lara was ill. She had to stay in bed all day.
… den ganzen Tag …

All* + Plural** bedeutet ***alle …

All* + Singular** bedeutet ***ganzer … bzw. ***all …***
Wendungen mit *all* sind:

all day	den ganzen Tag
all morning	den ganzen Morgen
all week	die ganze Woche
all the time	die ganze Zeit

b

Last October all the trees in the park still had leaves.
… alle Bäume im Park …
What are all these people doing here?
… alle diese Leute …?
Jenny has drunk all the cola.
… die ganze Cola …

Wenn man sich auf etwas **Bestimmtes** bezieht (z.B. *Bäume im Park*, nicht Bäume im Allgemeinen), muss auf ***all*** der **bestimmte Artikel** *the* oder ein anderes Bestimmungswort (*this, these, my* usw.) folgen. *The* steht immer dann, wenn es auch ohne *all* stehen müsste.

'I hacked into the school's computer and changed all my grades. Then the school hacked into my computer and deleted all my games!'*

delete löschen

⚠ *Alle waren glücklich.*
nicht: ~~All were~~ happy.
sondern: Everybody was happy.

Alles war in Ordnung.
nicht: ~~All~~ was OK.
sondern: Everything was OK.

Meist wird das deutsche ***alle/alles*** im Englischen mit ***everybody/everything*** (nicht mit *all*!) wiedergegeben.

Anmerkungen

1 All our guests were late. /
All of our guests were late.
All of them were late.

Vor einem Bestimmungswort + Nomen sind *all* und *all of* gleichermaßen möglich. Im amerikanischen Englisch ist *all of* häufiger. Vor einem Personalpronomen (z.B. *them*) muss *all of* stehen.

2 The guests have all arrived now.

All kann – wie ein Adverb – *mid-position* haben.

► *Mid-position* bei Adverbien: 214 b

222 Both, either, neither

a

Both children play the piano. /
Both (of) the children play the piano.
Beide Kinder/Die beiden Kinder …

Both of us like 'The Simpsons'. /
We both like 'The Simpsons'.
Wir beide …

Kate has got two brothers. Both live in New York.
… Beide…

Both bedeutet ***beide*** (= *der eine* ***und*** *der andere*).

⚠ *Ich kenne die beiden Männer.*
nicht: I know ~~the both~~ men.
sondern: I know both (of) the men.

Im Gegensatz zum Deutschen steht ***both*** vor dem bestimmten Artikel oder einem anderen Bestimmungswort.

b

Either team could win. They are equally good.
Jedes Team (= Das eine oder das andere Team) …

Look carefully. Have you seen either of these men before?
… einen dieser (beiden) Männer …

Both these jackets cost under a hundred pounds. You can have either for your birthday.
… eine (von beiden) …

Either ['aɪðə] bedeutet ***jeder/einer von zweien*** (= *der eine* ***oder*** *der andere*).

Anmerkung

The shops on either side of the street are expensive. /
The shops on both sides of the street are expensive.

Gelegentlich kann *both* oder *either* verwendet werden.

c

Neither of the two boys spoke Italian.
Keiner der zwei Jungen/Keiner von beiden Jungen …
– Did either of the two boys speak French?
– No, neither (of them).
…, keiner von beiden.

Neither girl knew what to do next.
Keines der beiden Mädchen …

Neither ['naɪðə] bedeutet ***keiner von zweien***.

Anmerkung

The committee found neither of the two candidates acceptable.
I watched both the videos, but I didn't like either of them.

Statt *neither* in Objektposition wird im informellen Englisch häufig *not … either* verwendet.

223 No, none

a The children had no money to buy a present.
… kein Geld …

There is no bank in our village.
… keine Bank …

There are no tourists here in winter.
… keine Touristen …

No bedeutet ***kein***. Es steht **immer vor** einem **Nomen**.

Reproduced from *The Spectator*

b There are no buses after midnight.
(= There aren't any buses after midnight.)

No hebt die negative Bedeutung **stärker** hervor als *not any*. Dies gilt auch für die Zusammensetzungen mit *no*.

► Zusammensetzungen mit *no*: 224 d
► *Somebody, anybody* usw. + *they/them/their*: 225 a

c None of my friends wanted to stay.
Keiner meiner Freunde/Keiner von meinen Freunden …

We can't have tea – there's none (= no tea) left.
… es gibt keinen mehr.

None [nʌn] bedeutet ***keiner***. Es wird vor einer *of*-Fügung verwendet oder wenn man ein Nomen nicht wiederholen will.

⚠ *keiner meiner Brüder*
nicht: ~~no of~~ my brothers
sondern: none of my brothers

224 *Zusammensetzungen mit* some, any, every, no *Compounds with* some, any, every, no

Mit *some*, *any*, *every* und *no* gibt es **Zusammensetzungen**.

a There's somebody/someone at the door.
... jemand ...
I want something to eat.
... etwas ...
Shandy must be somewhere in the garden.
... irgendwo ...
I didn't know anybody/anyone at the barbecue.
... niemanden ...
We haven't heard anything about the accident.
... nichts ...
Can you see my glasses anywhere?
... irgendwo ...

Die Zusammensetzungen mit ***some*** und ***any*** sind:

somebody/someone	jemand
something	etwas
somewhere	irgendwo(hin)
anybody/anyone	(irgend)jemand
anything	(irgend)etwas
anywhere	irgendwo(hin)
not ... anybody/anyone	niemand, keiner
not ... anything	nichts
not ... anywhere	nirgends, nirgendwo(hin)

Die Regeln zur Wahl von *some* oder *any* gelten auch für die Zusammensetzungen mit *some* und *any*.

b Anybody can tell you where the station is.
Jeder (Beliebige) ...

I'm very hungry – I'll eat anything.
... alles (egal was).

Mit ***any*** im Sinne von *jeder beliebige ...* gibt es folgende Zusammensetzungen:

anybody/anyone	jeder Beliebige
anything	alles
anywhere	überall(hin)

c Everybody relaxed after the long journey.
Jeder/Alle ...

Did you really look everywhere?
... überall ...?

Die Zusammensetzungen mit ***every*** lauten:

everybody/everyone	jeder, alle
everything	alles
everywhere	überall(hin)

d Nobody/No one came to visit me.
Niemand/Keiner ...
I've had nothing to eat since breakfast.
... nichts ...
These poor people have nowhere to live.
... nirgendwo ...

Die Zusammensetzungen mit ***no*** sind:

nobody/no one	niemand, keiner
nothing ['nʌθɪŋ]	nichts
nowhere	nirgends, nirgendwo(hin)

225 Somebody, anybody *usw.* + they/them/their

a Someone has parked their (= his or her) car behind mine.

Do you know anybody who has been on an exchange to Paris? When did you see them (= him or her) last?

Everybody said where they (= he or she) came from.

Nobody wants to help, do they (= he or she)?

Bei *someone*, *anybody* usw. steht das **Verb im Singular**. **Personalpronomen** und **Possessivbegleiter**, die sich auf diese Wörter beziehen, werden jedoch häufig **im Plural** verwendet: ***they***, ***them***, ***their***. So wird vermieden, dass man ausschließlich weibliche oder ausschließlich männliche Personen anspricht.

b Every/Each child had their (= his or her) own present.

Im informellen Englisch wird bei ***every*** und ***each*** oft ***their*** statt *his or her* gebraucht.

226-239 *Pronomen* *Pronouns*

226 *Einleitung · Introduction*

She and I went to the same school.
These aren't my CDs, they are yours.
I hurt myself with a hammer.

She, I, they, yours, myself sind **Pronomen** *(pronouns)*.

▶ Relativpronomen: 258 a
▶ Mengenbezeichnungen als Pronomen: 217 c
▶ *Who, whose, which, what* als Fragepronomen: 241 b

Das Personalpronomen · The personal pronoun

227 *Formen · Forms*

a

	subject form		object form	
singular	I	*ich*	me	*mir, mich*
	you	*du; Sie*	you	*dir, dich; Ihnen, Sie*
	he	*er*	him	*ihm, ihn*
	she	*sie*	her	*ihr, sie*
	it	*es; er; sie*	it	*ihm, es; ihm, ihn; ihr, sie*
plural	we	*wir*	us	*uns*
	you	*ihr; Sie*	you	*euch; Ihnen, Sie*
	they	*sie*	them	*ihnen, sie*

Von den Personalpronomen *(personal pronouns)* gibt es im Englischen zwei Formen: die **Subjektform** *(subject form)* und die **Objektform** *(object form)*.

Anmerkung

Can you all come over here?
I've got a job for you two.
Do you guys want to come with us or not?
What are you lot doing here?

Wenn *you* sich auf mehrere Personen bezieht, kann dies durch Zusätze deutlich gemacht werden.

b

Please phone me or send me a postcard.
... mich ... ... mir ...
Well, we're going – with you or without you.
... – mit dir oder ohne dich.

Die Objektform des Personalpronomens steht nach Verben und nach Präpositionen. Im Gegensatz zum Deutschen gibt es im Englischen für jede Person **nur *eine* Objektform**.

⚠ Ask Jody. She's my friend. You can always ask her.
Frag Jody. Sie ist meine Freundin. Du kannst sie immer fragen.

Where are the boys? – They're here. I've seen them.
Wo sind die Jungen? – Sie sind hier. Ich habe sie gesehen.

Are you Mrs Barber? Here's a letter for you.
Sind Sie Mrs Barber? Hier ist ein Brief für Sie.

Is that your new bag? It's fantastic.
Ist das deine neue Tasche? Sie ist fantastisch.

Beachte die unterschiedlichen englischen Entsprechungen des **deutschen *sie/Sie***.

c Who plays table tennis? – Me.
… – I do.
… – Ich.

Tim's sister is as tall as him.
… as he is.
… wie er.

Don't panic. It's only us.
… Wir sind's nur.

In **kurzen Antworten** (ohne Verb), in **Vergleichen** und nach einer Form von ***be*** wird oft die **Objektform** (z.B. *me, him, us*) verwendet. Man kann auch die Subjektform + Verb (z.B. *I do, he is*) benutzen.

▶ Kurzantworten: 8c
▶ Vergleiche: 200b, 213b

228 *Bestimmte Verwendungen von* it • *Some uses of* it

a Don't sit on that chair. It's wet.
… den Stuhl. Er …
I've got an idea, but you won't like it.
… eine Idee, … … sie …
What happened to the window? – It's broken.
… dem Fenster …? – Es …

It wird verwendet, wenn man von **Dingen** und **Begriffen** spricht. Im Deutschen hingegen gebraucht man je nach dem (grammatischen) Geschlecht *er, sie* oder *es*.

b Sally has got a new cat. It's sweet.
I saw the horse. It was standing by the gate.

It gebraucht man für **Tiere**, zu denen man keine persönliche Beziehung hat.

This is my dog. He's called Shep.
I've got a cat. She's very fat.

Hat man zu Tieren eine persönliche Beziehung (z.B. zu Haustieren), sagt man *he* oder *she*.

c There's someone at the door. It might be your brother.
… Es könnte dein Bruder sein.
Who is that? – It's Mike. / It's Tom and Sally.
… – Es ist Mike. / Es sind Tom und Sally.

It* + Form von *be wird verwendet, wenn man eine Person „identifiziert", also z.B. den Namen nennt. Im Deutschen steht *es*.

There's someone at the door. He's got green hair.
… Er hat grüne Haare.
Who is Mrs Benson? – She's our new teacher.
… – Sie ist unsere neue Lehrerin.

In allen anderen Fällen gebraucht man für Personen *he* oder *she*.

▶ *There is/are = es ist/sind, es gibt:* 52

229 *Das deutsche* man · *The German* man

a You can't have everything.
Man kann nicht alles haben.

One should look after oneself.
Man sollte sich um sich selbst kümmern.

You und ***one*** können verwendet werden, wenn man von Leuten allgemein sprechen will. Dabei ist der Sprecher einbezogen. *One* ist formell.

b They speak a strange dialect in this area.
Man spricht einen seltsamen Dialekt in dieser Gegend.

They're going to build a new leisure centre.
Man hat vor/Sie haben vor, ein neues Freizeitzentrum zu bauen.

They hat eine weniger allgemeine Bedeutung als *you* und *one* und bezieht sich auf bestimmte Gruppen, z.B. *die Leute in der Gegend* oder *die Behörden.*

They say (= People say) that the new headmaster is going to bring in a lot of changes.
Man sagt (= Die Leute sagen), dass der neue Direktor eine Menge von Veränderungen bewirken wird.

Eine häufige Wendung ist ***they say*** *(= people say).*

c Nothing could be done.
Man konnte nichts machen.

Man kann im Englischen manchmal durch einen **Passivsatz** wiedergegeben werden.

► *One* als Stützwort: 239

Der Possessivbegleiter, das Possessivpronomen
The possessive determiner, the possessive pronoun

230 *Formen · Forms*

	possessive determiner		possessive pronoun	
singular	my	*mein*	mine	*meiner*
	your	*dein; Ihr*	yours	*deiner; Ihrer*
	his	*sein*	his	*seiner*
	her	*ihr*	hers	*ihrer*
	its	*sein, ihr*	—	—
plural	our	*unser*	ours	*unserer*
	your	*euer; Ihr*	yours	*eurer; Ihrer*
	their	*ihr*	theirs	*ihrer*

⚠ Is that your car, Mrs Ashton?
Ist das Ihr Auto, Mrs Ashton?

Susan is 14 and her brother is nine.
Susan ist 14 und ihr Bruder ist neun.

The Carters haven't paid for their new house yet.
Die Carters haben ihr neues Haus noch nicht bezahlt.

Beachte die unterschiedlichen englischen Entsprechungen des **deutschen *ihr/Ihr*.**

⚠ Look at that cat. What's the matter with its foot?
It's nice to have a pet.

its = *sein, ihr*
it's = *it is*

231 *Gebrauch • Use*

a

possessive determiner	possessive pronoun
Is this your pen, Rita? *... dein Füller, ...?*	No, Sue, it's yours. *... deiner.*
Trish has done her work. *... ihre Arbeit ...*	Lisa hasn't done hers. *... ihre ...*
We're looking for our dog. *... unseren Hund.*	Whose is this? – It's ours. *... unserer.*

Die **Possessivbegleiter** *(possessive determiners) my, your, his, her* usw. stehen immer **vor** einem **Nomen** und werden daher auch *possessive adjectives* genannt.
Die **Possessivpronomen** *(possessive pronouns) mine, yours, his, hers* usw. stehen **allein**, d.h. ohne Nomen. Sie werden verwendet, wenn man ein schon genanntes Nomen nicht wiederholen will.

b

I saw it with my own eyes.
... mit meinen eigenen Augen ...
Most students bring their own sandwiches.
... ihr eigenes Brot ...

My, your, his, her usw. können durch ***own*** **verstärkt** werden.

⚠

Ich hätte so gern eine eigene Wohnung.
nicht: I'd love to have ~~an own flat~~.
sondern: I'd love to have a flat of my own.

Er hat keine eigenen Ideen.
nicht: He's got ~~no own ideas~~.
sondern: He's got no ideas of his own.

In Verbindung mit dem unbestimmten Artikel, *no*, Zahlwörtern und anderen Bestimmungswörtern müssen *my, your, his, her* usw. + *own* in der nachgestellten ***of*-Fügung** verwendet werden.

c

I've broken my right leg.
Ich habe mir das rechte Bein gebrochen.
Take off your shoes, please.
Zieh bitte die Schuhe aus!
Several people lost their lives in the explosion.
Mehrere Menschen verloren bei der Explosion ihr Leben.
The news of their deaths was broadcast immediately.
Die Nachricht von ihrem Tod wurde sofort verbreitet.

Im Englischen müssen bei **Körperteilen**, **Kleidungsstücken** und einigen anderen Nomen wie ***life***, ***mind***, ***death*** die **Possessivbegleiter** *my, your, his, her* usw. verwendet werden. Die Nomen stehen gewöhnlich im Plural, wenn sie sich auf mehrere Personen beziehen.

d

Lynn has always been a friend of mine.
(= ... one of my friends.)
... eine Freundin von mir ...

Mr Walker is a neighbour of ours.
(= ... one of our neighbours.)
... ein Nachbar von uns.

Die **Possessivpronomen** *mine, yours, his* usw. können **in** einer ***of*-Fügung** verwendet werden, z.B. wenn man über einen von mehreren Freunden oder Nachbarn spricht.

⚠

Das ist eine gute Idee von dir.
nicht: That's a good ~~idea of you~~.
sondern: That's a good idea of yours.

▶ *of*-Fügung: 180

„My, your, his, her, ..." stehen vor einem Nomen.
„Mine, yours, his, hers, ..." stehen allein.

Das Reflexivpronomen · The reflexive pronoun

232 *Formen · Forms*

singular	(I)	myself	*mir, mich*
	(you)	yourself	*dir, dich; sich*
	(he)	himself	*sich*
	(she)	herself	*sich*
	(it)	itself	*sich*
	(one)	oneself	*sich*
plural	(we)	ourselves	*uns*
	(you)	yourselves	*euch; sich*
	(they)	themselves	*sich*

Bei den Reflexivpronomen *(reflexive pronouns)* liegt die **Betonung** auf der zweiten Silbe: *myself* [-'-], *yourself* [-'-] usw.

Der **Plural** wird mit *-selves* [-selvz] gebildet.

233 *Gebrauch · Use*

a I cut myself with a breadknife.
Ich habe mich mit einem Brotmesser geschnitten.

Jane is teaching herself Italian.
Jane bringt sich Italienisch bei.

My grandparents can look after themselves.
Meine Großeltern können sich selbst versorgen.

Das Reflexivpronomen (z.B. *myself, herself, themselves*) **bezieht sich auf** das **Subjekt** des Satzes (z.B. *I, Jane, my grandparents*). Es ist **rückbezüglich** (= *reflexiv*): Es bezeichnet dieselbe Person (oder Sache) wie das Subjekt.

Wendungen:

Enjoy yourself/ yourselves.	Viel Spaß! Amüsier dich/ Amüsiert euch gut!
Help yourself/ yourselves.	Greif zu! Bedien dich! / Bedienen Sie sich!
I did it by myself.	Ich habe es allein gemacht.

Anmerkungen

1 Everybody was happy except me/myself.
... außer mir.

Nach *as, than, like, but (= außer), except* kann statt eines Personalpronomens ein Reflexivpronomen stehen.

2 My boyfriend and I/myself were late.
... ich ...

Gelegentlich kann *myself* auch an die Stelle von *I* treten.

⚠ **vergleiche:**

Jim hurt himself. (reflexive pronoun)
Jim hat sich (selbst) verletzt.

Jim hurt him. (personal pronoun)
Jim hat ihn verletzt.

Beachte den Unterschied zwischen **Reflexivpronomen** und **Personalpronomen**.

b

Viele Verben, die im Deutschen reflexiven Verben entsprechen, sind **im Englischen nicht reflexiv**. Dazu gehören:

I wish I could afford that red sweatshirt.
Ich wünschte, ich könnte mir das rote Sweatshirt leisten.

We complained about the food.
Wir beschwerten uns über das Essen.

Turn off the TV and concentrate on your work.
Mach den Fernseher aus und konzentriere dich auf deine Arbeit!

I can't imagine living in the country.
Ich kann mir nicht vorstellen, auf dem Land zu leben.

Don't move.
Beweg dich nicht!

The article refers to the novel.
Der Artikel bezieht sich auf den Roman.

Do you remember our last trip to Mexico?
Erinnerst du dich an unsere letzte Reise nach Mexiko?

I wonder why Margo hasn't phoned.
Ich frage mich, warum Margo nicht angerufen hat.

afford	sich leisten
apologize	sich entschuldigen
argue	sich streiten
change	sich (ver)ändern
complain	sich beschweren
concentrate on	sich konzentrieren auf
feel	sich fühlen
hide	sich verstecken
hurry (up)	sich beeilen
imagine	sich (etw.) vorstellen
lie down	sich hinlegen
look forward to	sich freuen auf
meet	sich treffen
move	sich bewegen
open	sich öffnen
refer to	sich beziehen auf
relax	sich entspannen
rely on	sich verlassen auf
remember	sich erinnern, sich merken
rest	sich ausruhen
sit down	sich (hin)setzen
turn round	sich umdrehen
wonder	sich fragen
worry	sich Sorgen machen

Many students actually look forward to Mr Atwadder's math tests.

square root Quadratwurzel

⚠ I can't remember where I put the key.
Ich kann mich nicht erinnern, …

Remember bedeutet *sich (= sich selbst) erinnern.*

Remind me to buy some new drum sticks.
Erinnere mich daran, …

Remind bedeutet *jemanden (= jemand anderes) erinnern.*

234 Each other/One another

Bob and Liz help each other with their homework.
Bob und Liz helfen sich (= sich gegenseitig, einander) bei den Hausaufgaben.

Do you send each other/one another Christmas cards?
Schickt ihr euch (= euch gegenseitig, einander) Weihnachtskarten?

Each other/One another stehen, wenn eine **wechselseitige Beziehung** zwischen zwei oder mehreren Personen ausgedrückt werden soll.

The girls are laughing at themselves.

The girls are laughing at each other.

⚠ *Amy und Dave gaben sich gegenseitig die Schuld, den Streit angefangen zu haben.*

nicht: Amy and Dave blamed ~~themselves~~ for starting the quarrel.
sondern: Amy and Dave blamed each other for starting the quarrel.

„myself, yourself, …": rückbezüglich
„each other/one another": gegenseitig

Das verstärkende Pronomen · The emphasizing pronoun

235 *Formen · Forms*

myself, yourself, himself, …

Das verstärkende Pronomen *(emphasizing pronoun)* hat **dieselben Formen wie** das **Reflexivpronomen**.

236 *Gebrauch · Use*

We spoke to the President himself.
Wir haben mit dem Präsidenten selbst gesprochen.

I myself saw the accident.
Ich habe den Unfall selbst/selber gesehen.

I saw the accident myself.
We can't help you. We're strangers here ourselves.

Verstärkende Pronomen **heben** ein **Nomen** (z.B. *the President*) oder **Pronomen** (z.B. *I*) **besonders hervo** Sie stehen in der Regel **hinter** dem Wort, das hervorgehoben werden soll. Sie werden immer betont.
Im Deutschen wird das verstärkende Pronomen mit *selbst, selber* wiedergegeben.
Wenn das **Subjekt hervorgehoben** werden soll, kan das verstärkende Pronomen auch am **Satzende** steh

⚠ emphasizing
I saw the accident myself.
I saw the accident.

reflexive
I hurt myself.

Im Gegensatz zum Reflexivpronomen kann das **verstärkende Pronomen weggelassen** werden.

Der Demonstrativbegleiter, das Demonstrativpronomen
The demonstrative determiner, the demonstrative pronoun

237 *Formen • Forms*

singular	plural
this [ðɪs]	these [ðiːz]
that [ðæt]	those [ðəʊz]

238 *Gebrauch • Use*

a

This, that und *these, those* können unterschiedlich verwendet werden:

- als **Demonstrativbegleiter** *(demonstrative determiner)*, d.h. zusammen mit einem Nomen,

This car is expensive. But those cars are cheaper.
Dieses Auto (hier) … … jene Autos /die Autos dort …

- als **Demonstrativpronomen** *(demonstrative pronoun)*, d.h. allein stehend.

This is a Japanese car. Those are German cars.
Dies ist … Das (dort) sind …
What's this/that? – It's a new computer game.
… das? – …

b

Vom Sprecher aus gesehen, weisen ***this*** und ***these*** im Allgemeinen auf das (räumlich oder zeitlich) **Nähere** hin.

'I like these coloured shirts (here).'
Coloured shirts are very popular this summer.

That und ***those*** weisen auf das (räumlich oder zeitlich) **Entferntere** hin.

'What about those pullovers (over there)?'
Lucy wore one of them at that disco last week.

Wendungen:

Is that Valerie? (BE)	Ist dort/Spreche ich mit
Is this Valerie? (AE)	Valerie? (am Telefon)
this morning	heute Morgen
these days	heutzutage
in those days	damals, zu jener Zeit
that's why	deshalb, darum

c This/That is a nice photo.

This und ***that*** sind oft **austauschbar**.

d I haven't done any revision. That's what's worrying me.
... Das ist es, was mich beunruhigt.

Mit ***this*** oder (häufiger) ***that*** kann man auf etwas **zuvor Gesagtes** hinweisen.

Tell me this. Who's going to do all the work?
Sag mir Folgendes. ...

This wird verwendet, wenn auf etwas hingewiesen wird, was **noch gesagt werden soll**.

⚠ Who's this/that? – It's Peter and Sally.
What are these/those? – They're computer disks.

Antworten auf Fragen mit *this*, *that* bzw. *these*, *those* werden normalerweise mit ***it*** bzw. ***they*** eingeleitet.

„this, that" + Singular
„these, those" + Plural

internal (hier) innerbetrieblich

239 *Das Stützwort* one · *The prop-word* one

a This video shop isn't as good as the one in our street.
Diese Videothek ist nicht so gut wie die in unserer Straße.

These T-shirts are nice. What about a green one?
– Oh, I like the blue ones best.
... Wie wäre es mit einem grünen? – Oh, ich mag die blauen am liebsten.

One (Plural: *ones*) wird als **Stützwort** *(prop-word)* bezeichnet. Es wird verwendet, wenn man ein schon genanntes (zählbares) Nomen (z.B. *video shop*, *T-shirts*) nicht wiederholen will.

Im Deutschen hat *one/ones* keine Entsprechung.

⚠ That's my car – the one with the red doors.
... – das mit den roten Türen.
Which pen do you want? – The blue one.
... – Den blauen.

Anders als im Deutschen können der **bestimmte Artikel** und **Adjektive nicht allein stehen**.

b

One/Ones kann **weggelassen** werden nach

The green shirt is the most expensive (one).
LPs have been around for a long time. The first (ones) were made in 1948.

- Superlativen
- Ordnungszahlen

I think this poster is nicer than that (one).
There were five dogs, each (one) had its own food bowl.

- Demonstrativbegleitern
- *each*, *any*, *another*, *either*, *neither*

We have all these colours. Which (one) would you like?

- *which*.

245 # *Fragewörter Question words*

240 ## *Einleitung · Introduction*

Who are those people over there?
When does our plane leave?
Can you let me use the phone first?

Fragen können mit **Fragewörtern** *(question words)*, wie z.B. *who* oder *when*, und ohne Fragewörter gebildet werden.

241 ## *Übersicht · Summary*

a

Who saw the boxing match last night? – Me.
Who did you see at the party? – All my friends.

Mit ***who*** *(= wer, wem, wen)* fragt man nach Personen.

Whose mobile phone is this? – It's Lucy's.
Whose band won the competition? – Nick's.

Mit ***whose*** *(= wessen)* fragt man nach Besitz oder Zugehörigkeit *(Whose is ...? = Wem gehört ...?)*.

What did you eat? – A pizza.
What are you doing? – I'm writing an e-mail.

Mit ***what*** *(= was, was für)* fragt man nach Dingen bzw. Handlungen, Ereignissen usw.

Which bus goes to the town centre? – Number two.
Which doctor did you see? – Dr Brown.

Mit ***which*** *(= welcher)* fragt man nach Dingen oder Personen.

When did you phone? – Shortly after ten.

Mit ***when*** *(= wann)* fragt man nach dem Zeitpunkt oder Zeitraum.

Where's Robert? – In the garage.
Where are you going? – To the supermarket.

Mit ***where*** *(= wo, wohin)* fragt man nach dem Ort oder der Richtung.

Why can't you come? – I'm too busy.

Mit ***why*** *(= warum, weshalb)* fragt man nach dem Grund oder der Ursache.

How did you sleep? – Very well, thank you.
How tall are you? – One metre eighty-five.

Mit ***how*** *(= wie)* fragt man nach der Art und Weise oder dem Ausmaß.

▶ Wortstellung in Fragesätzen: 5, 6

⚠

Who's (= Who is) there? – The postman.
Wer ist ...? – ...
Whose parents can't come? – Mine.
Wessen ...? – ...

Who's *(= wer ist)* darf nicht mit ***whose*** *(= wessen)* verwechselt werden.

Anmerkung

What pupil would do a thing like this?

Mit *what* + Nomen kann man auch nach Personen fragen.

b

What did you read?	What book did you read?
Which did you like best?	Which film did you like best?
Whose is this CD?	Whose CD is this?

What, ***which***, ***whose*** können als Pronomen **allein** stehen oder Bestimmungswort **vor einem Nomen** sein.

Who did you see?

Who steht **allein**, d.h. ohne Nomen.

242 Who

a

1 Who phoned you last night? – Nicole did.
(= Nicole phoned me.)
Wer …? – …

2 Who did you phone last night? – Nicole.
(= I phoned Nicole.)
Wen …? – …

Mit ***who*** kann man nach dem **Subjekt** (Beispiel 1) oder dem **Objekt** (Beispiel 2) eines Satzes fragen.

Earl hates his answerphone.*

anyhow (hier) schon
answerphone Anrufbeantworter

b

Who could we ask? – We could ask Mrs Larson.
Wen …? – …

Whom could we consult on this question? – We could consult Mrs Larson.
Wen …? – …

In **Fragen nach** dem **Objekt** kann statt *who* auch ***whom*** *(= wem, wen)* stehen. *Whom* wird im formellen Englisch gebraucht.

c

Who did you buy this for?
Für wen …?

For whom were these goods purchased?
Für wen wurden diese Waren erworben?

Wenn ***who*** mit einer **Präposition** verbunden ist, steht diese gewöhnlich unmittelbar hinter dem Verb.

In Verbindung mit ***whom*** steht die **Präposition** jedoch meist vor dem Fragewort.

243 Who – which

a

Who scored the goal? – Louise did.
Wer …? – …

Who did you tell about the burglary? – Helen.
Wem …? – …

Who did you meet at the party? – Carla.
Wen …? – …

Gewöhnlich fragt man nach **Personen** mit ***who*** *(= wer, wem, wen).*

b

Which verwendet man in Fragen nach **Personen** nur:

- vor einem Nomen

Which girl scored the goal? – Louise did.
Welches Mädchen …? – …

- vor einer *of*-Fügung.

Which of the girls scored the goal? – Louise.
Welches von den Mädchen …? – …

► *Who, which* in Relativsätzen: 260, 261, 265 b/c, 266

⚠ *Wer von euch …?*
nicht: ~~Who~~ of you …?
sondern: Which of you …?

244 What – which

a

What are your favourite colours?
Was/Welche ...?

What shampoo do you use?
Was für ein/Welches Shampoo ...?

What verwendet man gewöhnlich, wenn man nach **Dingen** aus einer **unbegrenzten** Anzahl fragt.

b

Which colour would you like? Red, blue or green?
Welche Farbe/Was für eine Farbe ...? ...

Which way do we go at the crossroads?
Welchen Weg ...?

Which do you prefer? Cola or orange juice?
Was ...? ...

Which wird meist verwendet, wenn man nach **Dingen** aus einer **begrenzten** Anzahl fragt.

c

What bus are we going to take?
oder:
Which bus are we going to take?

What newspaper do you read?
oder:
Which newspaper do you read?

What und ***which*** sind manchmal **austauschbar**.

⚠ Which of these colours would you like?

Vor einer ***of*-Fügung** darf **nur *which*** stehen.

„what" bei unbegrenzter Auswahl
„which" bei eingeschränkter Auswahl

'What's my favourite book?
How about Death of a Salesman**?'*

annual jährlich
Death of a Salesman 'Tod eines Handlungsreisenden'. Drama von Arthur Miller

245 *Wendungen mit Fragewörtern · Phrases with question words*

Fragewörter werden häufig in **feststehenden Wendungen** gebraucht:

What time is it?	*Wie viel Uhr/Wie spät ist es?*
What size are you?	*Wie groß bist du/sind Sie? / Welche Größe hast du/ haben Sie?*
What colour is the car/…?	*Welche Farbe hat das Auto/…?*
What do you call …?	*Wie heißt …?*
What's the weather like?	*Wie ist das Wetter?*
What's the matter?	*Was ist los?*
What's that for?	*Wofür ist das?*
What did you do that for?	*Warum hast du/haben Sie das (denn) gemacht?*
What's that to you?	*Was geht dich/Sie das an?*
What about/How about a cup of tea/…?	*Wie wäre es mit einer Tasse Tee/…?*
Why not ask Sam/…?	*Warum fragst du/fragen Sie nicht Sam/…?*
Why not come with us?	*Warum kommst du/kommen Sie nicht mit uns mit?*
How are you? – Fine, thank you.	*Wie geht es dir/Ihnen? – …*
How do you do? – How do you do? (formell)	*Freut mich (, Sie kennenzulernen). – Ganz meinerseits. / Angenehm.*
How so? / How's that? / How come?	*Wieso? / Wie kommt das? / Wieso das?*
How are things at school/…?	*Wie läuft es in der Schule/…?*
How do you know?	*Woher weißt du/wissen Sie das?*
How much is the shirt/…?	*Wie viel kostet das Hemd/…?*

'Lunch on Tuesday? I won't be free. How about Thursday week?'*

Thursday week Donnerstag in einer Woche

250 # *Präpositionen* *Prepositions*

246 ## *Formen und Funktionen · Forms and functions*

a

Dan told his father about the match.
According to the forecast, it'll rain tomorrow.
The bus in front of us stopped suddenly.

Präpositionen *(prepositions)* sind **Verhältniswörter**. Sie können aus einem oder mehreren Wörtern bestehen.

The first telephone was made in the USA.
We arrived on Sunday.
Because of the snow all the trains were late.

Präpositionen bringen unterschiedliche Beziehungen zum Ausdruck:
- **räumliche** Beziehungen
- **zeitliche** Beziehungen
- **sonstige**, z.B. kausale Beziehungen.

b

in Scotland	*in Schottland*	(räumlich)
in 1999	*(im Jahr) 1999*	(zeitlich)
rich in oil	*reich an Öl*	(übertragen)

Oft kann **eine Präposition verschiedene Beziehungen** ausdrücken; häufig haben Präpositionen auch eine übertragene Bedeutung.

vergleiche:
Can you see Nicole in the picture?
... auf dem Bild ...?
I think I should put you in the picture.
... ins Bild setzen.
(= die Zusammenhänge erklären)

c

Sue went to France.
There was someone in front of me.
Check the tyres before going on a long journey.

Präpositionen stehen normalerweise **vor**
- einem **Nomen**
- einem **Pronomen**
- einer ***-ing*-Form**.

d

Who are you looking for?
I wonder what Sarah is interested in.
The girl I was travelling with spoke Italian.
Mr Carter needs someone to talk to.
Last week our flat was broken into.

Präpositionen treten aber an das **Ende** von
- **Fragesätzen** mit *who, what, where* usw.
- **indirekten Fragen**
- **Relativsätzen**
- **Infinitivkonstruktionen**
- **Passivsätzen**.

e

Did you believe in ghosts as a child?
I'm not really interested in punk rock.
What's the difference between a present participle and a gerund?

Präpositionen können **mit vorausgehenden Wörtern** verbunden sein:
- **Verb** + Präposition *(prepositional verb)*
- **Adjektiv** + Präposition
- **Nomen** + Präposition.

► Verben mit Präpositionen: 164, 167

247 *Bedeutungen · Meanings*

Die folgende Liste enthält Präpositionen mit ihren **häufigsten Bedeutungen**. Weitere Bedeutungen können in einem Wörterbuch nachgeschlagen werden.

about

Can you give me that book about flowers?	*... über Blumen ...*
I'm phoning about the party.	*... wegen der Party ...*
We walked about the town for a couple of hours.	*... in der Stadt herum.*
concerned about	*besorgt um*
enthusiastic about	*begeistert von*
hear about	*von/über ... hören*

above

We were flying above the clouds.	*... über den/oberhalb der Wolken.*
Jeff's marks in maths are above average.	*... über dem Durchschnitt.*
A general is above a major in the army.	*... über einem Major ...*

above – over (= *über)*

I've stuck two posters above/over my bed.	***Above*** und ***over*** können **oft unterschiedslos** verwendet werden.
Dave jumped over the wall and ran away.	Wenn eine Bewegung beschrieben wird, kann jedoch nur *over* stehen.
Children over twelve pay full price on all airlines. It's cold today, only two degrees above zero.	*Over* steht bei Zahlen, Alters- und Zeitangaben. *Above* wird oft bei Maßangaben verwendet.

▶ *over*: 247

according to

Everything went according to our plan.	*... nach/gemäß/laut unserem Plan.*
According to the test results, the project should be a success.	*Den Testergebnissen zufolge ...*

across

The man walked across the street to the other side.	*... über die Straße ...*
Two girls sat across the table from Ian.	*... Ian gegenüber am Tisch.*

after

We went swimming after breakfast.	*... nach dem Frühstück ...*
Don't bang the door after you when you leave!	*... hinter dir ...*
The policewoman ran after the thief.	*... hinter dem Dieb her.*
C comes after B in the alphabet.	*... nach B ...* (Reihenfolge)

against

A boy was kicking a football against the wall.	*... an/gegen die Mauer.*
The majority were against my suggestion.	*... gegen meinen Vorschlag.*
You ought to protect the plants against frost.	*... vor Frost ...*
German salaries are high (as) against those of other EU countries.	*... gegenüber denen anderer EU-Länder.*

ahead of

You'll see the castle directly ahead of you.	*... vor dir ...*
Like many other historical figures, Galilei was punished because he was ahead of his time.	*... seiner Zeit voraus ...*

along

A boat was going along the canal.	*... den Kanal entlang.*

among

I feel happier among friends.	*... unter/zusammen mit Freunden.*
Dover is among Britain's oldest ports.	*... zählt zu den ältesten Hafenstädten ...*

among – between *(= zwischen, unter)*

I found this book among some old papers in the attic.

Peter sat between Mary and Kathy.
There isn't much cake, so divide it between the three of you.

Among bezieht sich auf eine **Gruppe** von Menschen oder Dingen.
Between bezieht sich auf **zwei** Personen oder Dinge. Es kann sich auch auf mehrere Personen oder Dinge beziehen, wenn an jede einzelne Person oder jedes einzelne Ding gedacht wird.

► *between*: 247

apart from

Apart from his nose, Mr Penn is quite good-looking.	*Abgesehen von seiner Nase ...*

around

We sat around the table.	*... um den Tisch (herum).*
The tourists walked around the lake.	*... um den See (herum).*

at

The bus stopped at the church.	*... an der Kirche ...*
My aunt works at a bank.	*... bei/in einer Bank.*
Frank is at Bob's (house).	*... bei Bob.*
Fred got up at eight o'clock.	*... um acht Uhr ...*
She looked at me but I didn't react.	*... mich an/zu mir her, ...*
Dave can shoot a hole in a Cola can at 50 metres.	*... aus 50 Metern Entfernung ...*
at breakfast	*beim Frühstück*
at home	*zu Hause*
at a party	*auf einer Party*
at ... miles an hour	*mit ... Meilen pro Stunde*
at night	*nachts, bei Nacht*
at school	*in der Schule*
at the baker's	*beim Bäcker*
at the moment	*im Augenblick*
clever at	*geschickt bei/in*
good at	*gut in*

because of

Bob stayed at home because of the storm.	*... wegen des Sturms ...*

before

I don't go to bed before eleven. — *... vor elf ...*
B comes before C in the alphabet. — *... vor C ...* (Reihenfolge)

⚠ before – in front of *(= vor)*

Don't park your car in front of the neighbours' house.
I usually get up before my sister.
The prince knelt before the throne.

In front of drückt eine **örtliche**, ***before*** meist eine **zeitliche** Beziehung oder eine Reihenfolge aus. Im formellen Englisch kann ***before*** auch eine räumliche Beziehung ausdrücken.

► *in front of*: 247

behind

We've got a little garden behind our house. — *... hinter unserem Haus.*

below

Please do not write below this line. — *... unter diese/unterhalb (von) dieser Zeile ...*

beside

When I'm doing my homework, I put my mobile on the table beside me. — *... neben mich ...*

besides

There are many rivers in England besides the Thames. — *... außer/neben der Themse.*

⚠ beside – besides

I was sitting beside Sharon on the sofa.
I haven't got a real friend besides (= except) you.

Beside bedeutet ***neben*** (räumlich), ***besides*** bedeutet ***außer***.

between

A van was parked between the two cars. — *... zwischen den beiden Autos ...*
I'm usually free between ten and twelve. — *... zwischen zehn und zwölf.*
Tim and Jane will settle their quarrel between them. Don't interfere. — *... unter sich ...*

► *among*: 247

beyond

Innsbruck lies just beyond the mountains on the right. — *... jenseits der Berge ...*
That's far beyond your abilities — *... über deine Fähigkeiten hinaus.*

by

I wouldn't like a house by a river. — *... (nahe) bei einem Fluss.*
The thief was arrested by the police. — *... von der Polizei ...*
The town was destroyed by an earthquake. — *... durch ein Erdbeben ...*
Is the house heated by gas or by oil? — *... mit Gas oder Öl ...*
Sally goes to school by bus. — *... mit dem Bus ...*
Can you repair the camera by tomorrow? — *... bis morgen ...*
The army attacked the camp by night. — *... während der Nacht.*
Officials are paid by the month. — *... pro Monat/monatlich ...*

close to

Helen waited close to the escalator. — *... dicht/nahe bei der Rolltreppe.*

despite

John swam out too far, despite warnings from his friends. — *... trotz der Warnungen ...*

down

Stones rolled down the hill. — *... den Hügel hinunter/hinab ...*

due to

The flight was cancelled due to bad weather. — *... aufgrund/wegen des schlechten Wetters ...*

during

I often work during the holidays. — *... während der Ferien.*

⚠

During ist eine **Präposition** und steht vor einem Nomen:

I met Jane during the holidays. — *... während der Ferien.*

While ist eine **Konjunktion** und leitet einen Nebensatz ein:

I met Jane while I was on holiday. — *..., während ich im Urlaub war.*

except (for)

The restaurant is open every day except (for) Monday. — *... außer Montag.*

for

Are all these presents for me? — *... für mich?*
We went out for a meal. — *... zum Essen ...*
Is this the bus for Glasgow? — *... nach Glasgow?*
Munich is famous for its beer, among other things. — *... für sein Bier ...*
What did you get for your birthday? — *... zu deinem Geburtstag ...*
I've had this computer for five years. — *... seit fünf Jahren.*
for joy/fear — *aus Freude/Angst*
for pleasure — *zum Vergnügen*
for her abilities — *wegen ihrer Fähigkeiten*

▶ since: 247

from

The flight from London to Berlin was late. — *... von London nach Berlin ...*
Has the train from Liverpool arrived? — *... aus Liverpool ...*
We're open from nine till six. — *... von neun bis sechs ...*
This watch is a present from my parents. — *... von meinen Eltern.*
Steel is made from iron. — *... aus Eisen ...*
What conclusions were drawn from the data? — *... aus den Daten ...*

⚠ from – of *(= von)*

a postcard from New York — *eine Postkarte aus New York*

a postcard of New York — *eine Postkarte von New York*
(= mit einem Bild von New York)

► of: 247

in

We saw three lions in a cage. — *… in einem Käfig.*
Which is the biggest city in the world? — *… auf der Welt?*
Bill Morgan left school in 1994. — *… (im Jahr) 1994.*
She jumped in her car and raced off round the corner. — *… in ihr Auto …*
Please, wait here, I'll be back in a minute. — *… in einer Minute/sofort …*
It's an old building, but it's in good repair. — *… in gutem Zustand.*
Barlow is an expert in the field of Indian art. — *… auf dem Gebiet indianischer Kunst.*
Today one in three marriages breaks up. — *… jede dritte Ehe …*
The instructions were given in French. — *… auf Französisch …*
in the country — *auf dem Land*
in town — *in der Stadt*
in the picture — *auf dem Bild/im Bilde*
in the sky — *am Himmel*
in the street (AE: on the street) — *auf der Straße*

in favour of

Are you in favour of commercial TV? — *… für kommerzielles Fernsehen?*

in front of

We couldn't park in front of the hotel. — *… vor dem Hotel …*

► before: 247

inside (AE: inside of)

Are we allowed to take photos inside the museum? — *… im Museum/innerhalb des Museums …*

in spite of

Tim went to work in spite of his headache. — *… trotz seiner Kopfschmerzen …*

instead of

We sometimes drink coffee instead of tea. — *… (an)statt/anstelle von Tee.*

into

Let's go into the house. — *… ins Haus (hinein) …*
Translate the passage into German. — *… ins Deutsche.*

like

I've always wanted a garden like yours. — *… wie deinen.*
You're behaving like children. — *… wie Kinder.*

near

There was a lake near the youth hostel. — *… nahe/bei der Jugendherberge.*
Ashton is a village near Chester. — *… in der Nähe von Chester.*

next to

We live next to the Smiths.	*... neben den Smiths.*
Next to skiing her favourite sport was skating.	*Nach Skifahren ...*

of

Can you repair the handle of the umbrella?	*... den Griff des Schirms ...*
Our new friends are of Italian descent.	*... italienischer Abstammung.*
He told us of his travels.	*... von seinen Reisen.*
The ring was made of gold.	*... aus Gold ...*
Harlem is north of Central Park.	*... nördlich des Central Park.*
Mrs Lee died of a serious illness.	*... an einer schweren Krankheit ...*
one of my friends	*einer meiner Freunde*
a kilo of tomatoes	*ein Kilo Tomaten*
the works of Shakespeare	*die Werke Shakespeares*
a picture of the Queen	*ein Bild der Königin*

► from: 247

off

The books fell off the shelf.	*... vom Regal herunter.*
The cat jumped off the garage roof.	*... vom Garagendach.*

on

Don't sit on the floor.	*... auf dem/den Boden.*
Who wrote these words on the board?	*... an die Tafel ...*
Look at the picture on page 13.	*... auf Seite 13 ...*
I like lying on the beach.	*... am Strand ...*
London lies on the Thames.	*... an der Themse.*
Maureen's flat is on the fifth floor.	*... in der fünften Etage/im fünften Stock.*
We met on the bus/on the train/on the plane to Paris.	*... im Bus/im Zug/im Flugzeug ...*
The meeting was held on Wednesday.	*... am Mittwoch ...*
Did you see the programme on jazz?	*... über Jazz ...*
They lived on bread and water.	*... von Wasser und Brot.*
on earth	*auf der Erde*
on foot	*zu Fuß*
on the left/right(-hand side)	*links/rechts, auf der linken/rechten Seite*
on the phone	*am Telefon*
on the radio/on TV	*im Radio/im Fernsehen*
questions on the text	*Fragen zum Text*

onto

The cat jumped onto the roof.	*... auf das Dach.*
Everybody cheered when the team ran onto the field.	*... auf das Feld ...*

on top of

Put this CD on top of the others.	*... (oben) auf die anderen.*
Tom has a good salary and on top of that a company car.	*... und noch dazu einen Firmenwagen.*

opposite

The bank is opposite the supermarket.	*... gegenüber dem/vom Supermarkt.*

out of

Mr Black was looking out of the window. — *... aus dem Fenster.*
My wife is out of town this week. — *... nicht in der Stadt.*
He did it out of pity. — *... aus Mitleid ...*
20 out of 240 passengers died. — *20 von 240 Passagieren ...*

outside

The class waited outside the museum. — *... draußen vor dem Museum.*
It's a small village just outside Chester. — *... außerhalb von Chester.*

© Punch Ltd

'Nobody calls me stupid. Meet me outside the saloon when the big hand and the little hand are on the 12.'*

hand Zeiger

over

Put a cover over the budgie's cage at night. — *... über den Vogelkäfig.*
There were thick clouds over the airport. — *... über dem Flughafen.*
They looked over the wall. — *... über die Mauer.*
My father is over two metres tall. — *... über/mehr als zwei Meter ...*

► above: 247

owing to

Owing to heavy rain, the parade was cancelled. — *Wegen/Infolge des starken Regens ...*

past

Walk past the church and then turn right. — *... an der Kirche vorbei ...*
It was five minutes past nine. — *... nach neun.*
Tom learnt nothing for the history test, so he hardly got past the first question. — *... über die erste Frage hinaus.*

per

The holiday costs £350 per person per week. — *... pro Person die Woche.*

round (BE)

The earth moves round the sun. — *... um die Sonne (herum).*

since

I've known Jane since 1997. — *... seit 1997.*

since – for *(= seit)*

We've been here since two o'clock. — ***since*** + Zeitpunkt
We've been here for two hours. — ***for*** + Zeitraum

► *for*: 247
► Gebrauch von *since* und *for* mit dem *present perfect*: 84

through

The thief got in through one of the windows. — *... durch eines der Fenster ...*
Through hard work you can reach almost any goal. — *Durch harte Arbeit ...*

throughout

There were strikes throughout the country. — *... überall im Land ...*
It rained throughout the night. — *... während der Nacht/die Nacht hindurch ...*

till/until

The shops are open till/until six. — *... bis sechs ...*
Liz won't be here till/until tomorrow. — *... erst morgen/nicht vor morgen ...*

to

We're going to Spain for our holidays. — *... nach Spanien.*
Kevin was taken to hospital after his accident. — *... ins Krankenhaus ...*
Mrs Cook drove us to the station. — *... zum Bahnhof.*
I've never been to Italy before. — *... in Italien ...*
Reg wrote a card to his friend. — *... an seinen Freund ...*
The dog has chewed my shoe to pieces. — *... in Stücke ...*
It's five minutes to nine. — *... vor neun.*
The key to the door was gone. — *... für die/zu der Tür ...*
Have you got a solution to the problem? — *... für das Problem?*
a visit to — *ein Besuch bei*
the answer to — *die Antwort auf*
welcome to — *willkommen in*

towards (BE)/toward (AE)

We walked towards the town. — *... auf die Stadt zu/in Richtung Stadt ...*
Please phone me towards the end of the week. — *... gegen Ende der Woche ...*
Our teachers are very friendly towards us. — *... zu uns/uns gegenüber.*
An important step toward political unity has already been taken. — *... zu einer politischen Einheit ...*

under

The children hid under the bed.	*... unter dem Bett ...*
Do oil pipelines go under the sea?	*... unter dem Meer?*
It took us under an hour to get there.	*... unter einer/weniger als eine Stunde ...*
Would Britain be better off under the Tories?	*... unter den Tories ...*

unlike

Unlike her brother, Sue was quite ambitious.	*Im Gegensatz zu ihrem Bruder ...*
Van Gogh's last paintings are unlike his earlier works.	*... anders als seine früheren Werke.*

up

The old man went up the stairs slowly.	*... die Treppe hinauf.*

up to

Lynn watches TV up to four hours a day.	*... bis zu vier Stunden ...*
The woman came up to me and asked the time.	*... auf mich zu ...*

via

Bill travelled to Chicago via New York.	*... über New York ...*

with

Jock cut the branch with a knife.	*... mit einem Messer ...*
We've got a house with a garden.	*... mit Garten.*
Tom lives with his parents.	*... bei seinen Eltern.*
Simon has a good relationship with his boss.	*... zu seinem Chef.*
The injured girl cried with pain.	*... vor Schmerzen ...*
angry with	*zornig über*
pleased with	*zufrieden mit*
be fed up with	*es satthaben mit*

within

The girl returned within an hour.	*... innerhalb (von) einer Stunde ...*
Some secrets should be kept within the family, don't you think?	*... in/innerhalb der Familie ...*

without

The explorers spent two days in the jungle without food.	*... ohne Nahrung ...*
He left without saying goodbye.	*..., ohne sich zu verabschieden.*

248 *Häufige Präpositionen des Ortes und der Richtung*
Frequent prepositions of place and direction

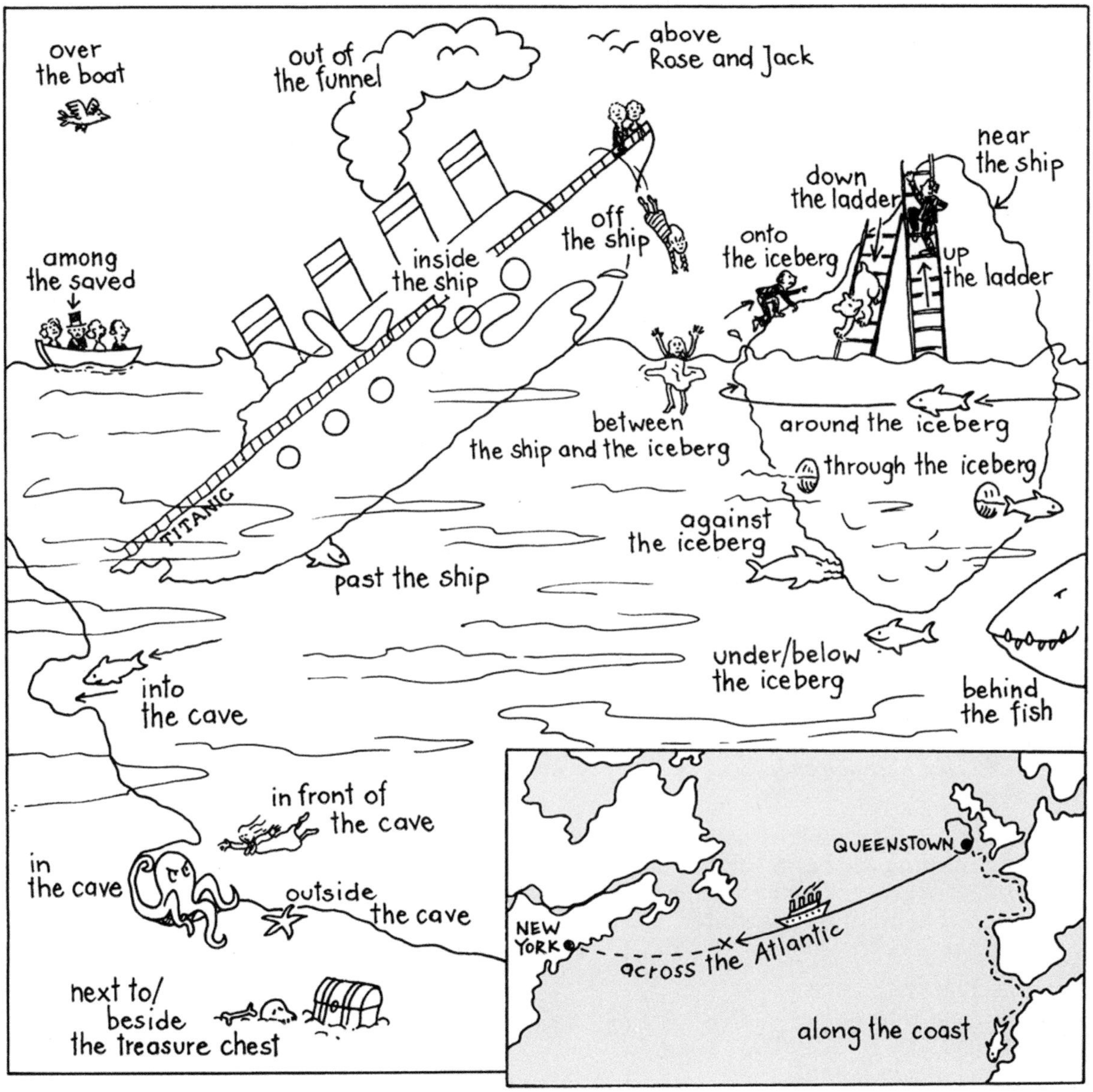

funnel Schornstein
cave Höhle
treasure chest Schatzkiste

249 *Zeitangaben mit* at, in, on · *Phrases of time with* at, in, on

a

At **steht**

School starts at eight o'clock.
... um acht Uhr.

- bei Uhrzeiten

I'll see you at lunchtime.
... zur Mittagszeit/mittags.

- bei Essenszeiten

What are you doing at Christmas?
... an/zu Weihnachten?

- bei Festen wie Weihnachten, Ostern usw.

I visited my aunt at (AE: on) the weekend.
... am Wochenende ...
At night most people are asleep.
In der Nacht/Nachts ...
I'm very busy at the moment.
... im Moment/zurzeit.
Elvis Presley died at the age of 42.
... im Alter von 42 Jahren/mit 42 ...

- bei einigen feststehenden Wendungen.

b

In **steht**

My birthday is in April.
... im April.
We always go to France in (the) summer.
... im Sommer.
It didn't rain much in 1992.
... (im Jahr) 1992 ...

- bei längeren Zeiträumen

I can't work well in the morning.
... am Morgen/morgens ...
I work best in the evening.
... am Abend/abends ...

- bei Tageszeiten, die nicht näher bestimmt sind (Ausnahme: *at night*).

c

On **steht**

The next meeting will be on Tuesday afternoon.
... am Dienstagnachmittag.
It was on a cold morning last winter.
... an einem kalten Morgen ...

- bei näher bestimmten Tageszeiten

Let's meet on Wednesday.
... am Mittwoch ...
My birthday is on April 2nd.
... am 2. April.

- bei Tagen und Datumsangaben.

⚠ We met last Monday.
... (am) letzten Montag ...
I phoned my girlfriend every evening.
... an jedem Abend/jeden Abend ...

Vor Zeitangaben mit *last*, *next*, *this*, *every* steht **kein *at*, *in*, *on***.

'I forgot to make a back-up copy of my brain, so everything I learned last semester was lost.'

250 *Wendungen mit Präpositionen · Phrases with prepositions*

Die folgende Liste enthält **Wendungen** mit Präpositionen.

be about to do sth.	*im Begriff sein, etwas zu tun*
How/What about ...?	*Wie wäre es mit ...?*
above all	*vor allem*
after all	*schließlich, immerhin*
at last	*endlich*
at first	*zuerst, zunächst*
at least	*mindestens, wenigstens*
(not) at all	*überhaupt (nicht)*
at the age of	*im Alter von*
be behind time	*Verspätung haben*
be behind sb./sth.	*hinter jd./etwas zurück sein*
be beside oneself with joy/anger/...	*außer sich sein vor Freude/Zorn/...*
for a change	*zur Abwechslung*
for a long time	*lange Zeit*
for example	*zum Beispiel*
for heaven's sake	*um Himmels willen*
for sale	*zu verkaufen, zum Verkauf*
for sure	*sicherlich, gewiss*
What's for lunch?	*Was gibt es zum Mittagessen?*
What did you do that for?	*Warum/Wozu hast du das getan?*
for all that	*trotz allem*
for this reason	*aus diesem Grund*
in case	*für den Fall, dass*
have in common	*gemeinsam haben*
in fact	*tatsächlich*
in general	*im Allgemeinen*
in particular	*besonders*
in the end	*schließlich*
in the long run	*auf Dauer*
in those days	*damals*
in a hurry	*in Eile*
in my opinion	*meiner Meinung nach*
in principle	*im Prinzip*
in your own words	*mit eigenen Worten*
in a loud voice	*mit lauter Stimme*
in different ways	*auf verschiedene Weise*
I'm really into computers.	*Ich bin Computerfan.*
on his/her own	*allein*
on the other hand	*andererseits*
on holiday	*im Urlaub*
be onto sb.	*jd. auf der Spur sein*
over and above that	*darüber hinaus*
to my surprise	*zu meiner Überraschung*

251-280 *Satzgefüge* *Complex sentences*

Von einem **Satzgefüge** *(complex sentence)* spricht man, wenn ein Hauptsatz *(main clause)* mit einem Nebensatz *(subordinate clause)* verbunden wird. Die wichtigsten Arten von Nebensätzen sind:

▶ Haupt- und Nebensätze: 15, 16

If you hurry, you'll catch the bus.	· **Bedingungssätze**	▶ 251-257
Most people who move house suffer some degree of stress.	· **Relativsätze**	▶ 258-266
We arrived at the cinema after the film had started.	· **Adverbialsätze**	▶ 267-272

251-257 *Bedingungssätze* *Conditional sentences*

251 *Einleitung · Introduction*

a

If Pam calls, I'll give her her CDs back.
Wenn Pam vorbeikommt, gebe ich ihr ihre CDs zurück.

Jessie would phone if she wasn't so busy.
Jessie würde anrufen, wenn sie nicht so viel zu tun hätte.

Ein Bedingungssatzgefüge *(conditional sentence)* besteht aus einem **Nebensatz mit *if*** *(if-clause)* und einem **Hauptsatz** *(main clause)*.
Im *if*-Satz wird eine **Bedingung** genannt. Im Hauptsatz steht, was sich aus dieser Bedingung ergibt, also die **Folge**.

b

Es lassen sich zwei Arten von Bedingungen unterscheiden:

if-clause	main clause
If Pat calls this afternoon, *Wenn/Falls Pat heute Nachmittag anruft,*	I'll ask her to supper. *werde ich sie fragen, ob sie mit mir zu Abend essen möchte.*
If you have done your work, *Wenn/Falls du deine Arbeit getan hast,*	you can go to the disco. *kannst du in die Disco gehen.*
If I earned more, *Wenn ich mehr Geld verdiente/verdienen würde,*	I could go out more. *könnte ich mehr ausgehen.*
If you had phoned me last night, *Wenn du mich letzte Nacht angerufen hättest,*	I would have given you Andy's new number. *hätte ich dir Andys Nummer gegeben.*

- **reale** oder **offene Bedingungen** *(real or open conditions)*: Die Bedingung ist **erfüllbar** oder **erfüllt**. Sie wird als **möglich** angenommen. (Bedingungssatz I) ▶ 252
- **irreale Bedingungen** *(unreal conditions)*:
  Die Bedingung ist **nicht erfüllbar** oder wird **höchstwahrscheinlich nicht erfüllt**. Es handelt sich nur um eine **Annahme**. (Bedingungssatz II) ▶ 253
  Die Bedingung bezieht sich auf die Vergangenheit. Sie ist **nicht mehr erfüllbar**. (Bedingungssatz III) ▶ 254

Die Verwendung der **Zeitformen** hängt von der **Art des Bedingungssatzes** ab.

c

main clause	*if*-clause	
We'll stay at home	if it rains this afternoon.	Der ***if*-Satz** kann auch **nach** dem **Hauptsatz** stehen. Meist wird im Englischen dann kein Komma verwendet.

d

You can't use the computer unless you know the password.
..., außer wenn du das Password kennst.
Take some sandwiches in case there's nothing to eat on the train.
..., für den Fall, dass es im Zug nichts zu essen geben sollte.
You can borrow my notes as long as you don't lose them.
..., solange/sofern du sie nicht verlierst.
Supposing you win, what will you do with the prize money?
Angenommen, du gewinnst, ...

Der Nebensatz wird meist mit *if (= wenn/falls)* eingeleitet. Daneben werden die **Konjunktionen** *unless (= wenn nicht, außer wenn), in case (= falls; wenn; für den Fall, dass), as long as (= solange, sofern), suppose/supposing (= angenommen)* verwendet.

⚠

If I'm in London next week, I'll visit you.
Wenn/Falls ich nächste Woche in London sein sollte, ...
(Es ist nicht sicher, dass ich in London sein werde.)

If *(= wenn, falls)* leitet einen **Nebensatz der Bedingung** ein.

When I'm in London next week, I'll visit you.
Wenn/Sobald ich nächste Woche in London bin, ...
(Es ist sicher, dass ich in London sein werde.)

When *(= wenn, sobald)* leitet einen **Nebensatz der Zeit** ein.

252 *Bedingungssatz I · Conditional sentence I*

a

if-clause	main clause
1 If you book your flight early,	you'll get it cheaper.
Wenn du deinen Flug früh buchst,	*bekommst du ihn billiger.*
(Es ist möglich, dass der Flug früh gebucht wird.)	
2 If Vicky needs advice,	she should talk to her teacher.
Wenn Vicky einen Rat braucht,	*sollte sie mit ihrer Lehrerin sprechen.*
(Es ist möglich, dass Vicky einen Rat braucht.)	
3 If Pat is English,	you can ask her what 'plc' means.
Wenn Pat Engländerin ist,	*kannst du sie fragen, was „plc" bedeutet.*
(Pat ist Engländerin).	
***if*-clause:**	**main clause:**
simple present	***will*-future oder modales Hilfsverb + Infinitiv**

Bedingungssätze des Typs I beziehen sich auf die **Zukunft** oder die **Gegenwart**. Meist steht im ***if*-Satz** das ***simple present*** und im **Hauptsatz** das ***will-future*** oder ein **modales Hilfsverb + Infinitiv**.
Mit dem *simple present* im *if*-Satz drückt der Sprecher aus, dass er die Bedingung als real oder offen betrachtet: Er hält es für **möglich**, dass die genannte Bedingung eintritt (Beispiele 1 und 2). Oder der Sprecher bezieht sich auf eine **bestehende Tatsache** (Beispiel 3).

b

if-clause	main clause
If it rains heavily, *Wenn es stark regnet,*	the river overflows. *tritt der Fluss über die Ufer.*
If you eat too much, *Wenn du zu viel isst,*	you get fat. *wirst du dick.*
If/When I take a deep breath, *Wenn ich tief einatme,*	I get a pain right here. *tut es mir hier weh.*

Wenn man ausdrücken will, dass unter **gleichen Bedingungen** immer wieder die **gleiche Wirkung** auftritt, steht im ***if*-Satz** und im **Hauptsatz** das ***simple present***. *If* bedeutet dann so viel wie *whenever (= jedes Mal wenn, immer wenn)*. In diesen Sätzen kann auch *when* verwendet werden.

c

if-clause	main clause
If it's raining,	we'll have to take the bus.
If Kate has missed the bus,	she won't be here on time.
If Bob has been driving all day,	he'll be very tired.
If you can't speak English,	you won't get the job.
If Ed should sell his car,	he'll let you know.
If you wear those funny trousers,	everybody is going to laugh at you.
If Simon comes at eight,	we'll be watching the match on TV.
If I work hard enough,	I'll have finished by tomorrow.
If the train is late,	take a taxi.

Die Zeitform im *if*-Satz hängt von der **Situation** ab, auf die sich die Bedingung bezieht. Insofern gilt für Bedingungssätze wie für alle anderen Satzgefüge, dass **verschiedene Zeitformen kombiniert** werden können.

► Zeitformen der Vollverben: 72, 73
► Kurzformen der Hilfsverben: 58, 59

'Remember son, if at first you don't succeed, make it look like someone else's fault, then sue* them.'*

succeed Erfolg haben
sue verklagen

Anmerkungen

1 I used to live over a pizzeria. If friends came round, I just fetched a couple of pizzas.
... Wenn mich Freunde besuchten, holte ich einfach ein paar Pizzas.

If you became suspicious, why didn't you tell the police?
Wenn du Verdacht geschöpft hast, warum hast du der Polizei nichts gesagt?

Eine offene Bedingung in der Vergangenheit wird mit einer *past tense*-Form ausgedrückt.

2

Will/Won't werden normalerweise nicht im *if*-Satz verwendet. Sie können aber dort stehen, wenn damit

- ein Wollen oder eine höfliche Bitte

If Mike will take me to the station, I won't need a taxi.
Wenn Mike bereit ist, mich zum Bahnhof zu bringen, ...

If you will give me your name, I'll get your details from the computer.
Wenn Sie mir bitte Ihren Namen nennen würden, ...

- eine Weigerung

If the camcorder won't work, we'll have to take it back to the shop.
Wenn der Camcorder nicht funktionieren will, ...

ausgedrückt werden soll.

Bedingungssatz I:
Bedingung offen → Was ist, wenn ...?

253 *Bedingungssatz II · Conditional sentence II*

a

if-clause	main clause
1 If I found £100, *Wenn ich 100 Pfund fände/finden würde,* *(Es ist unwahrscheinlich, dass ich 100 Pfund finde.)*	I would take (= I'd take) it to the police. *würde ich sie zur Polizei bringen.*
2 If I got more pocket money, *Wenn ich mehr Taschengeld bekäme/bekommen würde,* *(Es ist unwahrscheinlich, dass ich mehr Taschengeld bekomme.)*	I could buy a computer. *könnte ich einen Computer kaufen.*
3 If my parents were ten years younger, *Wenn meine Eltern zehn Jahre jünger wären,* *(Die Eltern sind nicht zehn Jahre jünger.)*	they might travel round the world. *würden sie vielleicht eine Weltreise machen.*
***if*-clause:** **simple past**	**main clause:** ***would/could/might*** **+ Infinitiv**

Bedingungssätze des Typs II beziehen sich trotz des *simple past* auf die **Zukunft** oder die **Gegenwart**.
Der Sprecher hält es für **unwahrscheinlich** (Beispiele 1 und 2), dass die Bedingung erfüllt wird (irreale Bedingung), stellt sich aber vor, was geschehen würde, wenn die Bedingung doch erfüllt würde. Oder der Sprecher nennt eine Bedingung, die **nicht erfüllbar** ist (Beispiel 3), weil sie den Tatsachen widerspricht.

► Kurzformen der Hilfsverben: 58, 59

⚠ *Wenn du ein Schloss besitzen würdest, …*
nicht: If you ~~would own~~ a castle, …
sondern: If you owned a castle, …

Kein ***would*** im *if*-Satz!

► Vgl. aber: Anmerkung S. 190

⚠ If we had a house, I would have more room for my pets.
… hätten, hätte …

If Mary was at home, she would be much happier.
… wäre, wäre …

Beachte die unterschiedlichen Entsprechungen für das **deutsche *hätte*** und ***wäre*** im *if*-Satz und im Hauptsatz.

b

if-clause	main clause
If Jeff passes his driving test tomorrow,	I'll be pleased.
If Pete passed his driving test tomorrow,	I'd be pleased.

Vergleiche Bedingungssatz I und II:

- **Bedingungssatz I:**
  Der Sprecher hält es durchaus für **möglich** oder **wahrscheinlich**, dass Jeff den Führerschein macht.
- **Bedingungssatz II:**
  Der Sprecher hält es für **unwahrscheinlich**, vielleicht sogar **unmöglich**, dass Pete besteht.

⚠ If I/he/she was in London, …
(= If I/he/she were in London, …)
Wenn ich/er/sie in London wäre, …

If I were you, I would take the job.
Wenn ich du wäre, würde ich die Stelle annehmen.

Statt *was* wird im *if*-Satz des Typs II manchmal *were* gebraucht. Außer in der sehr häufigen Wendung *if I were you …* kommt **were anstelle von *was*** nur im formellen Englisch vor.

'Stockbroking is a good career. Yes, if I were you, I'd marry a stockbroker!'*

stockbroking Wertpapierhandel

c

if-clause	main clause
If you were telling the truth, *Wenn du die Wahrheit sagtest/sagen würdest,*	you'd look me straight in the eye. *würdest du mir in die Augen sehen.*
If Nick could come with us, *Wenn Nick mitkommen könnte,*	the evening would be more fun. *hätten wir am Abend mehr Spaß.*

Im ***if*-Satz** können nicht nur das *simple past*, sondern auch **andere *past tense*-Formen** stehen, z.B. das *past progressive* oder *could* + Infinitiv.

Anmerkung

I'd be grateful if you would return the form as soon as possible.
Ich wäre Ihnen dankbar, wenn Sie das Formular so schnell wie möglich zurückschicken würden.

Would wird normalerweise nicht im *if*-Satz verwendet. Zum Ausdruck einer höflichen Bitte kann es aber auch im *if*-Satz stehen.

Bedingungssatz II:
Bedingung irreal → Was wäre, wenn …?

254 Bedingungssatz III · Conditional sentence III

if-clause	main clause
If the weather had been better, *Wenn das Wetter besser gewesen wäre,* *(Das Wetter war in Wirklichkeit schlecht.)*	we would have gone to Brighton. *wären wir nach Brighton gefahren.*
If Peter had told me about his problems, *Wenn Peter mir von seinen Problemen erzählt hätte,* *(Peter hat nichts von seinen Problemen erzählt.)*	I could have helped him. *hätte ich ihm helfen können.*
If we had shouted louder, *Wenn wir lauter gerufen hätten,* *(Wir haben nicht laut gerufen.)*	you might have heard us. *hättet ihr uns vielleicht gehört.*
***if*-clause:** **past perfect**	**main clause:** ***would/could/might* + *have* + Partizip Perfekt**

Bedingungssätze des Typs III beziehen sich auf die **Vergangenheit**.
Es wird ausgedrückt, was geschehen wäre, wenn eine Bedingung erfüllt worden wäre. Der Sprecher stellt sich nur etwas vor, was **in Wirklichkeit gar nicht geschehen** ist, da die Bedingung **nicht erfüllt** wurde (irreale Bedingung).

⚠ If I'd stayed, I'd have met Tim.
(= If I had stayed, I would have met Tim.)

If you'd been here, you'd have enjoyed yourself.
(= If you had been here, you would have enjoyed yourself.)

Die **Kurzform *'d*** steht im *if*-Satz und im Hauptsatz für unterschiedliche Langformen.

► Kurzformen der Hilfsverben: 58 b/c, 59

⚠ If Carol had been at the party, I would have stayed longer.
... gewesen wäre, wäre ... geblieben.

If Sue had helped me last week, I would have helped her today.
... geholfen hätte, hätte ... geholfen.

Beachte die unterschiedlichen Entsprechungen für das **deutsche *hätte*** und ***wäre*** im *if*-Satz und im Hauptsatz.

Bedingungssatz III:
Bedingung irreal → Was wäre gewesen, wenn ...?

255 Mischformen · Mixed types

if-clause	main clause
If you knew Jane better,	you wouldn't have invited her to the party.
Wenn du Jane besser kennen würdest,	*hättest du sie nicht zu der Party eingeladen.*
If Mike was more like his brother,	he would have paid you the money back earlier.
Wenn Mike seinem Bruder ähnlicher wäre,	*hätte er dir das Geld früher zurückgezahlt.*
If I had had the chance,	I would now be a successful doctor.
Wenn ich die Gelegenheit gehabt hätte,	*wäre ich jetzt eine erfolgreiche Ärztin.*
If Dave hadn't borrowed my bike,	I wouldn't be sitting here at home.
Wenn Dave sich nicht mein Fahrrad ausgeliehen hätte,	*säße ich nicht hier zu Hause.*
If the train left at two,	it won't get in until four at the earliest.
Wenn der Zug um zwei abgefahren ist,	*wird er nicht vor vier Uhr ankommen.*
If Sarah knew the address,	she didn't tell me.
Auch wenn Sarah die Adresse kannte,	*sie hat sie mir nicht gesagt.*
If you stand here,	you might see the stage better.
Wenn du dich hier hinstellst,	*siehst du die Bühne vielleicht besser.*
If I could have saved you a seat,	I would have done.
Wenn ich dir einen Sitz hätte reservieren können,	*hätte ich es getan.*

Je nach Situation gibt es wie im Deutschen **Mischformen** zwischen den verschiedenen Arten der Bedingungssätze, d.h., die Zeitformen der drei Typen von Bedingungssätzen können untereinander gemischt auftreten.

'You realize, of course, that if you showed the same enthusiasm for lectures as the other students, I could have had the day off!'*

have the day off den Tag frei haben

256 *Wegfall von* if + *Inversion* · *Omission of* if + *inversion*

if-clause	main clause
Should anyone phone,	tell them I'll be back at one.
(= If anyone should phone,	...)
Had Tom known about your problem,	he would have lent you some money.
(= If Tom had known about your problem,	...)

In *if*-Sätzen mit *should* oder mit dem *past perfect* kann ***if* weggelassen** werden. Dann tritt jedoch **Inversion** ein, d.h., *should* bzw. *had* stehen vor dem Subjekt. Bedingungssätze dieser Art werden eher im formellen Englisch verwendet.

► Inversion: 10 a

257 *Verkürzte Sätze* · *Shortened clauses*

a

if-clause	main clause
If in difficulty,	please phone the emergency number.
(= If you are in difficulty,	...)
If in doubt,	consult a lawyer before you act.
(= If you are in doubt,	...)

Im formellen Englisch kann das **Subjekt + *be*** im *if*-Satz manchmal **weggelassen** werden.

b There is little if any public support for the government's tax reform plans.
(= There is little public support ..., if there is any at all.)

The committee seldom if ever takes an immediate decision on an important issue.
(= The committee seldom takes an immediate decision ..., if it ever takes an immediate decision ...)

Im formellen Englisch kann ***if* zusammen mit** Wörtern wie ***any***, ***anything***, ***ever***, ***not*** *in* verkürzter Form verwendet werden.

c If only I could speak fluent German.
Wenn ich doch nur fließend Deutsch sprechen könnte.

If only we hadn't wasted so much time.
Hätten wir nur nicht so viel Zeit vergeudet.

If only zur Einleitung eines *if*-Satzes drückt einen Wunsch aus, der sich auf die Gegenwart, Zukunft oder Vergangenheit beziehen kann. Ein Hauptsatz wird gewöhnlich nicht verwendet.

d What if we don't answer the letter?
(= What will happen if we don't answer the letter?)

What if the taxi gets stuck in the traffic?
(= What will happen if the taxi gets stuck in the traffic?)

Die verkürzte Form ***what if ...?*** bedeutet so viel wie *what will happen if ...?*

258-266 *Relativsätze* *Relative clauses*

258 *Einleitung · Introduction*

a

The woman who answered the phone couldn't help me.
Die Frau, die ans Telefon ging, konnte mir nicht helfen.

Here are some photos that show my family.
Hier sind ein paar Fotos, auf denen meine Familie zu sehen ist.

The boy who delivered the newspapers has moved away.
Der Junge, der die Zeitungen austrug, ist weggezogen.

Larry Clark, who delivered the newspapers, has moved away.
Larry Clark, der die Zeitungen austrug, ist weggezogen.

Relativsätze *(relative clauses)* beziehen sich gewöhnlich auf ein **vorausgehendes Wort** (= Bezugswort). Sie werden durch **Relativpronomen** *(relative pronouns)*, z.B. *who* oder *that*, eingeleitet. Alle Relativpronomen können sich auf Nomen im Singular und Plural beziehen.

Im Englischen gibt es zwei Arten von Relativsätzen:

- **bestimmende Relativsätze** *(defining relative clauses)* ▶ 259-264
- **nicht bestimmende Relativsätze** *(non-defining relative clauses).* ▶ 265

b

Martin doesn't know anybody to talk to.
Martin kennt niemanden, mit dem er reden kann.

The girl wearing white jeans is the camp leader.
Das Mädchen mit den weißen Jeans ist die Campleiterin.

Infinitiv- und Partizipialkonstruktionen sind weitere Möglichkeiten, Bezüge zu einem vorausgehenden Wort herzustellen.

▶ *The first, the last* usw. + *to*-Infinitiv: 125
▶ Nomen + *to*-Infinitiv: 126
▶ Partizipien bei einem Nomen: 153 c

⚠ That's the boy who scored six goals for our school team.
Das ist der Junge, der für unsere Schulmannschaft sechs Tore geschossen hat.

(**main clause:** The boy scored six goals for our school team.
Der Junge schoss sechs Tore für unsere Schulmannschaft.)

Wie für alle Nebensätze gilt auch für Relativsätze die **Wortstellung *subject – verb***, d.h., das Verb steht an derselben Stelle wie im Hauptsatz.

Bestimmende Relativsätze · Defining relative clauses

259 *Gebrauch · Use*

a

The boy who is talking to Mr Smart is new here.

Don't forget the DVD that I lent you last week.

Bestimmende Relativsätze bestimmen ein **Bezugswort** (meist ein Nomen) näher. Ohne sie bliebe unklar, wer oder was gemeint ist (welcher Junge, welche DVD). Bestimmende Relativsätze werden sowohl im informellen wie auch im formellen Englisch verwendet.

b

The boy who scored six goals is the youngest in the team.
Der Junge, der sechs Tore geschossen hat, ist der jüngste in der Mannschaft.

Bestimmende Relativsätze werden im Englischen **nicht durch Kommas** vom Hauptsatz **getrennt**.

260 *Das Relativpronomen als Subjekt · The relative pronoun as subject*

Das Relativpronomen kann als **Subjekt** des Relativsatzes stehen.

subject

1 The man who/that phoned earlier is here.
…, der vorhin angerufen hat, …

2 I need someone who/that can help me with my work.
…, der mir bei meiner Arbeit helfen kann.

Wenn es sich auf **Personen** bezieht, wird ***who*** oder – in der gesprochenen Sprache – auch ***that*** verwendet (Beispiele 1 und 2). *Who* ist weitaus häufiger.

3 Take the videos that/which are on the table.
…, die auf dem Tisch liegen.

4 She wants a pet that/which is cuddly.
…, das verschmust ist.

Bei **Dingen** und **Tieren** steht ***that*** oder ***which*** (Beispiele 3 und 4). *Which* wird eher im formellen Englisch verwendet.

► *Who, which* als Fragewörter: 241-244

Anmerkung

Is that all that has to be done?
… alles, was …
There's nothing that can help you.
… nichts, was …

Nach Mengenbezeichnungen wie *all, everything, nothing, something* oder *anything* wird *that* verwendet.

261 *Das Relativpronomen als Objekt · The relative pronoun as object*

Das Relativpronomen kann als **Objekt** des Relativsatzes stehen.

object

1 The people who/that we met on holiday were nice.
…, die wir im Urlaub getroffen haben, …

Bei **Personen** steht ***who*** oder ***that*** (Beispiel 1).

2 The books that/which I've read are all by Poe.
…, die ich gelesen habe, …

Bei **Dingen** und **Tieren** verwendet man ***which*** oder – häufiger – ***that*** (Beispiel 2).

► Relativsätze ohne Relativpronomen: 264

Anmerkung

The police arrested a man whom they later identified as a car thief.
…, den …

Im formellen Englisch wird *whom* statt *who* verwendet.

262 *Das Relativpronomen* whose • *The relative pronoun* whose

Look, that's the boy whose brother drives him to school in a Ferrari.
..., dessen Bruder ihn mit einem Ferrari zur Schule fährt.

The first three people whose names are drawn win a free holiday.
..., deren Namen gezogen werden, ...

A factory whose workers often go on strike must have serious production problems.
..., deren Arbeiter oft streiken, ...

A company whose products are advertised on TV can expect to increase its profits.
..., für deren Produkte im Fernsehen Werbung gemacht wird, ...

Whose (= *dessen, deren*) drückt einen Besitz oder eine Zugehörigkeit aus. Es bezieht sich meist – aber nicht nur – auf **Personen** oder **Sammelnamen**.
Auf *whose* folgt immer ein Nomen (im Singular oder Plural).

► *Whose* als Fragewort: 241

⚠ Is that the man whose house was burgled last week?
..., in dessen Haus letzte Woche eingebrochen wurde?

The man who's waiting over there is my brother's best friend.
..., der da drüben wartet, ...

Whose *(= dessen, deren)* darf nicht mit der Kurzform **who's** (= *who is)* verwechselt werden.

Anmerkung

He's written a book	whose title	I've forgotten.
He's written a book	the title of which	I've forgotten.

Im formellen Englisch kann bei Dingen statt *whose* auch *of which* verwendet werden.

263 *Das Relativpronomen mit Präpositionen* • *The relative pronoun with prepositions*

a This is the girl who/that I told you about.
..., von dem ich dir erzählt habe.
(**main clause:** I told you about the girl.)

Here's the U2 CD that/which you've been looking for.
..., nach der du gesucht hast.
(**main clause:** You've been looking for the U2 CD.)

Relativpronomen können auch als **Objekt** einer **Präposition** stehen. Im informellen Englisch steht die Präposition im bestimmenden Relativsatz an der Stelle, an der sie auch im Hauptsatz stehen würde.

Anmerkung

The customer for whom the goods were ordered no longer lives at that address.
This is an issue on which I have strong views.

Im formellen Englisch kann die Präposition vor *whom* oder *which* stehen. Hier dürfen *who* oder *that* nicht verwendet werden.

b

That's the house where Julie used to live.
That's the house in which …

The day when Charles crashed his car was Friday, the thirteenth of March.
The day on which …

There's no reason why Emma shouldn't pass her driving test.

Nach Nomen, die sich auf **Ortsbezeichnungen** (z.B. *house, shop, town, …*) und **Zeitangaben** (z.B. *day, time, moment, …*) beziehen, werden im informellen Englisch ***where*** bzw. ***when*** vorgezogen. Nach *reason* kann *why* stehen.

Im bestimmenden Relativsatz:
- „who/that" für Personen
- „that/which" für Dinge
- „whose" = „dessen, deren"

264 *Relativsätze ohne Relativpronomen • Contact clauses*

a

	object		
The girls	who	I met yesterday	are from Halle.
oder:			
The girls		I met yesterday	are from Halle.
	…, die ich gestern getroffen habe, …		
The bike	that	I bought last week	has been stolen.
oder:			
The bike		I bought last week	has been stolen.
	…, das ich letzte Woche gekauft habe, …		

Wenn in einem bestimmenden Relativsatz das **Relativpronomen Objekt** ist, wird es sehr häufig **weggelassen**. Relativsätze ohne Relativpronomen werden ***contact clauses*** genannt. *Contact clauses* werden sowohl im informellen als auch im formellen Englisch, in der gesprochenen wie in der geschriebenen Sprache verwendet.

b

	prepositional object		
The man	that	I was talking to	is our teacher.
oder:			
The man		I was talking to	is our teacher.
	…, mit dem ich gesprochen habe, …		
The bike	which	you're pointing at	is my sister's.
oder:			
The bike		you're pointing at	is my sister's.
	…, auf das du gerade zeigst, …		

Häufig wird das **Relativpronomen weggelassen**, wenn es **Objekt einer Präposition** ist.

⚠

	object	subject	
This is the boy		who	won the race.
Dies ist der Junge,		*der*	*das Rennen gewonnen hat.*
aber:			
This is the boy	who	we	met at the disco.
oder:			
This is the boy		we	met at the disco.
Dies ist der Junge, den		*wir*	*in der Disco getroffen haben.*

Wenn das **Relativpronomen Subjekt** des Relativsatzes ist, darf es **nicht wegfallen**.

Das Relativpronomen darf nur weggelassen werden, wenn es Objekt des Relativsatzes ist.

265 *Nicht bestimmende Relativsätze · Non-defining relative clauses*

a The actor Charlie Chaplin, who was born in England, made most of his films in Hollywood.
Der Schauspieler Charlie Chaplin, der in England zur Welt kam, hat die meisten seiner Filme in Hollywood gedreht.

We landed at Gatwick, which is London's second largest airport.
Wir landeten in Gatwick, Londons zweitgrößtem Flughafen.

Nicht bestimmende Relativsätze enthalten **zusätzliche, ergänzende Informationen** zu dem Bezugswort. Sie könnten weggelassen werden, ohne dass die Aussage des Hauptsatzes unklar würde.
Ihre Merkmale sind:
- Sie werden **durch Kommas** vom Hauptsatz **getrennt**.
- Das **Relativpronomen** darf **niemals weggelassen** werden.
- ***That*** wird **nicht verwendet**.

b Mother Theresa, who was born in Skopje, spent her life caring for the sick and dying in Calcutta.

John's new car, which cost him all his savings, was damaged by a hit-and-run driver last week.

Als **Subjekt** des nicht bestimmenden Relativsatzes wird bei **Personen *who***, bei **Dingen *which*** verwendet.

c The President, whom I had never seen before, looked older than I expected.

Mrs Baxter gave her daughter a beautiful black dress, which she had bought in Paris.

Als **Objekt** des nicht bestimmenden Relativsatzes steht bei **Personen *whom***, bei **Dingen *which***.

d Mr Grant, with whom our company now has little contact, used to be one of our biggest customers.

My grandfather has a valuable stamp collection, on which he spends a lot of time and money.

Im nicht bestimmenden Relativsatz steht die **Präposition** meist **vor** dem **Relativpronomen**.

Anmerkung

Mrs Moore has a lot of friends, all of whom think she is wonderful.
There are two possible solutions, both of which may be unsatisfactory.

Of whom und *of which* stehen hinter den zugehörigen Mengenbezeichnungen, Superlativen, hinter *first*, *second*, … und *last*.

e Agatha Christie, whose detective novels are world-famous, did not go to school at all.

The tourist guide pointed out the 'Wearwell' factory, whose owners live in Switzerland.

Whose *(= dessen, deren)* drückt einen Besitz oder eine Zugehörigkeit aus. Es bezieht sich meist – aber nicht ausschließlich – auf **Personen** und **Sammelnamen**. Auf *whose* folgt immer ein Nomen (im Singular oder Plural).

266 Which *mit Bezug auf einen Satz* · Which *relating to a clause*

Brian won the 100 metres, which surprised everybody.
…, was alle überraschte.

I get paid a bit more now, which means I can afford a car.
…, was bedeutet, …

Relativsätze können sich auf **einen ganzen Satz** beziehen. In diesem Fall lautet das Relativpronomen immer ***which***. Normalerweise wird der Relativsatz durch ein Komma vom Hauptsatz getrennt.

272 *Adverbialsätze* *Adverbial clauses*

267 *Einleitung · Introduction*

a When the players came out, everybody cheered.
Als die Spieler herauskamen, haben alle gejubelt.
She was angry because Joseph hadn't come.
Sie war verärgert, weil Joseph nicht gekommen war.

Adverbialsätze *(adverbial clauses)* werden durch **unterordnende Konjunktionen** *(subordinating conjunctions)*, wie z.B. *when*, *because*, mit Hauptsätzen verbunden.

b While we were in Sydney, we met some nice people.
Während wir in Sydney waren, haben wir ein paar nette Leute kennengelernt.
We met some nice people while we were in Sydney.
Wir haben ein paar nette Leute kennengelernt, während wir in Sydney waren.

Ein Adverbialsatz kann **vor oder nach** dem **Hauptsatz** stehen.
Steht der Adverbialsatz vor dem Hauptsatz, wird meist ein **Komma** gesetzt.

c Einem adverbialen Nebensatz können – vorwiegend im geschriebenen Englisch –

- **Partizipialkonstruktionen**

Ted refused the offer, knowing he was too ill to work.
(= … because he knew he was too ill to work.)
Although realizing the danger, the firemen did not hesitate to enter the building.
(= Although the firemen realized the danger, they …)

- Fügungen aus **Präposition + Gerundium**

Please check your change before leaving the store.
(= … before you leave the store.)

- **Infinitivkonstruktionen**

We'll fax all the information in order to save time.
(= … so that we can save time.)

entsprechen.

▶ Partizipien zum Ausdruck der Zeit, des Grundes usw.: 157-161
▶ Präposition + Gerundium: 144
▶ *to*-Infinitiv zur Angabe des Zwecks einer Handlung: 129

d When in London, please look me up.
(= When you are in London, …)
Add the ending '-s' where necessary.
(= … where it is necessary.)

Nach den Konjunktionen *when, while, until, once, where, (al)though* kann eine **verkürzte Form** des Adverbialsatzes verwendet werden.

268 *Adverbialsätze der Zeit · Adverbial clauses of time*

Liz got a job in a bank after she left school.
I'll phone you as soon as I arrive in Paris.
Once you understand the system, the machine is easy to work.
What have you been doing since we last met?
Whenever I see John, he's driving a different car.

Adverbialsätze der **Zeit** *(adverbial clauses of time)* werden durch folgende **Konjunktionen** eingeleitet: *after (= nachdem), as (= als), as soon as (= sobald), before (= bevor), by the time (= bis), once (= sobald, wenn), since (= seit, seitdem), till/until (= bis), when (= wenn, wann, als), whenever (= wann immer; jedes Mal, wenn), while (= während, solange).*

⚠ We'll stay here till you get back.
Wir bleiben hier, bis du zurückkommst.
The children won't be at home when we arrive.
Die Kinder werden nicht zu Hause sein, wenn wir ankommen.

Auch wenn eine zukünftige Handlung ausgedrückt wird, darf im **Adverbialsatz der Zeit keine** Zeitform der **Zukunft** stehen. Es steht hier das *simple present*. Der Zukunftsbezug wird durch den Hauptsatz ausgedrückt.

► Möglichkeiten, Zukünftiges auszudrücken: 95, 97, 101, 103

269 *Adverbialsätze des Ortes · Adverbial clauses of place*

Please leave the magazine where you found it.
Tell me where I can put the bags.
There were a lot of tourists wherever we went.
Everywhere you go, someone always speaks English.

Adverbialsätze des **Ortes** *(adverbial clauses of place)* werden durch die **Konjunktionen** *where (= wo, wohin), wherever (= wo/wohin auch immer), everywhere (= überall wo/wohin)* eingeleitet.

270 *Adverbialsätze des Grundes · Adverbial clauses of reason*

As Carol has been ill, we should help her.
Since we've got no money, we can't buy a new car.
Why am I leaving? I'm leaving because I'm fed up.
I fell asleep in the French lesson because I was bored.

Adverbialsätze des **Grundes** *(adverbial clauses of reason)* werden durch die **Konjunktionen** *as (= da), since (= da), because (= weil)* eingeleitet. Mit *as* und *since* eingeleitete Adverbialsätze werden gewöhnlich vor den Hauptsatz gestellt. *Because* wird eher in nachgestellten Adverbialsätzen verwendet.

⚠ We stayed at home because it rained.
…, weil es regnete.
We stayed at home because of the rain.
… wegen des Regens …

Because ist eine **Konjunktion** und leitet einen Adverbialsatz ein.
Because of ist eine **Präposition** und steht vor einem Nomen.

► Präpositionen: 247

271 *Adverbialsätze des Gegensatzes · Adverbial clauses of contrast*

Even if you aren't interested in the discussion, please stay and listen.
Though/Although it was very late, the dockers went on working.
Peter likes going out while/whereas his wife prefers staying at home.

Adverbialsätze des **Gegensatzes** *(adverbial clauses of contrast)* werden durch folgende **Konjunktionen** eingeleitet: *even if/even though (= auch wenn), though/although (= obwohl, obgleich), while/whereas (= während).*

272 *Adverbialsätze des Zwecks · Adverbial clauses of purpose*

She hid the letter so that nobody would read it.
He wore a beard and dark glasses so that his friends wouldn't recognize him.
I left the party early so (that) I could get a good night's sleep.

Adverbialsätze des **Zwecks** *(adverbial clauses of purpose)* werden durch die **Konjunktion** *so that (= sodass, damit)* eingeleitet. Im informellen Englisch kann auch *so* statt *so that* stehen.

280 Die indirekte Rede Indirect speech

273 Direkte und indirekte Rede · Direct and indirect speech

Mike wants to learn to drive. He's making inquiries at a driving school. Here's part of the conversation.

Girl: 'Driving lessons are £15 an hour.'

Mike: 'Oh, I see. And how many lessons will I need?'

Girl: 'Well, that depends. Most people take about 30 lessons with an instructor. But why don't you get a provisional licence and learn with a friend or parent as well? You won't need so many lessons then. The licence costs £21 – and don't forget the *L* plates.'

Man kann das, was jemand sagt, auf verschiedene Weise wiedergeben:

- In der **direkten Rede** (*direct speech*) wird **wörtlich wiedergegeben**, was jemand sagt, schreibt oder denkt. Werden solche Sätze geschrieben, stehen sie meist in Anführungszeichen:
  Englisch: 'Driving lessons are £15 an hour,' said the girl.
  Deutsch: „Fahrstunden kosten 15 Pfund die Stunde", sagte das Mädchen.

Mike told his father what he had found out:
The girl told me that lessons were £15 an hour, so I asked her how many I would need.

- In der **indirekten Rede** (*indirect speech* oder *reported speech*) wird **berichtet**, was jemand gesagt, geschrieben oder gedacht hat. Dabei kann man sich genau an den Wortlaut der direkten Rede halten oder aber die Äußerung freier wiedergeben.

She said people usually took about 30 lessons with an instructor.

Unerhebliches kann man auslassen (z.B. *Well, that depends* im zweiten Satz des Mädchens).

She suggested getting a provisional licence and driving with a friend or parent.

Ausführlich Formuliertes (z.B. den Vorschlag der *provisional licence*) kann man durch geeignete Verben (z.B. *suggest*) zusammenfassen bzw. verkürzen.

Anmerkung

She stood up in a sudden impulse of terror. Escape! She must escape! Frank would save her. He would give her life, perhaps love, too. But she wanted to live. Why should she be unhappy? She had a right to happiness. Frank would take her in his arms, fold her in his arms. He would save her.

(James Joyce: 'Eveline'. *Dubliners*. Cornelsen 1989, p. 14)

Das Beispiel stellt eine Mischform zwischen direkter und indirekter Rede dar: Die Frage wird wie in der direkten Rede gebildet, die Pronomen und die Zeitverschiebung entsprechen der indirekten Rede. Man bezeichnet dieses in der modernen Literatur häufig verwendete Stilmittel als „erlebte Rede" (*free indirect speech*). Sie dient dazu, den Lesern einen Einblick in die Gedanken von Personen, in ihren „Bewusstseinsstrom", zu geben.

▶ Veränderung der Pronomen: 275
▶ Veränderung der Zeitformen: 277

274 *Merkmale der indirekten Rede · Characteristics of indirect speech*

a

Die indirekte Rede wird gewöhnlich durch **bestimmte Verben** (*reporting verbs*) eingeleitet:

The girl told Mike that she had just passed her driving test too.
She mentioned that the examiners were quite strict.
She said she had been terribly nervous before the test.

- Zur Wiedergabe von **Aussagen** verwendet man außer *say* und *tell sb.* z.B. *add, admit, agree, answer, begin, complain, continue, mention, report, threaten, write.*

Mike was sure he would feel nervous too.

- Zur Einleitung von **Gedanken** und **Meinungen** verwendet man z.B. *be sure, believe, know, think.*

He wanted to know if the theory test was difficult.

- Zur Wiedergabe von **Fragen** verwendet man z.B. *ask, inquire, want to know, wonder.*

▶ 279

The girl told him not to worry and advised him to start learning the 'Highway Code'.
She asked him to fill in the registration forms.

- Zur Wiedergabe von **Aufforderungen** verwendet man *tell sb.* sowie *order, want sb. to do sth.*, für **Bitten** verwendet man *ask*, für **Ratschläge** *advise*, für **Versprechen** *promise*, für **Vorschläge** *propose, suggest* usw.

▶ 280

'I'm phoning to let you know I've faxed you to say I've sent an e-mail asking you to call me.'

Anmerkung

Ann: 'Why don't you buy a new bike, Susan?'

Ein Satz der direkten Rede kann je nach Betonung oft Verschiedenes ausdrücken. Je nachdem, wie ihn der Berichtende auffasst, kann er unterschiedlich wiedergegeben werden. Wie er gedeutet wird, geht aus der Wahl des jeweiligen *reporting verb* hervor, z.B.:

Ann asked Susan why she didn't buy a new bike.
Ann advised Susan to buy a new bike.
Ann suggested that Susan should buy a new bike.

- als Frage nach dem Grund
- als Ratschlag
- als Vorschlag.

⚠ Sue said / Sue told Ann | that she had seen a new bike in a shop.

Auf ***say*** folgt gewöhnlich kein Personenobjekt. Wenn man ausdrücken will, zu wem etwas gesagt wird, verwendet man ***tell sb.***:
Sue told Ann/him/me/them/…
Beachte, dass auf *tell* immer ein Personenobjekt (ohne *to*) folgt.

b

Peter said (that) he was a member of Greenpeace.
Peter sagte, dass er Mitglied bei Greenpeace sei. / Peter sagte, er sei Mitglied bei Greenpeace.

Im Englischen steht vor der indirekten Rede **kein Komma**. ***That*** wird oft **weggelassen** (vor allem nach *say, tell sb.* und *think*). Wie im Deutschen stehen **keine Anführungszeichen**.

c

Gemma: 'My job is interesting.'
„Meine Arbeit ist interessant."
▷ Gemma said her job was interesting.
Gemma sagte, ihre Arbeit sei/wäre interessant. / … , ihre Arbeit ist interessant.

▷ Simon said he and his girlfriend worked for the same company.
Simon sagte, er und seine Freundin arbeiteten bei derselben Firma/würden … arbeiten.

Anders als im Deutschen gibt es im Englischen in der indirekten Rede **keinen Konjunktiv** (z.B. *sei, wäre, habe, hätte*). Stattdessen wird gewöhnlich die **Zeitform des Verbs verändert**.

Die *simple past*-Formen *was* und *worked* beziehen sich in der indirekten Rede auf die Gegenwart (nicht auf die Vergangenheit!).

⚠

Tony: 'I don't earn much.'
nicht: Tony said he ~~wouldn't earn~~ much.
sondern: Tony said he didn't earn much.
…, er würde nicht viel verdienen.

Tony: 'I'll earn more after my training.'
▷ Tony said he would earn more after his training.
…, er würde nach seiner Schulung mehr verdienen.

Vergleiche die unterschiedliche Verwendung des englischen ***would*** und des deutschen ***würde***: Im Deutschen kann sich *würde* sowohl auf die Gegenwart als auch auf die Zukunft beziehen. Im Englischen wird *would* in der indirekten Rede dagegen nur mit Bezug auf die Zukunft benutzt (*will* ▷ *would*). *Would* kann hier nicht mit Bezug auf die Gegenwart verwendet werden.

d

1 Andrew (in Glasgow) is talking to his sister Rebecca (in London) on the phone. He tells his friends what Rebecca is saying.

Rebecca: 'I'll be in Glasgow on Friday next week. Guess what, I've bought a new car. It goes like a bomb.'

Andrew: 'Rebecca says she'll be here on Friday next week. She says she's bought a new car and that it goes like a bomb.'

2 A week later Andrew told another friend about his sister's phone call.
Rebecca said she would be here on Friday this week. She told me she had bought a new car that went like a bomb. Typical!

Im Vergleich zur direkten Rede lassen sich in der indirekten Rede oft eine Reihe von **Veränderungen** feststellen, z.B. bei den

- **Pronomen** (Beispiele 1 und 2: *I* ▷ *she*) ► 275
- **Zeitangaben** (Beispiel 2: *next week* ▷ *this week*)
- **Ortsangaben** (Beispiele 1 und 2: *Glasgow* ▷ *here*). ► 276

Die **Zeitformen** der direkten Rede bleiben erhalten, wenn das einleitende Verb der indirekten Rede im *simple present* (z.B. *says*) oder *present perfect* (z.B. *has said*) steht: *I'll be* ▷ *she'll be* (Beispiel 1).
Sie werden jedoch häufig verändert, wenn das einleitende Verb im *simple past* (z.B. *said, told*) steht (Beispiel 2):
I'll (will) be ▷ *she would be*
I've (have) bought ▷ *she had bought*
it goes ▷ *it went*
► 277

e

(When John was 16 he decided to leave school. Soon after he started looking for a job. He wrote letters of application and asked for job interviews.)

vergleiche:
John thought he was doing the right thing.

He thought/believed he had made a good decision.

He hoped/thought he would find a job soon.

Im alltäglichen Sprachgebrauch verwendet man Formen der indirekten Rede auch dann, wenn **kein Ausgangssatz in** der **direkten Rede** vorliegt bzw. wenn man ihn nicht kennt. Durch die Wahl der geeigneten Zeitform oder von Orts- und Zeitangaben drückt man aus, ob sich der Satz auf den Zeitpunkt des Denkens/Sprechens bzw. die Zeit davor oder danach bezieht.

John dachte an das, was er gerade tat.
(*Was doing* bezieht sich auf die damalige Gegenwart.)
Er dachte an seine zurückliegende Entscheidung.
(*Had made* bezieht sich auf die Vergangenheit.)
Er hoffte, bald eine Stelle zu finden.
(*Would find* bezieht sich auf die Zukunft.)

275 *Veränderung der Pronomen · Changes in pronouns*

Linda: 'Can I borrow your moped, Susan?'

1 Susan (to her brother):
Linda asked me yesterday if she could borrow my moped.

2 Linda (to her father):
I asked Susan yesterday if I could borrow her moped.

Wie im Deutschen werden in der indirekten Rede die **Pronomen aus** der **Sicht des Berichtenden** gewählt. Sie hängen von der Situation ab, in der etwas berichtet wird: In Beispiel 1 gibt Susan wieder, was Linda sie gefragt hat. Deshalb wird *I* zu *she* und *your* zu *my*.
In Beispiel 2 dagegen berichtet Linda selbst, was sie Susan gefragt hat. Sie verwendet daher *I* und *her*.

276 *Veränderung von Zeit- und Ortsangaben*
Changes in phrases of time and place

a **Zeitangaben:**

Andy (on Sunday): 'I'll give you your CDs back tomorrow, Tracy.'

1 Tracy (two hours later on Sunday):
When Andy called me two hours ago, he said he'd give me my CDs back tomorrow.

2 Tracy (on Monday):
When Andy called me yesterday, he said he'd give me my CDs back today.

3 Tracy (on Friday):
When Andy called me on Sunday, he said he'd give me my CDs back the next day/the following day/on Monday.

Zeitangaben müssen in der indirekten Rede manchmal verändert werden. Diese **Veränderungen** erfolgen wie im Deutschen jeweils **aus** der **Sicht des Berichtenden**.
Sie können also **nicht schematisch** vorgenommen werden.
Deshalb bleibt *tomorrow* in Beispiel 1 unverändert (Tracy berichtet noch am Sonntag über Andys Äußerung) und wird in den Beispielen 2 und 3 verändert (Tracy berichtet einen Tag bzw. mehrere Tage nach Andys Äußerung).
Folgende Veränderungen von Zeitangaben sind in der indirekten Rede möglich:

now	▷ *then, at that time*
today	▷ *(on) that day, yesterday, on/last Monday, …*
this week	▷ *that week*
yesterday	▷ *the day before, on/last Monday, …*
three days ago	▷ *three days before/earlier, on/last Monday, …*
last week	▷ *the week before/ the previous week*
tomorrow	▷ *the next/following day, on Monday, today, …*
next month	▷ *the following month, a month later, in June, …*

b **Ortsangaben:**

Dennis (at his hotel in Bristol): 'I've just arrived.'

▷ Susan (in Bristol):
Dennis phoned to say he had just arrived here.

▷ Frank (in London):
Dennis phoned from Bristol and said he had just arrived at his hotel.

Auch die Veränderung von **Ortsangaben** hängt von der **Situation** ab, in der etwas berichtet wird.

277 *Veränderung der Zeitformen · Changes in tenses*

a

Pete: 'I'm in New York for a few days.'
▷ Pete said he was in New York for a few days.
Pete sagte, er sei/wäre für ein paar Tage in New York.

Pete: 'I was very impressed by Washington.'
▷ Pete added that he had been very impressed by Washington.
Pete fügte hinzu, er sei/wäre von Washington beeindruckt gewesen.

Wenn das **einleitende Verb im *simple past*** steht (z.B. *said, added* usw.), werden in der indirekten Rede meist andere Zeitformen als in der direkten Rede verwendet.
Die **Zeitformen der direkten Rede** werden dabei um eine Zeitstufe in die Vergangenheit **„zurückverschoben"** (*backshift of tenses*):
am (present tense) ▷ *was (past tense)*
was (past tense) ▷ *had been (past perfect)*

b **Weitere Beispiele:**

Pete: 'I write my girlfriend a card every day.'
▷ Pete said he wrote his girlfriend a card every day.

Pete: 'I'm having a really good time.'
▷ Pete said he was having a really good time.

present tense ▷ ***past tense***

Pete: 'I saw Bruce Willis in Central Park.'
▷ Pete said he had seen Bruce Willis in Central Park.

Pete: 'They were filming an action scene.'
▷ Pete said they had been filming an action scene.

past tense ▷ ***past perfect***

Pete: 'I've met lots of interesting people.'
▷ Pete said he had met lots of interesting people.

Pete: 'I've been doing quite a lot of sightseeing.'
▷ Pete said he had been doing quite a lot of sightseeing.

present perfect ▷ ***past perfect***

Pete: 'I didn't take any photos of the Empire State Building because I had forgotten my camera.'
▷ Pete said he hadn't taken any photos of the Empire State Building because he had forgotten his camera.

Verben im ***past perfect*** bleiben **unverändert**. (Das *past perfect* kann nicht weiter „zurückverschoben" werden!)

Pete: 'I'll probably go up again.'
▷ Pete said he would probably go up again.

will ▷ ***would***

Pete: 'I can't always understand New Yorkers.'
▷ Pete said he couldn't always understand New Yorkers.

can ▷ ***could***

Pete: 'I may go to see *Cats* on Friday.'
▷ Pete said he might go to see *Cats* on Friday.

may ▷ ***might***

Pete: 'I would like to go to Harlem on Sunday.'
▷ Pete said he would like to go to Harlem on Sunday.

Would*, *could*, *might*, *should und ***ought to*** bleiben **unverändert**.

Pete: 'I must fly home on the 4th.'
▷ Pete said he must fly home on the 4th.
▷ Pete said he had to fly home on the 4th.

Must*/*Needn't zum Ausdruck einer Notwendigkeit oder des Fehlens einer Notwendigkeit können unverändert bleiben oder zu *had to/didn't have to* werden.

► Zeitformen der Vollverben: 72, 73
► Modale Hilfsverben: 22, 23, 25-35, 40, 41

Anmerkungen

1 1 Pete: 'A girl on the phone? Oh, it must be Liz.'
▷ Pete thought it must be Liz on the phone.
2 Pete: 'You simply must go to the concert, Liz.'
▷ Pete told Liz that she simply must go to the concert.

Drückt *must* eine Schlussfolgerung bzw. eine Gewissheit (Beispiel 1) oder einen Ratschlag (Beispiel 2) aus, so bleibt es in der indirekten Rede unverändert.

2 Doctor: 'You mustn't go out just yet.'
▷ The doctor told me I mustn't go out just yet.
▷ ... I wasn't to go out ...

Mustn't kann unverändert bleiben oder zu *wasn't/weren't to* werden.

► Modale Hilfsverben: 42 e, 47

278 *Veränderung oder Beibehaltung der Zeitformen*
Changes or no changes in tenses

a

Die **Veränderung der Zeitformen** bei einleitendem Verb im *simple past* ist nie falsch. Sie ist jedoch **nicht immer nötig** bei

Alex: 'My sister is at art school.'
▷ Alex said his sister is at art school.
▷ Alex said his sister was at art school.

- Aussagen, die zum Zeitpunkt ihrer Wiedergabe noch zutreffen,

Claire: 'My visa for Russia has arrived.'
▷ Claire said this morning that her visa for Russia has arrived.
▷ Claire said this morning that her visa for Russia had arrived.

Teacher: 'Sound travels through water five times faster than through air.'
▷ Our teacher told us sound travels through water five times faster than through air.
▷ Our teacher told us sound travelled through water five times faster than through air.

- allgemeingültigen Aussagen.

b

Die **Zeitformen** der direkten Rede werden **verändert**, wenn man deutlich machen will, dass

Tom: 'I'm 16.'
▷ Did you hear that? Tom said he was 16.
... sei/wäre ...

- die übermittelte Information nicht von einem selbst stammt

Head teacher: 'The school will be closed on Monday.'
▷ Somebody said that the school would be closed on Monday.
... geschlossen sei/wäre.

- man nicht sicher ist, ob die Information stimmt,

Mike: 'John is a liar.'
▷ Mike said that John was a liar.
... sei/wäre.

- man nicht mit dem Inhalt des Satzes übereinstimmt.

Im Deutschen verwendet man dafür Konjunktivformen.

c Vicky: 'I arrived last Sunday.'
▷ Vicky told us she arrived last Sunday.
▷ (Vicky told us she had arrived last Sunday.)

Im informellen Englisch werden ***past tense*-Formen** der direkten Rede oft **beibehalten** (d.h. nicht ins *past perfect* verändert), wenn durch den Zusammenhang oder durch andere sprachliche Mittel deutlich wird, welche Handlung vor einer anderen stattgefunden hat. Im Beispiel wird durch *last Sunday* klar, dass Vickys Ankunft vor dem Berichtzeitpunkt liegt.

d Tony: 'There was an accident in the chemistry lab. Some potassium nitrate exploded when two boys set it alight.'
▷ Tony said that there had been an accident in the chemistry lab. Some potassium nitrate exploded when two boys set it alight.

Bei einer **längeren Berichterstattung** (z.B. auch im Fernsehen oder in der Zeitung) wird häufig nur die erste *simple past*-Form der direkten Rede ins *past perfect* gesetzt. Die übrigen *simple past*-Formen bleiben erhalten, da die Zeitverhältnisse des Geschehens bereits durch die erste Umformung geklärt sind.

279 *Indirekte Fragesätze · Indirect questions*

Reporter: 'What's the title of your new album, Geri?'
▷ The reporter asked Geri what the title of her new album was.

Wenn das einleitende Verb im *simple past* steht (z.B. *asked, wanted to know, wondered*), wird die **Zeitform** der direkten Frage genauso **„zurückverschoben"** (bzw. nicht zurückverschoben) wie bei Aussagen.

Reporter: 'When will it be released?'
▷ The reporter wanted to know when it would be released.

Fragewörter wie *how, what, when, where* usw. werden in der indirekten Frage **beibehalten**.

Reporter: 'Are there any plans for your next concert tour?'
▷ The reporter wondered if/whether there were any plans for her next concert tour.

Ist in der direkten Frage **kein Fragewort** vorhanden (Entscheidungsfrage), wird die indirekte Frage mit ***if*** oder ***whether*** (= *ob*) eingeleitet.

▶ Fragesätze: 4
▶ Fragewort + *to*-Infinitiv: 128

		auxiliary	subject	main verb	
Ed:	'What	does	ZIP code	mean?'	
▷ Ed asked what			ZIP code	meant.	
(statement)			ZIP code	means	postcode.
Ed:		'Does	the train	go	north?'
▷ Ed asked if			the train	went	north.
(statement)			The train	goes	north.

Die **Wortstellung** in indirekten Fragesätzen ist ***subject – verb***. Sie entspricht damit der Wortstellung von Aussagesätzen. Es gibt keine Umschreibung mit *do*.
Wie im Deutschen steht nach indirekten Fragesätzen **kein Fragezeichen**.

▶ Wortstellung: 2

Anmerkung

What time is it?
▷ Can/Could you tell me what time it is?

When was the Treaty of Maastricht signed?
▷ Do you know when the Treaty of Maastricht was signed?

Indirekte Fragen (z.B. ... *what time it is*) werden auch nach bestimmten satzeinleitenden Frageformeln (z.B. *Can you tell me ...?, Do you know ...?*) verwendet. Man bittet damit höflich um eine Auskunft. Auch hier ist die Wortstellung zu beachten.

280 *Indirekte Aufforderungen, Bitten, Ratschläge und Vorschläge* *Indirect commands, requests, advice and suggestions*

a Mother: 'Take your mobile with you, Jenny.'
▷ Jenny's mother told her to take her mobile with her.
oder:
▷ Jenny's mother told her that she should take her mobile with her.

Mother: 'Don't pack too many clothes.'
▷ Jenny's mother told her not to pack too many clothes.
oder:
▷ Jenny's mother told her that she shouldn't pack too many clothes.

Aufforderungen und **Verbote** werden in der indirekten Rede gewöhnlich mit ***tell sb. + to*-Infinitiv** (verneint: *tell sb. not to*) wiedergegeben. Anstelle des Infinitivs kann auch ein ***that*-Satz mit *should/shouldn't*** stehen.

'One of my Image Consultant firms advises me to take up the fiddle*; another says I should burn Rome.'*

consultant Berater
take up the fiddle anfangen, Geige zu spielen

► Verb + Objekt + *to*-Infinitiv: 123 a/b

Anmerkung

Teacher (to class): 'Don't forget the money for the class trip.'
▷ The teacher told the class not to forget the money for the class trip.
oder:
▷ The class was told not to forget the money for the class trip.

Der einleitende Satz mit *tell* kann auch im Passiv stehen.

b Jenny: 'Can/Could/Would you lend me your new travel-bag?'
▷ Jenny asked her mother to lend her her new travel-bag.
oder:
▷ Jenny asked her mother if she could lend her her new travel-bag.

Mother: 'If I were you, I'd take a rucksack.'
▷ Jenny's mother advised her to take a rucksack.

Bitten und **Ratschläge** werden in der indirekten Rede meist durch einen ***to*-Infinitiv** wiedergegeben. Als einleitende Verben werden *ask* (für Bitten) bzw. *advise* (für Ratschläge) verwendet.

c Father: 'Let's leave after breakfast.'
▷ Jenny's father suggested | leaving after breakfast. / that they should leave …

Vorschläge werden in der indirekten Rede meist mit ***suggest*** eingeleitet. Nach *suggest* steht die *-ing*-Form oder ein *that*-Satz mit *should*.

► Gerundium nach bestimmten Verben: 139 a

⚠ *Jenny schlug vor, um zehn zu gehen.*
nicht: Jenny suggested ~~to leave~~ at ten.
sondern: Jenny suggested leaving at ten.

Nach ***suggest*** darf nie ein Infinitiv stehen.

311 *Anhang Appendix*

281 *Häufige Fehler Common mistakes*

Viele der Fehler, die uns unterlaufen, entstammen relativ begrenzten Bereichen der englischen Grammatik. Die folgende Liste besonders häufiger Fehler deckt diese Bereiche weitgehend ab. Sie ist so gestaltet, dass man seine Kenntnisse (z.B. vor einer Klassenarbeit) leicht selbst überprüfen kann.

1	***als*** (beim Vergleich)			
	Mein Handy ist kleiner als deins.	**nicht:**	My mobile phone's smaller ~~as~~ yours.	*Als* nach einer Steigerungsform heißt *than*.
		sondern:	My mobile phone's smaller than yours.	► Vergleiche in Sätzen: 200 a, 213 a
2	**Artikel: *a/an***			
	Wir warteten eine Stunde.	**nicht:**	We waited for ~~a~~ hour.	Ob *a* oder *an* verwendet wird, hängt von der Aussprache des folgenden Wortes ab, nicht von der Schreibung.
		sondern:	We waited for an hour.	
	Tragt ihr eine Uniform?	**nicht:**	Do you wear ~~an~~ uniform?	
		sondern:	Do you wear a uniform?	
	Mandy ist Fernseh-moderatorin.	**nicht:**	Mandy is ~~TV presenter~~.	Vor Berufsangaben steht *a/an*.
		sondern:	Mandy is a TV presenter.	
	Ich gehe zweimal in der Woche aus.	**nicht:**	I go out twice ~~in the~~ week.	Bei Angaben zur Zeit oder zur Häufigkeit steht *a/an* im Sinne von *pro*.
		sondern:	I go out twice a week.	► Unbestimmter Artikel: 181 b/c, 190, 192
3	**Artikel: *the***			
	Wir sollten die Natur in Ruhe lassen.	**nicht:**	We should leave ~~the nature~~ alone.	Kein *the* bei allgemein gebrauchten abstrakten Nomen und bei allgemein gebrauchten Nomen im Plural.
		sondern:	We should leave nature alone.	
	Es ist mir egal, was die Leute denken.	**nicht:**	I don't care what ~~the people~~ think.	
		sondern:	I don't care what people think.	► Bestimmter Artikel: 183 a
4	**Bedingungssätze**			
	Wenn ich Peter auf der Party sehe, gebe ich ihm die CDs.	**nicht:**	If I see Peter at the party, I ~~give~~ him the CDs.	Bedingungssätze (Typ I): *if*-Satz: *simple present* Hauptsatz: *will-future*
		sondern:	If I see Peter at the party, I'll give him the CDs.	
	Wenn du mit dem Zug fahren würdest, würdest du Zeit sparen.	**nicht:**	If you ~~would go~~ by train, you would save time.	Kein *would* im *if*-Satz!
		sondern:	If you went by train, you would save time.	► Bedingungssatz I, II: 252 a, 253 a

5	***beide*** *Die beiden Oasis-Alben sind großartig.*	**nicht:** ~~The both~~ Oasis albums are great. **sondern:** Both (of) the Oasis albums are great. / The two Oasis albums are great.	Kein *the/these/my* usw. vor *both.* ▶ Stellung des Artikels: 187
6	***…, der/die/das/was …*** (Relativpronomen) *Ich kenne viele Leute, die ein Piercing haben.*	**nicht:** I know a lot of people ~~which~~ have a body piercing. **sondern:** I know a lot of people who/that have a body piercing.	Bei Personen steht das Relativpronomen *who* oder manchmal auch *that. Which* bezieht sich nur auf Dinge.
	Ist das alles, was übrig ist?	**nicht:** Is that all ~~what~~ is left? **nicht:** Is that all ~~which~~ is left? **sondern:** Is that all that is left?	Nach *all* kann nur *that* als Relativpronomen stehen. ▶ Relativpronomen: 260 Anmerkung
7	***erklären*** *Die Lehrerin erklärte uns die Regel.*	**nicht:** The teacher ~~explained us the rule~~. **sondern:** The teacher explained the rule to us.	Nach *explain* wird ein Personenobjekt mit *to* angeschlossen. ▶ Stellung des indirekten Objekts: 20 d
8	**Fragesätze** *Was bedeutet dieses Wort?*	**nicht:** What ~~means~~ this word? **sondern:** What does this word mean?	Fragen im *simple present* werden mit *do/does,* Fragen im *simple past* werden mit *did* gebildet.
	Was hast du gestern gemacht?	**nicht:** What ~~did~~ you yesterday? **sondern:** What did you do yesterday?	
	Was passiert in diesem Film?	**nicht:** ~~What does happen~~ in this film? **sondern:** What happens in this film?	Wenn man mit *what, who* oder anderen Fragewörtern nach dem Subjekt fragt, werden *do/does/did* nicht verwendet. ▶ Wortstellung in Fragesätzen: 5 b/c, 6
9	***gestern*** *Ich habe Vicky gestern getroffen.*	**nicht:** I ~~have met~~ Vicky yesterday. **sondern:** I met Vicky yesterday.	*Yesterday* steht mit dem *simple past.* ▶ *Simple past:* 86 a
10	***es gibt*** *In unserem Dorf gibt es eine Schule und (es gibt) zwei Diskos.*	**nicht:** ~~It gives~~ a school in our village, and ~~it gives~~ two discos. **sondern:** There is a school in our village, and there are two discos.	*es gibt = there is, there are* ▶ *There + be:* 52

11 *gut*

Schlaf gut!

nicht: Sleep ~~good~~.
sondern: Sleep well.

Um zu sagen, wie jemand etwas tut, verwendet man Adverbien. Das Adverb zu *good* ist *well*.

▶ Adverbien: 204, 206 b

12 *hart/schwer*

Du musst hart arbeiten.

nicht: You must work ~~hardly~~.
sondern: You must work hard.

Das Adverb *hard* hat dieselbe Form wie das Adjektiv. (Das Adverb *hardly* bedeutet *kaum*.)

▶ *Hard, hardly*: 207, 208

13 *Hausaufgaben*

Habt ihr viel(e) Hausaufgaben auf?

nicht: Have you got ~~many homeworks~~?
sondern: Have you got much homework?

Kein Plural, da *homework* zur Gruppe der nicht zählbaren Nomen gehört.

▶ Nicht zählbare Nomen: 177 c

14 *Informationen*

Wir bekamen diese Informationen aus England.

nicht: We got ~~these informations~~ from England.
sondern: We got this information from England.

Kein Plural, da *information* zur Gruppe der nicht zählbaren Nomen gehört.

▶ Nicht zählbare Nomen: 177 c

15 *lassen*

Mrs Flint lässt nicht zu, dass ihre Tochter in die Disco geht.

nicht: Mrs Flint doesn't let ~~that her daughter goes~~ to the disco.
sondern: Mrs Flint doesn't let her daughter go to the disco.

let + *sb.* + Infinitiv ohne *to*
= *zulassen, dass jemand etwas tut*

Die Polizistin ließ mich meine Tasche öffnen.

nicht: The policewoman made me ~~to open~~ my bag.
nicht: The policewoman made me ~~opening~~ my bag.
nicht: The policewoman ~~let me open~~ my bag. *(= Die Polizistin erlaubte mir, die Tasche zu öffnen.)*
sondern: The policewoman made me open my bag.

make + *sb.* + Infinitiv ohne *to*
= *jemanden dazu veranlassen, etwas zu tun*

▶ *Let/Make* + Objekt + Infinitiv ohne *to*: 133

Mrs Croft lässt ihr Auto einmal die Woche waschen.

nicht: Mrs Croft ~~lets her car wash~~ once a week.
sondern: Mrs Croft has her car washed once a week.

have + *sth.* + Partizip Perfekt
= *etwas (von jemand anderem) tun lassen*

▶ *Have something done*: 156

16 ***(der/die/das) meiste***

Die meisten Jungen in meiner Klasse fahren gern Mountainbike.

nicht: ~~The most~~ boys in my class like mountain-biking.
sondern: Most (of the) boys in my class like mountain-biking.

Kein *the* vor *most*, wenn es *die meisten* bedeutet.

▶ *Most of + the:* 187

17 ***muss nicht/braucht nicht***

Du musst/brauchst die Arbeit heute nicht fertig (zu) machen.

nicht: You ~~mustn't~~ finish the work today. *(= Du darfst die Arbeit heute nicht fertig machen.)*
sondern: You needn't finish/ don't have to finish the work today.

Das Gegenteil von *must* ist *needn't* bzw. *don't/doesn't have to.* (*You mustn't* bedeutet *du darfst nicht.*)

▶ *Needn't, don't have to, mustn't:* 40, 41

18 ***Nachrichten***

Das sind gute Nachrichten.

nicht: ~~Those are~~ good news.
sondern: That's good news.

News wird trotz des -s als Singular verwendet.

▶ Nicht zählbare Nomen: 177 d

19 **Passiv**

Wir wurden von der Polizei angehalten.

nicht: We were stopped ~~from~~ the police.
sondern: We were stopped by the police.

Von beim Passiv lautet *by.*

Ihm wurde befohlen anzuhalten.

nicht: ~~Him~~ was told to stop.
sondern: He was told to stop.

Mit *tell* kann ein „persönliches Passiv" *(he was told)* gebildet werden.

▶ Passiv: 110, 111 b

20 ***Polizei***

Ist die Polizei schon gekommen?

nicht: ~~Has~~ the police come yet?
sondern: Have the police come yet?

Police wird nur als Plural verwendet.

▶ Sammelnamen: 176 b

21 ***Rat(schlag)***

Kannst du mir bitte einen Rat geben?

nicht: Can you give me ~~an~~ advice, please?
sondern: Can you give me some advice, please?

Kein *an*, da *advice* zur Gruppe der nicht zählbaren Nomen gehört.

▶ Nicht zählbare Nomen: 177 c

22 ***schlechter/schlimmer***

Ich fühle mich schlechter als gestern.

nicht: I'm feeling ~~bad(d)er~~ than yesterday.
nicht: I'm feeling ~~worser~~ than yesterday.
sondern: I'm feeling worse than yesterday.

Die Steigerungsformen von *bad* lauten *worse, worst.*

▶ Unregelmäßige Steigerung: 198

23 ***seit***

Ich bin seit einer Stunde hier.	**nicht:** I've been here ~~since~~ an hour. **nicht:** I ~~am~~ here for an hour. *(= Ich bin für eine Stunde hier.)* **sondern:** I've been here for an hour.	*For* steht bei Zeitspannen; *since* wird mit Zeitpunkten verbunden. Wenn man sagen will, wie lange etwas schon andauert, benutzt man das *present perfect.*
Wir kennen Kate seit letztem Jahr.	**nicht:** We ~~know~~ Kate since last year. **sondern:** We've known Kate since last year.	▶ *Present perfect:* 80 b ▶ *Since, for:* 84

24 ***sich (mich/dich/…)***

Ich habe mich mit meinem Taschenmesser geschnitten.	**nicht:** I cut ~~me~~ with my penknife. **sondern:** I cut myself with my penknife.	*Mich* bezieht sich auf das Subjekt *ich* zurück. Daher muss das Reflexivpronomen *myself* verwendet werden.
Können wir uns am Bahnhof treffen?	**nicht:** Can we meet ~~ourselves~~ at the station? **sondern:** Can we meet at the station?	*Meet* wird nicht mit *myself, ourselves, …* verwendet.
Edward und Sophie lieben sich.	**nicht:** Edward and Sophie love ~~themselves~~. **sondern:** Edward and Sophie love each other.	*each other = sich gegenseitig, einander* *(themselves = sich selbst)* ▶ Reflexivpronomen: 233 ▶ *Each other:* 234

25 ***sich freuen auf***

Ich freue mich darauf, euch bald zu sehen.	**nicht:** I'm looking forward ~~to see~~ you soon. **sondern:** I'm looking forward to seeing you soon.	In *look forward to* ist *to* eine Präposition. Daher muss ein Gerundium (= *-ing*-Form) und nicht ein Infinitiv folgen. ▶ Verb + Präposition + Gerundium: 143

26 **Verlaufsform und einfache Form**

Schau mal, es schneit.	**nicht:** Oh look, it ~~snows~~. **sondern:** Oh look, it's snowing.	*Present progressive* für ein Geschehen, das gerade im Verlauf ist.
Gehst du oft aus?	**nicht:** ~~Are~~ you ~~going~~ out often? **sondern:** Do you go out often?	*Simple present* für regelmäßig wiederkehrende Tätigkeiten oder Vorgänge. ▶ *Simple form* und *progressive form:* 68, 78

27 ***vor*** (bei Zeitangaben)

Ich habe Sue vor drei Tagen getroffen.	**nicht:** I ~~have met~~ Sue three days ago. **nicht:** I met Sue ~~for three days~~. (= *… drei Tage lang.*) **sondern:** I met Sue three days ago.	Bei Zeitangaben bedeutet *vor ago*. In Sätzen mit *ago* wird das *simple past* verwendet. ▶ *Simple past:* 86 a

28 *vorschlagen*

Tracy schlug vor, ins Britische Museum zu gehen.

nicht: Tracy suggested ~~to go~~ to the British Museum.
sondern: Tracy suggested going to the British Museum.

Nach *suggest* steht ein Gerundium (= *-ing*-Form), nicht ein Infinitiv.

▶ Gerundium nach bestimmten Verben: 139 a

29 *wollen, dass …*

Kevin wollte, dass seine Mutter ihm hilft.

nicht: Kevin wanted ~~that his mother helps~~ him.
sondern: Kevin wanted his mother to help him.

Nach *want* und *would* like steht kein Nebensatz mit *that (= dass).*

Ich möchte gern, dass du mitkommst.

nicht: I'd like ~~that you come~~ with me.
sondern: I'd like you to come with me.

▶ Verb + Objekt + *to*-Infinitiv: 123 b

30 Wortstellung (des Adverbs)

Tim öffnete vorsichtig die Tür.

nicht: Tim opened ~~carefully the door~~.
sondern: Tim opened the door carefully.

Kein Adverb zwischen *main verb* und direktem Objekt.

▶ Stellung der Adverbien: 214 c

31 Zukunftsformen

Warte auf mich! Ich komme mit.

nicht: Wait for me! I ~~go~~ with you.
sondern: Wait for me! I'll go with you.

Will-future für spontane Entschlüsse.

Die Carters reisen morgen nach Wales.

nicht: The Carters ~~travel~~ to Wales tomorrow.
sondern: The Carters are travelling to Wales tomorrow.

Present progressive für feste Pläne und Verabredungen.

Pass auf! Die Leiter fällt um!

nicht: Watch out! The ladder ~~will~~ fall!
sondern: Watch out! The ladder is going to fall!

Going to-future, wenn es bereits Anzeichen gibt, dass etwas passieren wird.

▶ *Will-future:* 96 b
▶ *Present progressive:* 99
▶ *Going to-future:* 98 b

289 *Wortbildung* *Word formation*

Bei der **Bildung neuer Wörter** aus bekannten lassen sich im Wesentlichen vier Möglichkeiten unterscheiden:
- Zusammensetzung
- Hinzufügen von Vorsilben
- Hinzufügen von Nachsilben
- Konversion.

282 *Zusammensetzungen · Compound words*

Zusammensetzungen, auch Komposita *(compound words)* genannt, bestehen aus zwei oder mehr Wörtern. Für die Schreibweise gibt es kaum feste Regeln. Manche werden zusammengeschrieben, manche werden durch einen Bindestrich verbunden und andere werden getrennt geschrieben. Im Zweifelsfall ist die Verwendung eines Wörterbuchs zu empfehlen. Bei zusammengesetzten Nomen wird in der Regel das erste Wort betont: z.B. *walking stick* ['– – ˌ–].

283 *Zusammengesetzte Nomen · Compound nouns*

Zusammengesetzte Nomen *(compound nouns)* können aus folgenden **Bestandteilen** bestehen:

- Nomen + Nomen: songwriter, ticket office, water power, weather forecast
- Gerundium + Nomen: chewing gum, playing field, swimming pool
- Nomen + Gerundium: air conditioning, taxi-driving, sightseeing
- Adjektiv + Nomen: blackboard, madman, high jump

284 *Zusammengesetzte Adjektive · Compound adjectives*

Zusammengesetzte Adjektive *(compound adjectives)* können aus folgenden **Bestandteilen** bestehen:

- Nomen + Adjektiv: seasick, fireproof, pollution-free, worldwide
- Nomen + Partizip: breathtaking, record-breaking, handmade, air-conditioned
- Adjektiv + Adjektiv: Franco-German, dark brown
- Adjektiv/Adverb + Partizip: English-speaking, well-dressed
- Zahlwort + Nomen im Singular (+ Adjektiv): a three-hour trip, a ten-mile walk, a five-year-old girl

► Bildung der *-ing*-Form: 65
► Bildung des Partizips Perfekt: 66
► Bildung von Adverbien: 206-208

285 *Vorsilben · Prefixes*

Durch das **Hinzufügen von Vorsilben** *(prefixes)* kann von einem Nomen, Adjektiv, Adverb oder einem Verb ein neues Wort mit veränderter Bedeutung gebildet werden. Die Wortart ändert sich dabei in der Regel nicht.

a Vorsilben, die das **Gegenteil** ausdrücken:

- *dis-*: disadvantage, dissatisfied, disagree, disappear
- *in-, im-, il-, ir-*: independence, impossible, illegal, irregular
- *non-*: nonsense, non-smoker, non-stop, non-European
- *un-*: unemployment, unconscious, unfortunately, unload

b

overtime, overcrowded, overload, overburden
sub-standard, subhuman, subnormal
superman, supermarket, superstar, supersonic

Vorsilben, die einen **höheren** oder **geringeren Grad** ausdrücken:
- *over- (= zu viel)*
- *sub- (= nicht ganz, unterhalb)*
- *super- (= sehr groß, größer als)*

c

anti-crime, anti-war, anti-social
pro-government, pro-Indian, pro-integration

Vorsilben, die **Ablehnung** oder **Zustimmung** ausdrücken:
- *anti- (= gegen)*
- *pro- (= für)*

d

intercity, inter-school, international
submarine, subway
transport, transatlantic, transfer, transmit

Vorsilben, die einen **örtlichen Bezug** ausdrücken:
- *inter- (= zwischen)*
- *sub- (= unter)*
- *trans- (= von einer Stelle zur anderen, jenseits von)*

e

ex-president, ex-wife
post-war, postgraduate
precondition, prehistoric, pre-war
reconstruction, rebuild, recycle, redo

Vorsilben, die einen **zeitlichen Bezug** ausdrücken:
- *ex- (= früher)*
- *post- (= nach, auf etwas folgend)*
- *pre- (= vor)*
- *re- (= noch einmal)*

f

miscalculation, misleading, misunderstand

Vorsilbe, die ausdrückt, dass etwas **schlecht** oder **falsch** gemacht wird:
- *mis-*

Nachsilben · Suffixes

Mit Hilfe von **Nachsilben** *(suffixes)* lassen sich Nomen, Adjektive und Verben bilden.

286 *Nomen · Nouns*

a

educate – education, organize – organization,
pollute – pollution, decide – decision
move – movement, punish – punishment
perform – performance, exist – existence

Abstrakte Nomen, gebildet von Verben:
- *-(a)tion/-sion*
- *-ment*
- *-ance/-ence*

b

clever – cleverness, polite – politeness
distant – distance, silent – silence
certain – certainty, stupid – stupidity

Abstrakte Nomen, gebildet von Adjektiven:
- *-ness*
- *-ance/-ence*
- *-(i)ty*

c

teach – teacher, work – worker, act – actor, visit – visitor
assist – assistant, apply – applicant, study – student

Nomen, die einen **Beruf** oder die **Zugehörigkeit zu einer Gruppe** ausdrücken, gebildet von Verben:
- *-er/-or*
- *-ant/-ent*

d

journal – journalist, type – typist, active – activist
history – historian, republic – republican

Nomen, die einen **Beruf** oder die **Zugehörigkeit zu einer Gruppe** ausdrücken, gebildet von Nomen, Verben oder Adjektiven:
- *-ist*
- *-(i)an*

287 *Adjektive · Adjectives*

a

care – careful/careless, help – helpful/helpless
artist – artistic, energy – energetic
danger – dangerous, fame – famous
salt – salty, health – healthy
nation – national, industry – industrial
friend – friendly, month – monthly

Adjektive **von Nomen**:
- *-ful/-less*
- *-ic*
- *-ous*
- *-y*
- *-al*
- *-ly*

b

drink – drinkable, eat – eatable, read – readable

Adjektive **von Verben**:
- *-able*

c

expense – expensive, act – active

Adjektive **von Nomen** oder **Verben**:
- *-ive*

288 *Verben · Verbs*

legal – legalize, modern – modernize,
popular – popularize
short – shorten, wide – widen

Verben **von Adjektiven**:
- *-ize*
- *-en*

289 *Konversion · Conversion*

Von **Konversion** *(conversion)* spricht man, wenn ein Wort von einer Wortart in eine andere übergeht, ohne dass eine Vor- oder Nachsilbe hinzugefügt wird. So kann ein und dasselbe Wort mehreren Wortarten angehören.

a	Let's go to the new sports shop. I shop there from time to time.	*Geschäft* *einkaufen*	· **Nomen** und **Verb**
b	What a cold day! My wife has got a bad cold.	*kalt* *Erkältung*	· **Adjektiv** und **Nomen**
c	These clothes are dry. The other clothes will soon dry.	*trocken* *trocknen*	· **Adjektiv** und **Verb**
d	I prefer light colours. You needn't switch on the light yet. Let's light a candle.	*hell* *Licht* *anzünden*	· **Adjektiv**, **Nomen** und **Verb**

290-298 *Amerikanisches Englisch* *American English*

Zwischen dem **britischen Englisch (BE)** und dem **amerikanischen Englisch (AE)** gibt es einige Unterschiede in der Aussprache, der Rechtschreibung und im Wortschatz. Die Unterschiede in der Grammatik hingegen sind nur gering. Die wichtigsten sind in diesem Kapitel zusammengestellt.

290 *Present perfect – simple past*

BE/AE: Peter has just left.
Have you ever eaten 'sushi'?
AE: Peter just left.
Did you ever eat 'sushi'?

Im AE ist bei Adverbien wie *just, already, yet, ever, never* statt des ***present perfect*** auch das ***simple past*** möglich.

▶ *Present perfect* und *simple past* im Vergleich: 87

291 Have, have got

BE: I've got/I have a free ticket.
Has Liz got/Does Liz have any money?
We haven't got/We don't have any time to lose.
AE: I have a free ticket.
Does Liz have any money?
We don't have any time to lose.

Im BE sind ***have*** und ***have got*** möglich. *Have got* wird im informellen BE vorgezogen. Im AE wird gewöhnlich *have* verwendet.

▶ *Have* als Vollverb: 53-55

292 *Unregelmäßige Verben • Irregular verbs*

BE: dream – dreamed – dreamed
dream – dreamt – dreamt
AE: dream – dreamed – dreamed

Bei Verben, die im BE sowohl regelmäßige als auch unregelmäßige Formen haben, werden im AE die **regelmäßigen Formen** bevorzugt.

▶ Unregelmäßige Verben: 310

293 *Frageanhängsel • Question tags*

BE/AE: Tom likes fast cars, doesn't he?
BE/AE: You'll have to pay the money back, won't you?

AE: You'll arrive at 10.30, right?
We're leaving after breakfast, OK?

Question tags finden sich im AE seltener als im BE. Sie werden im AE vor allem verwendet, wenn Zustimmung erwartet wird.
Oft werden im AE ***right?*** und ***OK?*** verwendet.

▶ Frageanhängsel: 11-12

294 *Sammelnamen • Collective nouns*

BE: The public was/were not informed early enough.
AE: The public was not informed early enough.

Bei **Sammelnamen** wird im AE die Verwendung des Verbs im Singular vorgezogen.

▶ Sammelnamen: 176

295 The

BE/AE: Does Greg play the piano?
AE: Does Greg play piano?

Im AE kann der **bestimmte Artikel** *the* vor Musikinstrumenten weggelassen werden.

BE: My brother is in hospital. (= He is ill.)
AE: My brother is in the hospital. (= He is ill.)
BE: Craig studies at university.
AE: Craig studies at the university.

Im BE wird der bestimmte Artikel *the* bei *hospital* und *university* weggelassen, wenn an den Zweck des Gebäudes gedacht wird. Im AE steht hier gewöhnlich *the*.

▶ *The* bei *church, school, prison* usw.: 184

296 This, that

BE: (on the phone) Who is that?
AE: (on the phone) Who is this?

Wenn man am Telefon nachfragt, wer der Gesprächspartner ist, verwendet man im BE ***Who is that?***, im AE dagegen ***Who is this?***

▶ Demonstrativpronomen: 237, 238

297 *Adverbien • Adverbs*

BE/AE: Kathy is a really nice person.
It certainly is hot today.
AE: Kathy is a real nice person.
It sure is hot today.

Im informellen AE kann manchmal ein **Adjektiv statt** eines **Adverbs** verwendet werden.

BE: Sue has probably heard the news by now.
AE: Sue probably has heard the news by now.

Im AE stehen **Adverbien**, die im BE *mid-position* haben, oft **vor** dem **Hilfsverb**.

▶ Stellung der Adverbien im Satz: 215

298 *Präpositionen • Prepositions*

In **bestimmten Wendungen** werden einige Präpositionen im BE und im AE unterschiedlich verwendet.

BE: from Monday till Sunday
AE: from Monday through Sunday

BE: look out of the window
AE: look out the window

BE: round/around the lake
AE: around the lake

BE: in Bond Street
AE: on Fifth Avenue

BE: at the weekend
AE: on the weekend

BE: a player in the team
AE: a player on the team

BE: five past ten
AE: five past/after ten

BE: twenty to four
AE: twenty to/of four

BE: talk to someone
AE: talk to/with someone

BE: meet someone
AE: meet with someone

299-301 Hervorhebung *Emphasis*

299 *Betonung eines Einzelwortes · Word stress*

My father likes football, but *I* don't.
I didn't say I like football. I *don't* like it.
I don't really dislike football, but I don't *like* it either.
I like basketball, but I don't like *football*.

Jedes Wort eines englischen Satzes kann am einfachsten dadurch hervorgehoben werden, dass es **beim Sprechen** besonders **stark betont** wird. Häufig ergeben sich durch unterschiedliche Betonungen Bedeutungsveränderungen.

300 *Besondere Wörter · Special words*

a Thank you so much. It was such a lovely party.
I really enjoyed it.
Vielen, vielen Dank! Es war so eine nette Party. Es hat mir wirklich gut gefallen.
The blouse was just what I was looking for.
Die Bluse war genau das, wonach ich gesucht habe.
That's definitely not true.
Das ist definitiv nicht wahr.

Bestimmte **Einzelwörter** wie ***so***, ***such***, ***really***, ***just***, ***certainly***, ***definitely***, ***absolutely*** können zur Hervorhebung verwendet werden.

b Who ever heard of such a story?
Wer hat denn je …?
Why on earth didn't you ask for help?
Warum hast du denn bloß nicht …?
What the hell is your bike doing in the kitchen?
Was zum Teufel …?

Fragen kann besonderer Nachdruck verliehen werden, indem man an ein **Fragewort *ever*** oder Wendungen wie ***… in all the world***, ***… in heaven's name***, ***… on earth***, ***… the hell*** (informell) anschließt.

c This is the very book I was talking about.
Das ist genau das Buch, …
This is the very best news we've heard for weeks.
Das ist die allerbeste Nachricht, …
I hope it'll be the very last time you're late.
Ich hoffe, das ist das allerletzte Mal, …

Mit ***very*** können Nomen und Superlative sowie die Wörter *next*, *last*, *first*, *same* hervorgehoben werden.

d I was very annoyed indeed.
Ich war wirklich sehr verärgert.
Thank you very much indeed.
Vielen herzlichen Dank.

Indeed kann verwendet werden, wenn man *very* + Adjektiv oder Adverb hervorheben will.

301 *Besondere Strukturen · Special structures*

a I *do* like that jacket.
Ich mag diese Jacke wirklich.
I didn't say eight o'clock. – But you *did* say eight o'clock.
… – Natürlich hast du acht Uhr gesagt.
Do have another piece of cake.
Nehmen Sie doch bitte noch ein Stück Kuchen!
Do be quiet!
Seid doch endlich leise!

In Aussagesätzen ohne Hilfsverb kann ***do/does/did*** verwendet werden, um der Aussage des Satzes Nachdruck zu verleihen. Diese Form der Hervorhebung wird häufig dann benutzt, wenn eine Aufforderung oder eine Anweisung verstärkt werden soll. *Do/does/did* wird in solchen Sätzen immer stark betont. Im amerikanischen Englisch kommt dieser Gebrauch seltener vor.

'I'm sorry, but the doctor no longer sees patients in person. But he does take e-mails from 9:00 until 3:00.'

b It's Tina who always starts the argument, not Tom.
Es ist Tina, die immer zu streiten anfängt, nicht Tom.
It's her voice (that) I like most.
It was the Clarks who were late.
It was in New York that I first met Sue, not in Boston.

It wasn't us who did the damage.

Durch ***it is/it was …*** **+ Relativsatz** können Nomen, Pronomen oder adverbiale Bestimmungen hervorgehoben werden. Diese Form der Verstärkung wird vor allem dann verwendet, wenn ein Gegensatz ausgedrückt werden soll.

Personalpronomen stehen hier in der Objektform (d.h. *me, you, us, …*).

► Relativsätze: 258

c Never have I felt so embarrassed.
Noch nie habe ich mich so geschämt.
Under no circumstances did she want to see her friend again.
Unter keinen Umständen wollte sie ihren Freund wiedersehen.

Einige **adverbiale Bestimmungen** mit einschränkender oder verneinender Bedeutung können **am Satzanfang** stehen und damit besonders betont werden. Die Wortstellung ist dann:
auxiliary – subject – main verb (inversion).

► Inversion: 10c

d Judy herself told me the news, so it must be true.
Judy selbst hat mir die Neuigkeit erzählt, …
This time I won't help you. Clean up the mess yourselves.
… Bringt das Durcheinander selbst in Ordnung.

Mit Hilfe eines **verstärkenden Pronomens** kann ein vorausgehendes Nomen oder Pronomen hervorgehoben werden.

► Verstärkendes Pronomen: 236

e He's always getting into trouble, that boy down the road.
Er gerät immer in Schwierigkeiten, …
Our neighbours are always quarrelling. We have to turn up the TV.
Unsere Nachbarn streiten sich ständig. …

Mit ***always*** **+** ***present progressive*** kann hervorgehoben werden, dass etwas immer wieder (*= sehr oft, zu oft*) geschieht. Der Sprecher drückt damit Verärgerung oder Verwunderung aus.

► *Present progressive*: 77a, Anmerkung 2

302-304 *Zeichensetzung* *Punctuation*

Die **englische Zeichensetzung** entspricht weitgehend der deutschen. Es werden daher nur die wichtigsten Unterschiede aufgeführt.

302 *Punkt · Full stop (AE: period)*

6.5 (six point five)
6,5 (sechs Komma fünf)

Bei **Dezimalzahlen** steht im Englischen ein Punkt statt eines Kommas wie im Deutschen.

12,000 (twelve thousand)
12.000 (zwölftausend)

Bei **Zahlen über 1.000** wird im Englischen ein Komma und kein Punkt benutzt, um Zahlen nach Tausendern zu gliedern.

the year 2001

Jahreszahlen werden jedoch – wie im Deutschen – nicht nach Tausenderstellen gegliedert.

303 *Ausrufezeichen · Exclamation mark*

Stop that dreadful noise!
Hör mit diesem furchtbaren Lärm auf!
What a lovely dress!
Was für ein hübsches Kleid!

Ein Ausrufezeichen wird im Englischen nur gebraucht, wenn eine **starke Gefühlsäußerung** (z.B. Zorn, Begeisterung, Erstaunen) ausgedrückt werden soll.

Turn over your papers, please.
Dreht bitte die Zettel um!
Write at least three sentences.
Schreibt mindestens drei Sätze!

Bei nicht emotionalen Befehlen, Bitten, Anweisungen (z.B. Arbeitsanweisungen) usw. steht dagegen ein Punkt. Das Ausrufezeichen wird daher im Englischen viel sparsamer verwendet als im Deutschen.

304 *Komma · Comma*

a The film was very scary. I could hardly bear to watch it, so I turned it off half way through.
oder:
… I could hardly bear to watch it so I turned it off half way through.
Der Film war richtig gruselig. Ich konnte es kaum ertragen, ihn anzusehen, also habe ich ihn mittendrin ausgeschaltet.

Im Englischen werden Kommas primär benutzt, um **Sprechpausen** anzuzeigen und das Verständnis zu erleichtern. Anders als im Deutschen dienen sie im Englischen nicht dazu, einen Satz grammatisch zu gliedern.

b Alison hasn't got a car, and she hasn't got a motorbike either.
Alison hat kein Auto und sie hat auch kein Motorrad.

Mel didn't really want the beer but she drank it anyway.
Mel wollte das Bier nicht wirklich, aber sie trank es trotzdem.

Hauptsätze, die durch die Konjunktionen ***and***, ***but*** oder ***or*** miteinander verbunden werden, werden – je nach Länge des Satzes – entweder mit oder ohne Komma geschrieben.

c Luckily, there was nobody in the lift when it got stuck.
Glücklicherweise war niemand im Aufzug, als er stecken blieb.

Susan, of course, arrived much later than all the others.
Natürlich kam Susan viel später als die anderen.

Under the circumstances, it seemed better not to ask too many questions.
Unter den Umständen erschien es besser, nicht zu viele Fragen zu stellen.

Satzeinleitende oder **dazwischengeschobene Adverbien** bzw. **adverbiale Bestimmungen** werden oft durch Kommas abgetrennt.

d If the accident was Tony's fault, he should pay.
Wenn Tony den Unfall wirklich verschuldet hat, sollte er zahlen.

Steht ein **Nebensatz am Satzanfang**, wird er meist durch ein Komma vom Hauptsatz getrennt.

⚠ Is it true that the Robinsons live in Munich?
Stimmt es, dass die Robinsons in München wohnen?

Jenny quickly explained what Lisa had to do.
Jenny erklärte schnell, was Lisa tun musste.

Vor einem **Nebensatz mit *that*, *what*, *where*, *why*** usw. steht kein Komma.

e All the people who had known the President were very sad.
Alle Menschen, die den Präsidenten gekannt hatten, waren sehr traurig.

What's the name of the actress who starred in 'Notting Hill' with Hugh Grant?
Wie heißt die Schauspielerin, die mit Hugh Grant in „Notting Hill" gespielt hat?

Notwendige oder **bestimmende Relativsätze** werden nicht durch Kommas abgetrennt.

Julia Roberts, who has starred in several romantic comedies, is the best-paid actress in Hollywood.
Julia Roberts, die in verschiedenen romantischen Komödien mitgespielt hat, ist die bestbezahlte Schauspielerin in Hollywood.

Nicht bestimmende Relativsätze werden durch Kommas vom Hauptsatz getrennt.

▶ Relativsätze: 259 b, 265 a

f Sue looked at him and said, 'I can't believe that.'
Sue sah ihn an und sagte: „Ich kann das nicht glauben."

'I can't believe that,' Sue said.
„Ich kann das nicht glauben", sagte Sue.

Vor **direkter Rede** steht im Englischen ein Komma. Im Deutschen steht ein Doppelpunkt.

Wenn der Begleitsatz der direkten Rede folgt, so wird im Englischen ein Komma vor das schließende Anführungszeichen gesetzt.

▶ Indirekte Rede: 273-280

305-309 Zahlen, Datum, Uhrzeit *Numbers, dates, the time*

305 *Grundzahlen · Cardinal numbers* / *Ordnungszahlen · Ordinal numbers*

1	one [wʌn]	1st	(the) first
2	two	2nd	(the) second
3	three	3rd	(the) third
4	four	4th	(the) fourth
5	five	5th	(the) fifth
6	six	6th	(the) sixth
7	seven	7th	(the) seventh
8	eight	8th	(the) eighth
9	nine	9th	(the) ninth
10	ten	10th	(the) tenth
11	eleven	11th	(the) eleventh
12	twelve	12th	(the) twelfth
13	thirteen [ˌ– ˈ–]	13th	(the) thirteenth [ˌ– ˈ–]
14	fourteen [ˌ– ˈ–]	14th	(the) fourteenth [ˌ– ˈ–]
15	fifteen [ˌ– ˈ–]	15th	(the) fifteenth [ˌ– ˈ–]
16	sixteen [ˌ– ˈ–]	16th	(the) sixteenth [ˌ– ˈ–]
17	seventeen [ˌ– – ˈ–]	17th	(the) seventeenth [ˌ– – ˈ–]
18	eighteen [ˌ– ˈ–]	18th	(the) eighteenth [ˌ– ˈ–]
19	nineteen [ˌ– ˈ–]	19th	(the) nineteenth [ˌ– ˈ–]
20	twenty	20th	(the) twentieth [ˈ– tiəθ]
21	twenty-one	21st	(the) twenty-first
22	twenty-two	22nd	(the) twenty-second
23	twenty-three	23rd	(the) twenty-third
30	thirty	30th	(the) thirtieth
40	forty [ˈ– –]	40th	(the) fortieth
50	fifty	50th	(the) fiftieth
60	sixty	60th	(the) sixtieth
70	seventy	70th	(the) seventieth
80	eighty	80th	(the) eightieth
90	ninety	90th	(the) ninetieth
100	one/a hundred	100th	(the) one hundredth
101	one/a hundred and one	101st	(the) one hundred and first
200	two hundred	200th	(the) two hundredth
1,000	one/a thousand	1,000th	(the) one thousandth
1,001	one/a thousand and one	1,001st	(the) one thousand and first
5,169	five thousand one hundred and sixty-nine	5,169th	(the) five thousand one hundred and sixty-ninth
100,000	one/a hundred thousand	100,000th	(the) one hundred thousandth
1,000,000	one/a million	1,000,000th	(the) one millionth
1,000,000,000	one/a billion	1,000,000,000th	(the) one billionth

306 *Die Ziffer* 0 · *The number* 0

The temperature often falls below zero here.
Six minus six is nought (BE)/zero (AE).
My phone number is 4021 (four-oh-two-one).
The final score was 2-0 (two nil/nothing).
Martina Hingis won the final set 6-0 (six love).

Die Ziffer ***0*** hat verschiedene Bezeichnungen:

- *zero* ['zɪərəʊ] (auf Skalen)
- *nought* [nɔːt] (BE)/*zero* (AE) (beim Rechnen)
- *„oh"* [əʊ] (bei Telefon- und Kontonummern)
- *nil* oder *nothing* (bei Sportergebnissen)
- *love* (beim Tennis).

307 *Bruch- und Dezimalzahlen* · *Fractions and decimals*

a

$\frac{5}{8}$	five eighths
$\frac{1}{3}$ (mile)	one/a third (of a mile)
$\frac{1}{2}$	one/a half (**aber:** $\frac{1}{2}$ mile = half a mile)
$\frac{3}{4}$ (hour)	three quarters (of an hour)
$3\frac{1}{2}$ (km)	three and a half (kilometres)
$5\frac{2}{3}$	five and two thirds

Die Ordnungszahlen werden auch zur Bildung von **Bruchzahlen** verwendet.
(Ausnahmen: *half, quarter*)

b

0.5	(nought) point five (BE) zero point five (AE)
4.25%	four point two five per cent

Dezimalzahlen haben im Englischen einen Punkt, kein Komma:
four point two five = vier Komma zwei fünf.

308 *Das Datum* · *The date*

May 7(th)	May the seventh AE auch: May seventh
7(th) May	the seventh of May
1993	nineteen ninety-three
2003	two thousand and three

Es gibt verschiedene Möglichkeiten, das **Datum** anzugeben.

⚠

3/7/02	= 3rd July, 2002 (BE) = March 7th, 2002 (AE)

Wenn das Datum mit Ziffern geschrieben wird (z.B. *3/7/02*), ist im **BE** die Reihenfolge Tag/Monat/Jahr, im **AE** hingegen Monat/Tag/Jahr.

309 *Die Uhrzeit · The time of day*

a

8.00 — eight o'clock
I'll see you at eight, Jackie.

Man verwendet ***o'clock*** nur für die volle Stunde. Im informellen Englisch kann es weggelassen werden.

8.05 — eight oh [əʊ] five
= five (minutes) past eight

8.15 — eight fifteen
= (a) quarter past eight

8.20 — eight twenty
= twenty (minutes) past eight

8.30 — eight thirty
= half past eight

8.45 — eight forty-five
= (a) quarter to nine

8.53 — eight fifty-three
= seven minutes to nine

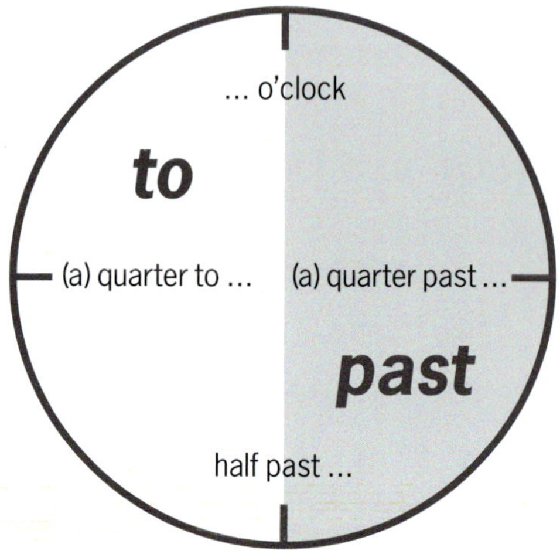

Anmerkung

BE: twenty (minutes) to nine
AE: twenty (minutes) to/of nine

BE: ten (minutes) past six
AE: ten (minutes) past/after six

Im amerikanischen Englisch kann anstelle von *to* auch *of* und anstelle von *past* auch *after* verwendet werden.

b

8.00 am — eight am [ˌeɪ‿ˈem]
= eight o'clock in the morning

Durch den Zusatz ***am*** (= *vormittags*) kann man deutlich machen, dass man die zwölf Stunden **vor** 12 Uhr mittags meint (= 0 Uhr–12 Uhr).

8.00 pm — eight pm [ˌpiː‿ˈem]
= eight o'clock in the evening/at night

Durch den Zusatz ***pm*** (= *nachmittags*) kann man deutlich machen, dass man die zwölf Stunden **nach** 12 Uhr mittags meint (= 12 Uhr–24 Uhr).

c

14.27 — fourteen twenty-seven
20.00 — twenty (hundred) hours

Die Einteilung in 24 Stunden wird vor allem in **Fahrplänen** verwendet.

310
Unregelmäßige Verben *Irregular verbs*

infinitive	simple past	past participle	
be	was, were	been	*sein*
bear	bore	borne, born	*(er)tragen*
beat	beat	beaten	*schlagen, besiegen*
become	became	become	*werden*
begin	began	begun	*beginnen, anfangen*
bend	bent	bent	*(sich) biegen; sich beugen*
bet	bet	bet	*wetten*
bind	bound	bound	*binden, verbinden*
bite	bit	bitten	*beißen*
blow	blew	blown	*blasen, wehen*
break	broke	broken	*(zer)brechen; kaputt machen*
breed	bred	bred	*züchten*
bring	brought [ɔː]	brought [ɔː]	*(mit)bringen, (her)bringen*
broadcast	broadcast	broadcast	*senden, übertragen, ausstrahlen*
build	built	built	*bauen*
burn	burnt, burned*	burnt, burned*	*(ver)brennen*
burst	burst	burst	*platzen*
buy	bought [ɔː]	bought [ɔː]	*kaufen*
cast	cast	cast	*werfen*
catch	caught [ɔː]	caught [ɔː]	*fangen, erwischen*
choose [uː]	chose [əʊ]	chosen [əʊ]	*(aus)wählen, aussuchen*
cling	clung	clung	*sich klammern, festhalten*
come	came	come	*kommen*
cost	cost	cost	*kosten*
creep	crept	crept	*kriechen, schleichen*
cut	cut	cut	*schneiden*
deal [iː]	dealt [e]	dealt [e]	*handeln (von), sich beschäftigen (mit)*
dig	dug	dug	*graben*
do	did	done [ʌ]	*tun, machen*
draw	drew	drawn	*zeichnen; ziehen*
dream [iː]	dreamt [e], dreamed [iː]*	dreamt [e], dreamed [iː]*	*träumen*
drink	drank	drunk	*trinken*
drive	drove	driven	*(Auto) fahren; (an)treiben*
eat	ate [eɪ, BE auch: e]	eaten	*essen*
fall	fell	fallen	*(hin)fallen*
feed	fed	fed	*füttern*
feel	felt	felt	*(sich) fühlen*
fight	fought [ɔː]	fought [ɔː]	*(be)kämpfen*
find	found	found	*finden*
flee	fled	fled	*fliehen, flüchten*
fling	flung	flung	*schleudern*
fly	flew	flown	*fliegen*
forbid	forbade [æ]	forbidden	*verbieten*
forget	forgot	forgotten	*vergessen*
freeze	froze	frozen	*(ge)frieren; erstarren*

infinitive	simple past	past participle	
get	got	BE: got AE: gotten	*bekommen; (hin)kommen; holen; werden*
give	gave	given	*geben; schenken*
go	went	gone [ɒ]	*gehen; fahren; werden*
grind	ground	ground	*zerkleinern, mahlen*
grow	grew	grown	*wachsen; anbauen, anpflanzen*
hang	hung hanged	hung hanged	*hängen; etw. aufhängen* *jd. hängen*
have	had	had	*haben*
hear [ɪə]	heard [ɜː]	heard [ɜː]	*hören*
hide	hid	hidden	*(sich) verstecken*
hit	hit	hit	*schlagen, treffen*
hold	held	held	*(fest)halten*
hurt	hurt	hurt	*verletzen, wehtun*
keep	kept	kept	*(be)halten; aufbewahren; weiter tun*
kneel	knelt, kneeled*	knelt, kneeled*	*knien*
know	knew	known	*kennen; wissen*
lay	laid	laid	*legen*
lead	led	led	*führen, leiten*
leap [iː]	leapt [e], leaped [iː]*	leapt [e], leaped [iː]*	*springen, hüpfen*
learn	learnt, learned*	learnt, learned*	*lernen*
leave	left	left	*weggehen, verlassen; (zurück)lassen*
lend	lent	lent	*(ver)leihen*
let	let	let	*(zu)lassen*
lie	lay	lain	*liegen*
light	lit, lighted*	lit, lighted*	*anzünden; beleuchten*
lose [uː]	lost [ɒ]	lost [ɒ]	*verlieren*
make	made	made	*machen, bauen; (veran)lassen*
mean [iː]	meant [e]	meant [e]	*bedeuten; meinen*
meet	met	met	*(sich) treffen; kennenlernen*
overcome	overcame	overcome	*überwältigen; überwinden*
overtake	overtook	overtaken	*überholen*
pay	paid	paid	*(be)zahlen*
put	put	put	*stellen, legen, setzen*
quit	quit, quitted*	quit, quitted*	*verlassen; aufhören*
read [iː]	read [e]	read [e]	*(vor)lesen*
retell	retold	retold	*nacherzählen*
ride	rode	ridden	*reiten; (Rad) fahren*
ring	rang	rung	*läuten, klingeln; anrufen*
rise [aɪ]	rose	risen [ɪ]	*(an)steigen; sich erheben, aufstehen*
run	ran	run	*laufen, rennen; führen, leiten*
say	said [e]	said [e]	*sagen*
see	saw	seen	*sehen*
seek	sought [ɔː]	sought [ɔː]	*suchen*

infinitive	simple past	past participle	
sell	sold	sold	*verkaufen*
send	sent	sent	*schicken, senden*
set	set	set	*setzen; untergehen (Sonne, Mond)*
sew [əʊ]	sewed [əʊ]	sewn, sewed* [əʊ]	*nähen*
shake	shook	shaken	*schütteln; erschüttern*
shine	shone [BE: ɒ, AE: əʊ]	shone [BE: ɒ, AE: əʊ]	*scheinen (Sonne); leuchten*
shoot	shot	shot	*(er)schießen*
show	showed	shown	*zeigen*
shut	shut	shut	*schließen, zumachen*
sing	sang	sung	*singen*
sink	sank	sunk	*sinken; versenken*
sit	sat	sat	*sitzen*
sleep	slept	slept	*schlafen*
slide	slid	slid	*rutschen*
smell	smelt, smelled*	smelt, smelled*	*riechen*
speak	spoke	spoken	*sprechen*
spell	spelt, spelled*	spelt, spelled*	*buchstabieren*
spend	spent	spent	*(Geld) ausgeben; (Zeit) verbringen*
spit	spat	spat	*spucken*
spoil	spoilt, spoiled*	spoilt, spoiled*	*verderben; verwöhnen*
spread [e]	spread [e]	spread [e]	*(sich) ausbreiten; aufstreichen*
stand	stood	stood	*stehen*
steal	stole	stolen	*stehlen*
stick	stuck	stuck	*kleben*
sting	stung	stung	*stechen*
stink	stank, stunk	stunk	*stinken*
strike	struck	struck	*schlagen; treffen (Blitz, Kugel)*
strive [aɪ]	strove	striven [ɪ]	*sich bemühen, kämpfen*
swear	swore	sworn	*schwören*
sweep	swept	swept	*kehren, fegen*
swim	swam	swum	*schwimmen*
swing	swung	swung	*schwingen*
take	took	taken	*(mit)nehmen; (hin-, weg)bringen*
teach	taught [ɔː]	taught [ɔː]	*unterrichten, lehren*
tear [eə]	tore	torn	*(zer)reißen*
tell	told	told	*sagen, nennen; erzählen, berichten*
think	thought [ɔː]	thought [ɔː]	*meinen, denken, glauben*
throw	threw	thrown	*werfen*
understand	understood	understood	*verstehen, begreifen*
upset	upset	upset	*erschüttern, verärgern*
wake	woke	woken	*aufwachen; aufwecken*
wear [eə]	wore	worn	*(Kleidung, Brille) tragen, anhaben*
weep	wept	wept	*weinen*
wet	wet	wet	*befeuchten*
win	won [ʌ]	won [ʌ]	*gewinnen*
write	wrote	written	*schreiben*

* Manche unregelmäßige Verben haben inzwischen auch eine regelmäßige Form, die immer häufiger verwendet wird.

311 Grammatische Begriffe *Grammatical terms*

abstract noun	abstraktes Nomen, Begriffswort	*life, love, pollution, …*
active	Aktiv, Tatform	The police *caught* the thief.
activity verb	Tätigkeitsverb, Vorgangsverb	*write, play, rain, grow, …*
adjective	Adjektiv, Eigenschaftswort	*bad, good, big, expensive, …*
adverb	Adverb, Umstandswort	
adverb of degree	Gradadverb	*very* good, *extremely* cold, …
adverb of frequency [ˈfriːkwənsi]	Adverb der Häufigkeit	*always, never, often, once, …*
adverb of manner	Adverb der Art und Weise	*badly, easily, carefully, well, …*
adverb of place	Adverb des Ortes (oder der Richtung)	*here, there, outside, nowhere, …*
adverb of time	Adverb der Zeit	*now, today, yesterday, …*
adverbial	adverbiale Bestimmung, Umstandsangabe	Come and sit *here/next to me.* I'm leaving *today/on Monday.*
adverbial clause of contrast	Adverbialsatz des Gegensatzes	*Though it was very late,* the dockers went on working.
adverbial clause of place	Adverbialsatz des Ortes	Tell me *where I can leave my stuff.*
adverbial clause of purpose	Adverbialsatz des Zwecks	She hid the letter *so that nobody would read it.*
adverbial clause of reason	Adverbialsatz des Grundes	I fell asleep in the history lesson *because I was bored.*
adverbial clause of time	Adverbialsatz der Zeit	I got a job in a bank *after I left school.*
adverbial phrase	zusammengesetzte adverbiale Bestimmung	*to the shops, in the morning, …*
article	Artikel, Begleiter, Geschlechtswort	*a, an, the*
auxiliary [ɔːɡˈzɪliəri]	Hilfsverb, Hilfszeitwort	*has* gone, *don't* eat, *can* fly, …
backshift of tenses	Verschiebung der Zeiten (in der indirekten Rede)	Ann: 'I *am* sorry.' ▷ Ann said she *was* sorry.
bare infinitive	Infinitiv ohne *to*	You can *say* that again!
cardinal number [ˈkɑːdɪnl]	Grundzahl	*one, two, three, ten, …*
clause	Teilsatz (= Haupt- oder Nebensatz)	→ main clause, subordinate clause
clause element	Satzglied (z.B. *subject, verb, object*)	
collective noun [kəˈlektɪv]	Sammelname, Gruppenbezeichnung	*family, team, people, police, …*
comma	Komma	*Peter, Paul and Mary …*
command [kəˈmɑːnd]	Aufforderung(ssatz)	*Listen. Let's go to the cinema.*
common noun	allgemeines Nomen	*woman, town, month, …*
comparative	Komparativ, erste Steigerungsform	*faster, better, more interesting, …*
comparison	Steigerung; Vergleich	*fast – faster – fastest; as fast as …; faster than …*
complement [ˈkɒmplɪmənt]	prädikative Ergänzung (zum Subjekt oder Objekt)	→ subject complement, object complement
complex sentence	Satzgefüge (aus Haupt- und Nebensatz), zusammengesetzter Satz	*I can't come because I'm ill.*
compound adjective	zusammengesetztes Adjektiv	*seasick, well-dressed, …*
compound noun	zusammengesetztes Nomen	*ticket office, sightseeing, blackboard, …*
compound sentence	Satzreihe (aus zwei oder mehr Hauptsätzen)	*I like swimming and I enjoy dancing.*
conditional sentence	Bedingungssatz(gefüge), Konditionalsatz	*If you help me, I'll help you.*
conjunction	Konjunktion, Bindewort	*and, or, but; after, when, although, …*
consonant [ˈkɒnsənənt]	Konsonant, Mitlaut	*b, c, d, f, …;* [p], [s], [ʃ], [j], …
contact clause	Relativsatz ohne Relativpronomen	He's the man *I saw yesterday.*
conversion	Konversion, Übergang eines Wortes von einer Wortart in die andere	What a *cold* day! I've got a *cold.*
coordinating conjunction [kəʊˈɔːdɪneɪtɪŋ]	nebenordnende Konjunktion	*and, but, or, …*
countable noun	zählbares Nomen	*house(s), idea(s), child(ren), …*

defining relative clause	bestimmender Relativsatz, notwendiger Relativsatz	The boy *who said that* is silly.
definite article	bestimmter Artikel	*the* bag, *the* apples
demonstrative determiner [dɪ'mɒnstrətɪv]	Demonstrativpronomen als Bestimmungswort, Demonstrativbegleiter	*this* man, *these* men, *that* girl, *those* girls
demonstrative pronoun	(nominal gebrauchtes) Demonstrativpronomen, hinweisendes Fürwort	*This* is my sister. Whose shoes are *those*?
determiner [dɪ'tɜːmɪnə]	Bestimmungswort (vor einem Nomen), Begleiter (eines Nomens)	*a* car, *my* bike, *this* house, *some* money, …
direct object ['daɪrekt]	direktes Objekt (meist Sachobjekt)	I like *pop music*. Carol gave her friend *a tie*.
direct speech	direkte Rede, wörtliche Rede	Ann said, *'I'm sorry.'*
-ed form	*-ed*-Form (der regelmäßigen Verben)	*watched, loved, shouted, …*
emphasis ['emfəsɪs]	Hervorhebung, Betonung	Thank you *so* much.
emphasizing pronoun ['emfəsaɪzɪŋ]	verstärkendes Pronomen	I saw the accident *myself*.
end-position	Endstellung (des Adverbs)	I opened the door *carefully*.
exclamation [ˌeksklə'meɪʃn]	Ausruf(esatz)	*What a nice cat! How beautiful!*
exclamation mark	Ausrufezeichen	Don't you dare!
finite forms	finite, gebeugte Formen (des Verbs)	*does, did, watch, watched, …*
fixed phrase	feststehende Fügung	*have a party, go by train, …*
focusing adverb	betonendes Adverb	I *only* got here five minutes ago.
foreign plural	Plural bei Wörtern aus anderen Sprachen	*analyses, stimuli, bacteria, …*
free indirect speech	erlebte Rede	
front-position	Anfangsstellung (des Adverbs)	*Fortunately*, we could all swim.
full stop	Punkt	*The wall's 3.6 m high.*
full verb	Vollverb	*say, sing, laugh, walk, …*
future	Zeitform der Zukunft, Futur	→ *going to*-future, *will*-future
future perfect	vollendete Zukunft, Futur II	I *will have written*
future progressive	Verlaufsform der Zukunft	I *will be writing*
gender (of nouns) ['dʒendə]	Geschlecht (der Nomen)	*he* (boy), *she* (girl), *it* (table)
gerund ['dʒerənd]	Gerundium, *-ing*-Form	I like *dancing*. *Dancing* is fun.
gerund construction	Gerundialkonstruktion	Kim *enjoys skating*.
going to-future	Futur mit *going to*	*I'm going to write*
idiomatic expression	idiomatische Wendung	*beat about the bush = um den heißen Brei herumreden*
if-clause	Nebensatz mit *if*, *if*-Satz	*If you help me*, I'll help you.
imperative [ɪm'perətɪv]	Imperativ, Befehlsform, Aufforderung	*Listen. Don't talk.*
indefinite article	unbestimmter Artikel	*a* bag, *an* apple
indirect command ['ɪndərekt]	indirekte Aufforderung	He told me *to leave*.
indirect object	indirektes Objekt (meist Personenobjekt)	Carol gave *her friend* a tie.
indirect question	indirekter Fragesatz	She asked me *where the station was*.
indirect speech	indirekte Rede, nicht wörtliche Rede	Ann said *(that) she was sorry*. Do you know *where Ken is*?
infinitive	Infinitiv, Grundform des Verbs	*(to) go, (to) dance, (to) sit, …* → passive infinitive, perfect infinitive
infinitive construction	Infinitivkonstruktion	*To know him* is *to love him*.
infinitive without *to*	Infinitiv ohne *to*	You can *say* that again!
-ing form	*-ing*-Form des Verbs	*going, dancing, sitting, …*
inversion	Inversion, Umkehr der Stellung von Subjekt und Prädikatskern im Satz	Rarely *does Lee* pay his debts.
irregular verb	unregelmäßiges Verb	*go – went – gone*

linking adverb	satzverbindendes Adverb	Sharon loves parties. After what Ian said to her, *however*, she doesn't feel like going to his party.
linking verb	Verb, das Subjekt und Subjektkomplement miteinander verbindet	*appear, be, become, seem, …*
long form	Langform des Hilfsverbs	She *is* talking. You *need not* go.
main clause	Hauptsatz	*I can't come* because I'm ill.
main verb	Vollverb, wenn es um seine Funktion im Satz geht	She doesn't *like* skating.
material noun	Stoffbezeichnung	*air, bread, milk, sand, …*
mid-position	Mittelstellung (des Adverbs)	You can *always* ask me.
modal auxiliary [ˌməʊdl‿ɔːg'zɪliəri]/ modal/modal verb	modales Hilfsverb	*can, could, may, might, will, would, shall, should, ought to, must, needn't*
name	Eigenname	*July, England, London, …*
nationality word	Nationalitätsbezeichnung	*an Englishwoman, the English*
negative infinitive	verneinter Infinitiv	He told me *not to cry.*
negative statement	verneinter Aussagesatz	*I don't like pop music.*
non-defining relative clause ['nɒndɪfaɪnɪŋ]	nicht bestimmender Relativsatz, nicht notwendiger Relativsatz	Uncle Bill, *who works there,* should be able to help.
non-finite forms	infinite, nicht gebeugte Formen (des Verbs)	*(to) do, doing, (to) watch, watching*
noun	Nomen, Substantiv, Hauptwort	*book, milk, fridge, pain, glasses, …*
number	Zahl(wort)	*one, two, …; first, second, …*
object	Objekt, Satzergänzung	I like *pop music.*
object complement	Objektkomplement, Ergänzung zum Objekt	The waiting made me *nervous.*
object form	Objektform (des Personalpronomens)	*me, you, him, her, it, us, them*
object question	Frage nach dem Objekt	*What did you say? Who did you ask?*
of-phrase	*of*-Fügung	the name *of the street*
open condition	erfüllbare Bedingung	→ real condition
ordinal number ['ɔːdɪnl]	Ordnungszahl	*first, second, third, tenth, …*
pair noun	Paarwort	*trousers, pyjamas, shorts, …*
participle ['pɑːtɪsɪpl]	Partizip	*helping, going, …; helped, gone, …* → present participle, past participle
participle construction	Partizipialkonstruktion	*Entering the house,* I saw an old man.
passive	Passiv, Leideform	The thief *was caught* (by the police).
passive gerund	Passivform des Gerundiums	I don't like *being called* 'stupid'.
passive infinitive	Passivform des Infinitivs	I want *to be asked.*
passive participle	Passivform des Partizips	Have you ever watched an operation *being performed?*
passive progressive	Verlaufsform des Passivs	The match *is being shown* on TV.
past participle	Partizip Perfekt, Partizip II	Jane has *arrived.* The thief was *caught.* This is the *stolen* car.
past perfect	Plusquamperfekt, Vorvergangenheit	I *had written*
past perfect progressive	Verlaufsform des *past perfect*	I *had been writing*
past progressive	Verlaufsform der Vergangenheit	I *was writing*
past tense	Vergangenheitsform, Präteritum, Imperfekt	I *wrote* – I *was writing*
perfect infinitive	Infinitiv Perfekt	John may *have arrived.*
personal pronoun	Personalpronomen, persönliches Fürwort	*I, you, she, me, them, …*
phrasal verb ['freɪzl]	feste Verb-Adverb-Verbindung	*fill sth. in, put sth. up, go on, …*
phrase of place	Ortsangabe	*near the station, under my bed, there, …*
phrase of time	Zeitangabe	*on Monday, next week, yesterday, …*
plural	Plural, Mehrzahl	*chairs, letters, feet; we, yourselves, those, …*

plural noun	Nomen, das nur im Plural steht	*clothes, stairs, glasses, …*
positive statement	bejahter Aussagesatz	*I like pop music.*
possessive adjective [pəˈzesɪv]	Possessivpronomen als Bestimmungswort Possessivbegleiter	→ possessive determiner
possessive determiner	Possessivpronomen als Bestimmungswort, Possessivbegleiter	*my, your, his, her, its, our, their*
possessive form	*s*-Genitiv, besitzanzeigende Form	*Sandra's* bike, *our friends'* car
possessive pronoun	(nominal gebrauchtes) Possessivpronomen, besitzanzeigendes Fürwort	*mine, yours, his, hers, ours, theirs*
prefix [ˈpriːfɪks]	Vorsilbe, Präfix	*dis-, in-, re-, un-, …*
preposition	Präposition, Verhältniswort	*at, in, on, with, by, because of, …*
preposition of place	Präposition des Ortes	*in* the park, *above* the clouds, …
preposition of time	Präposition der Zeit	*at* three o'clock, *on* Sunday, …
prepositional object	Präpositionalobjekt	I'm looking for *my glasses.*
prepositional verb	Verbindung aus Verb + Präposition, präpositionales Verb	*look at sth., look for sth., listen to sb., …*
present infinitive	Infinitiv Präsens	You may *leave* earlier today.
present participle	Partizip Präsens, Partizip I	I'm *looking* for my bag. I've seen a *flying* saucer.
present perfect	*present perfect* (Perfekt, vollendete Gegenwart)	I *have written*
present perfect progressive	Verlaufsform des *present perfect*	I *have been writing*
present progressive	Verlaufsform der Gegenwart	I *am writing*
present tense	Gegenwartsform, Präsens	I *write* – I *am writing*
primary verb	Verb, das als Hilfs- und Vollverb verwendet werden kann	*be, have, do*
progressive form [prəˈgresɪv]	Verlaufsform des Verbs	I *am writing* – I *was writing* – I *have been writing*
progressive infinitive	Verlaufsform des Infinitivs	Mike must *be watching* TV.
pronoun	Pronomen, Fürwort	→ personal/possessive/demonstrative/ relative/reflexive/emphasizing pronoun
prop-word	Stützwort	a blue car and a red *one*
proper noun	Eigenname	*Belfast, Mr Ferguson, Sunday, …*
punctuation	Zeichensetzung	
quantifier [ˈkwɒntɪfaɪə]	Mengenbezeichnung	*some, any, much, many, a few, …*
question	Frage(satz)	*Is Jill at home?* – No, she isn't. *Where's Jill?* – At school.
question tag	Frageanhängsel, Bestätigungsfrage	It's hot, *isn't it?* You aren't working, *are you?*
question with a question word	Frage mit einem Fragewort, Fragewortfrage	*Where's Jill?* – At school.
question word	Fragewort	*what, where, who, whose, when, why, which, how*
real condition	erfüllbare Bedingung	*If it rains this afternoon,* the match will be cancelled.
reflexive pronoun [rɪˈfleksɪv]	Reflexivpronomen, rückbezügliches Fürwort	I hurt *myself.*
regular verb	regelmäßiges Verb	*watch – watched – watched*
relative clause	Relativsatz, Bezugssatz	The boy *who said that* is silly.
relative pronoun	Relativpronomen, bezügliches Fürwort	the girl *who/that* you met the car *which/that* was stolen the boy *whose* parents we met
reported speech	indirekte Rede, nicht wörtliche Rede	Ann said *(that) she was sorry.* Do you know *where Ken is?*
reporting verb	einleitendes Verb (der indirekten Rede)	Ann *said/added* she was sorry.

sentence	Satz	*I like music. Do you smoke?* → complex sentence, compound sentence
sentence adverb	Adverb, das sich auf den ganzen Satz bezieht	*Clearly,* there has been a mistake.
-*s*-form	-*s*-Form des Verbs (= 3. Person Singular des *simple present*)	she *knows*, he *likes*, it *tries*
short answer	Kurzantwort	Can you see? – *Yes, I can. – No, I can't.*
short form	Kurzform des Hilfsverbs	she*'s*, I*'ve*, you need*n't*, …
simple form	einfache Form des Verbs	I *write* – I *wrote* – I *have written* – I *had written* – I *will write*
simple past	einfache Form der Vergangenheit	I *wrote*
simple present	einfache Form der Gegenwart	I *write*
singular ['sɪŋgjələ]	Singular, Einzahl	*chair, letter, foot; I, yourself, that, …*
split infinitive	Trennung des *to* vom Infinitiv durch ein Adverb	It's difficult *to* really *understand* him.
statement	Aussagesatz	*I (don't) like pop music.*
state verb	Zustandsverb	*know, hate, want, …*
subject	Subjekt, Satzgegenstand	*Sandra* likes pop music. *The thief* was caught.
subject complement	Subjektkomplement, Ergänzung zum Subjekt	He became *chairman.*
subject form	Subjektform (des Personalpronomens)	*I, you, he, she, it, we, they*
subject question	Frage nach dem Subjekt	*What happened? Who came?*
subordinate clause [sə'bɔːdɪnət]	Nebensatz, untergeordneter Satz	I can't come *because I'm ill.* → *if*-clause, relative clause
subordinating conjunction [sə'bɔːdɪneɪtɪŋ]	unterordnende Konjunktion (zur Einleitung eines Nebensatzes)	*because, if, that, when, …*
suffix ['sʌfɪks]	Nachsilbe, Endsilbe, Suffix	*-able, -ful, -ly, …*
superlative [suː'pɜːlətɪv]	Superlativ, höchste Steigerungsform	*fastest, best, most terrible, …*
tense	(grammatische) Zeitform, Tempus	→ present tense, past tense
time	wirkliche Zeit (im Gegensatz zur grammatischen Zeitform des Verbs)	present, past, future
timetable future	Zukunftsform, die auf fahrplanmäßige Geschehen verweist	The plane to Madrid *leaves* at 9.55 tomorrow.
to-infinitive	*to*-Infinitiv	I'd like *to leave* early.
uncountable noun	nicht zählbares Nomen	*bread, oil, time, information, …*
unreal condition	nicht erfüllbare Bedingung	*If I were you,* I'd take the job.
verb	1. Prädikat(skern), Satzaussage 2. Verb, Zeitwort, Tätigkeitswort	I *like* pop music. I *can play* the guitar. *be, like, play, sit down, …; can, will, do, …*
verb of movement	Verb der Bewegung	*come, go*
verb of perception	Verb der Wahrnehmung	*feel, hear, listen to, notice, see, smell, taste, watch*
verb of rest	Verb der Ruhe	*lie, remain, sit, stand, stay*
verb of speaking and thinking	Verb des Sagens und Denkens	*believe, consider, expect, say, think*
vowel ['vaʊəl]	Vokal, Selbstlaut	*a, e, i, o, u;* [ɪ], [ʊ], [ɜː], [eɪ], …
will-future	Futur mit *will*	I *will write*
word class	Wortart, Wortklasse (z.B. noun, adjective, preposition)	
word formation	Wortbildung	*song + writer = songwriter*
word order	Wortstellung, Satzgliedstellung	e.g. subject – verb (S–V)
word stress	Betonung eines Wortes	My father likes tennis, but *I* don't.
yes/no question	Entscheidungsfrage	*Is Jill at home?* – No, she isn't.

Register Index

Die Zahlen bezeichnen die **Abschnitte** der Grammatik; *A (1, 2 ...)* steht für *Anmerkung (1, 2 ...)*, ⚠ *(1, 2 ...)* für *Warndreieck (1, 2 ...)*. **Fett gedruckte** Verweise bezeichnen die Abschnitte, in denen ein Wort oder eine Struktur schwerpunktmäßig behandelt wird.

A

D

E

I

Y

Z

Bildquellen

Atlantic Syndication Partners, Sarasota, FL: S. 75 (© 2001 Atlantic Syndication Partners, Reprinted by Permission, and Distributed by Copley News Service); Bulls Press, Frankfurt a. M.: S. 39 oben (© 2001 KFS/Distr. Bulls), S. 88 (© Mirror/ Distr. Bulls); CartoonStock, London (www.CartoonStock.com): S. 8, 12, 22, 27, 35, 37, 39 unten, 42, 48, 59, 61, 64, 71, 83, 95, 96, 101, 104, 105, 108, 116, 118, 122, 123, 135, 150, 162, 168, 170, 171, 172, 194, 202, 221; Creators Syndicate International, Los Angeles: S. 7, 141, 142 (© 1998 by Far Works, Inc.); Exley Publications, Watford: S. 131; Randy Glasbergen, New York (www.glasbergen.com): S. 14, 55, 94, 147, 156, 165, 184, 188; Sidney Harris: S. 86, 217; Kipkakomiks, München: S. 93 (© 2000 United Feature Syndicate, Inc.); Private Eye, London: S. 52; Punch Ltd, London: S. 10, 13, 21, 36, 38, 44, 92, 145, 180, 190, 192, 208; The Spectator, London: S. 18, 26, 67, 72, 98, 113, 133, 138, 158.

Textquellen

Oxford University Press, Oxford: S. 100 (Reproduced by Permission of Oxford University Press from the Oxford Advanced Learner's Dictionary Sixth Edition, Copyright © Oxford University Press 2000)